深圳大学传播学院出版基金资助

问麦集

理解麦克卢汉

何道宽 著

中国大百科全书出版社

图书在版编目（CIP）数据

问麦集：理解麦克卢汉／何道宽著．—北京：中
国大百科全书出版社，2024.1
ISBN 978-7-5202-1421-6

Ⅰ．①问… Ⅱ．①何… Ⅲ．①麦克卢汉—人物研究—
文集 Ⅳ．① K837.115.42-53

中国国家版本馆 CIP 数据核字（2023）第 164763 号

出 版 人　刘祚臣
策 划 人　曾　辉
责任编辑　易希瑶　齐　芳
封面设计　末末美书
责任印制　魏　婷
出版发行　中国大百科全书出版社
地　　址　北京市阜成门北大街 17 号
邮政编码　100037
电　　话　010-88390969
网　　址　http://www.ecph.com.cn
印　　刷　北京君升印刷有限公司
开　　本　710 毫米 ×1000 毫米　　1/16
印　　张　20
字　　数　267 千字
印　　次　2024 年 1 月第 1 版　2024 年 1 月第 1 次印刷
书　　号　ISBN 978-7-5202-1421-6
定　　价　78.00 元

| 目录 |

麦克卢汉与媒介环境学在中国的播种者

巢乃鹏

何道宽老师的三部自选集即将付梓，他嘱咐我给其中的《问麦集：麦克卢汉研究》写个序言，我直言不敢，但何老师提携后进，仍一再嘱我尽快完成。说实话，我一直不敢下笔，一来何老师作为国内翻译界的大家，最早也最系统性地将麦克卢汉和媒介环境学引入国内，是麦克卢汉和媒介环境学在中国的一面旗帜，我一后学晚辈哪里敢在何老师的作品前班门弄斧；二来我自己也未系统性学习媒介环境学，深感愧对何老师的厚爱！

我还记得我初入传播学领域的时候，除了耳熟能详的议程设置理论、使用满足理论、创新扩散理论以外，"媒介即讯息""媒介是人的延伸""冷热媒介""地球村"等也是我经常听及但又并不理解的名词和观点，而何道宽老师所翻译的《理解媒介》毋庸置疑是我阅读学习弥补自身专业知识不足的首选目标。为了能尽快进入新的学科领域，我认认真真阅读学习了《理解媒介》一书。初读《理解媒介》，印象最深刻的竟然是读不太懂，正如何道宽老师在《问麦集》中写道："麦克卢汉的著作如同'天书'，实在是难。究其原因，不外有四：内容崭新、庞杂；思想浩荡不羁；研究方法反常；文字汪洋恣肆。"我自己一直以来都是以量化研究作为主要研究方向，秉承的也是"数据不是万能的，但没有数据是万万不能的"观念。即便是读文史类研究著作，也比较喜欢《从理学到朴学：中华帝国晚期思想与社会变化面面观》这样的著作，所以当我刚开始接触麦克卢汉和《理解媒介》的时候，颇有些手足无措。

但同时我也深深地被麦克卢汉宽博深厚的知识学养所折服，各种历史知识、文学知识信手拈来；更被麦克卢汉深邃的思想所震撼，正如何道宽老师在《问麦集》中说的："有人称麦克卢汉是'继弗洛伊德和爱因斯坦之后最伟大的思想家'。"麦克卢汉之所以成为人类文明发展历史中一颗璀璨的明星，可能是他站在人和人类文明发展的大视角中展现了媒介的意义和价值。即便到现在，我也还会不时翻阅何道宽老师赠送给我的《理解媒介》，颇有些常读常新的感觉，不过愚钝如我，仍然觉得离真正读懂和理解麦克卢汉的思想仍有很大的距离。有意思的是，初读《理解媒介》我印象最深刻的内容倒不是媒介即讯息等这些大家耳熟能详的观点，反而是麦克卢汉对拼音文字和数字作为媒介的讨论。例如麦克卢汉指出"偏重视觉的、文明开化的美国人和部落式的、偏重听觉的东方文化遭遇时，犯下了难以计数的错误"。麦克卢汉对于东方文化的描述我并不苟同，但是这句话却是对当前中美国际关系的一个真实写照。这或许也是麦克卢汉思想为什么会被研究者乃至社会公众广泛关注的一个重要原因，因为麦克卢汉在 20 世纪 60 年代所提出的众多观点和描述，即便放在当下仍有很大理论生发的可能性和社会发展的警示意义。

《理解媒介》一书可以说是我和何道宽老师形成交集的起点，真正跟何老师有更深入的交流和学习是 2019 年我调到深圳大学传播学院工作之后。我到深圳大学工作之时，何老师已经退休多年，但何老师的勤奋在整个深大都有口皆碑。每天早上 4 点，人们都还在梦乡之时，何老师就已经起床开始工作，多年如一日，持之以恒，每年都推出约 100 万字的译著。特别是何道宽老师在媒介环境学领域的一系列译著，从麦克卢汉到伊尼斯，从保罗·莱文森到尼尔·波斯曼，可以说是开创了媒介环境学的中国之路，为中国的传播学科发展做出了重大贡献！从 2019 年开始，由何道宽老师主持并翻译，深圳大学传播学院推出"媒介环境学译丛"。2019 年出版的第一辑包括《媒介环境学：思想沿革与多维视野》《心灵的延伸：语言、心灵和文化的滥觞》《什么是信息：生物域、符号域、技术域和经济域里的组织繁衍》《文化的肌肤：半个世纪的技术变革和文化变迁》《震惊至死：重温尼尔·波斯曼笔下的美丽新世界》五部；2021 年第二辑丛书同样也是五部，包括首次翻译的《数据时代》《被数字分裂的自我》两本，以及重译的《帝国与传播》《传播的偏向》《麦克卢汉精粹》。第三辑预计在 2023 年出版①。通过媒介环境学译丛的出版，何道宽老师重新全面、系统地梳理和挖掘了媒介环境学的学科脉络和知识体系，也将深圳大学传播学院在媒介环境学方向的学科影响力带到一个新的高峰。

　　在所有媒介环境学的诸位大家之中，麦克卢汉可以说是何道宽老师的最爱。这并不仅仅是因为何老师翻译了《理解媒介》一书，更主要的是何老师发自内心对麦克卢汉的热爱，"三十余年来，我撰写四五十余篇文章研究麦克卢汉，计四十余万字"。2023 年是何道宽老师从教 60 周年，也是何老师在深圳大学工作 30 周年，在这个时间点，何老师《问麦集：麦克卢汉研究》一书的正式出版，既是对其长期以来所进行的麦克卢汉研究的总结，也可以认为是一个新的起点！祝愿何道宽老师身体健康，麦克卢汉研究之树长青，学术翻译更创辉煌！

---

　　① 第三辑五本书已于 2023 年 4 月出版，它们是：《柏拉图导论》《伟大的发明》《假新闻》《个人数字孪生体》和《麦克卢汉如是说》。

知识翻译学的典型"摆渡者"

宋晓舟

一、引言

深圳大学何道宽教授《问麦集：麦克卢汉研究》即将付梓，嘱我作序，我诚惶诚恐，不知所措——我虽然获得了英语语言文学的博士学位，但在学术道路上还是远途跋涉的起步小生，岂敢为著述丰硕、八十高龄的大家大作作序？

转而一想，何老师嘱我作序是在鞭策我完成博士论文（题为《社会学视域下中国传播学发展的译者贡献——以"何道宽现象"为例》）之后，继续研究翻译对于学科发展的意义，继续关注传播学的发展脉络。近两年知识翻译学兴起，引发了不少理论思考。回眸本人博士论文，拜读眼前《问麦集：麦克卢汉研究》，作为小字辈的我，还真觉得何老师是知识翻译学的典型"摆渡者"。他将西方传播学具有里程碑意义的英语文献译入汉语出版，为助推这一学科在中国的知识更新换代做出了外语学人的突出贡献。这足以说明知识翻译学就全球范围内翻译主流而言是一种可靠、可验证的新兴译学流派。

知识翻译学认为，"关于知识的地方性与世界性的对话、互动与变迁是翻译的不可动摇的先验原理，是所有翻译实践的基本属性，其他所有外部关系和联系无非是其具体表现或衍生特征，因此构成翻译学的基本问题。"我个人以为，"知识的地方性与世界性的对话"也蕴含着"世界性知识的地方化"，由于历史原因英语已经成为一种"国际语言"，现当代自然科学、社会科学和人文科学的知识更新换代的最初语言载体以英语居多，由英语世界往其他语种的知识迁徙是一种常态，这也是一种世界性知识的地方化过程。何老师英语专业科班出身，但随着改革开放的浪潮，他将自己锻造成为多学科跨学科交叉学科的摆渡者，在译介西方传播学，尤其是西方媒介环境学方面，用功之勤《问麦集：麦克卢汉研究》足以为证。

知识翻译学认为："'以真求知''以善立义''以美行文'相互依存，是所有翻译生产的原则"。如果说这一表述只是一种笼统的概括，《问麦集：麦克卢汉研究》则可以提供鲜活的例证。

二、以真求知的超前意识

《现代汉语词典》（第 7 版，以下简称《现汉》）对"知识"释义如下："人们在社会实践中所获得的认识和经验的总和。"《剑桥国际英语词典》（以下简称《剑桥》）对 knowledge 释义如下："understanding of or information about a subject which has been obtained by experience or study, and which is either in a person's mind or possessed by people generally 知识；学问"。这一双语词典的汉语释义无法让不懂英语原文的读者明白其英文释义的具体内容，因此原文释义试译如下："个人大脑或大众拥有的由经验或研究所获得的对某一专题的理解或信息。"我们知道，词典对于任何词语的释义，总是一种高度概括的基本意义，不同词典的词语释义对于"基本意义"都有所侧重，很难面面俱到、天衣无缝，而词语在实际应用过程中，个人或语言共同体，基于其"基本意义"，往往有其更为具体的用法。《现汉》过于高度概括，"人们"排除了"个体"，"实践"似乎排除了"间接经验"，"总和"又排除了特定专题的部分知识；《剑桥》的"个人头脑"肯定了个人的知识结构，"经验或研究"中"研究"包括了间接经验，但其 subject（专题）似显狭窄，似乎专题之外的日常生活认识和经验就不属于"知识"范畴了。

知识翻译学认为："知识是对世界、社会和人类发展的正确认识和反映，是可以证实的信念……"。这一表述前半部分着眼于现在完成时，后半部分着眼于未来，但就"知识"的"知识性"而言似乎并不完整。近代以来，西方探究"知识"的"知识性"，达成基本共识的是知识的相对性，即相对于一定的时空，可被不断确证也可以被证伪，没有任何知识是永恒不变的绝对真理。那么具有相对性的知识又是如何被确认的？这是一定时段内的知识共同体所达成的共识或所容许有待验证的认识，包括未来学的科学预言。任何预言必然面临社会知识共同体的接受度与有关人等的慧眼识珠。

时光回到 1980 年 12 月，何老师访学美国期间，第一次从美国朋友那里接触到《理解媒介》原著，作者是声名鹊起于 20 世纪 60 年代的加拿大著名传播学家、未来学家麦克卢汉。何老师出于以真求知的强烈欲望，面对麦克卢汉原著超前知识过多，面对原著出版过程就险遭"枪毙"的"前车之鉴"，仍然坚信中国传播学界的知识更新换代需要读懂麦克卢汉，因此不辞劳苦，于 1988 年译稿杀青，但与原著出版一样几经周折后，1992 年 1 月终于首版问世。如今，这部译著在中国传播学界的被引率遥遥领先于其原著，说明跨语言、跨文化的知识传播需要一定的超前意识。

三、以善立义的纯熟技巧

所谓"以善立义"，就是在以真求知基础上，不能有意对原文进行断章取义或哗众取宠等雕饰——前者是出于某种目的，有意扭曲原文内容（比如"战争修辞"）；后者同样是出于某种目的（比如"卖弄文采"），扭曲了原文的表达风格，二者自然均"乏善可陈"。然而，英汉两种语言在构词和句法方面差异悬殊，既要忠实于原作内容又要体现原文的风格特点，以善求义是需要翻译技巧的。

麦克卢汉作品艰深晦涩，喜用格言警语，不求科学严密，只求"艺术"表达，甚至滥用警语、格言、典故、暗喻和一些莫名其妙的"麦克卢汉式"的语言。以他的《理解媒介》为例，原著就让西方出版社编辑摸不透，译著也让中国出版社编辑看不清，可就是这么一部起初让读者雾里看花的天书，后来被广为接受和引用。究其原因，正是何老师通过熟练的翻译技巧，利用流畅明快的表达，准确地完成了内容的传递。

为了最大限度地呈现原文内容，何老师译著附有大量的译者注，为读者提供了详细的参考信息。例如，《理解媒介》原著无一注释，即使英美人士阅读也叫苦不迭。尽管何老师中译本接受编辑同志建议，尽量控制译注的数量，但最终译注还是超过了200条。同样，何老师在翻译《机器新娘》时，原文也没有一条注释，为了给读者扫清障碍，他增加了300余条译者注。

何老师的译者注包括翻译过程中遇到的难点乃至疑似原文内容有误的地方。例如《麦克卢汉传》译著中有以下这条注释："'耳朵疼'——名字Eric 和绰号 Ear Ache 有谐音，幽默。"通过这一注释方式，何老师展示了自己的翻译心路，也是与读者讨论其译文是否得当的一种方式。在翻译过程中凡是遇到疑惑点，何老师总是不断求证，查找相关信息，提出自己疑问，为读者正确理解原文把好关。

添加译者注几乎是何老师所有译著中的一大特色，为读者提供了丰富的背景信息、术语或专业内容的阐释，为读者准确理解原文提供参考框架，为读者费力好神去查阅资料节省时间，匠心斤到，善意满满。

四、以美行文的多彩艺术

美学之"美"，实难锁定。一幅惟妙惟肖的"丑八怪"写真也可以从"审丑"走向"审美"。而就译笔之美而论，如前所述的英汉构词和句法的悬殊差异必然导致英汉两种语言在形式上各美其美。

一方面，原作总体风格需要保留，但译文句式又不能拘泥于原文语法构式，超越原作束缚追求审美效果，但同时确保原文信息的完整性，这是以美行文的一种方式。

另一方面，原作晦涩犹如天书，如果"'以真求知''以善立义''以美行文'相互依存"，则天书的朦胧之美需要保留。以美行文的另一种方式只能是对原著怀有敬畏之心，基本上保留原著的天书朦胧感。

以书名翻译为例，何老师能够根据原著内容，精准提炼译著书名，简洁明了，抓人眼球。面对原著 *Understanding Media*，何老师觉得照字面直译为"理解媒介"，可能让中文读者无法理解，于是通过增加副标题方式译为《人的延伸：媒介通论》，以凸显原著主旨。何老师将 *Marshall McLuhan Unbound* 一书译为《余韵无穷的麦克卢汉》，取"unbound"中"无边界"这一义项，增译为"余韵无穷"，充分复现了原著的神韵。而麦克卢汉的一著作 *McLuhan Bound* 书名中的"bound"与"unbound"互为反义词，如果严格按照对应的反义义项译为《余韵有穷的麦克卢汉》，必定让读者摸不着头脑，因此何老师巧妙地从"bound"中提取"未来"这一要素，翻译为"指向未来的麦克卢汉"，巧妙地解决了英语书名的双关。

阅读英语传播学著作原文和何老师中文译作，包括麦克卢汉原著译作和研究麦克卢汉的作品译作，可以感受到何老师通顺流畅、言简意赅的译笔。这点感受非通过原作与译作比较而不可得。我个人在撰写博士论文期间，有幸获得了何老师慷慨赠予的原作和译作，初步建立了平行语料库，因此在这方面的体验一是建立在量化比较的基础上，二是建立在较为微观的文本细读上。何老师为考虑译文的可读性，在句法结构方面，力求简洁明快，搭建短句构架，为尽量强化逻辑连贯，显化衔接标记；在形象艺术化处理方面，巧用四字，格式工整，辅以辞格，增添辞趣。这些翻译手段避免了翻译腔，体现了译文的语言美感，使得麦克卢汉"天书"般的著作更容易被中国读者所接受。

五、结语

何老师的译著为助推中国传播学研究做出了突出贡献，为验证知识翻译学提供了鲜活的样板，这两点广大读者可从《问麦集：麦克卢汉研究》本身获得共鸣。作为外语界学人，同样英语专业科班出身，在新时代创建新文科的大背景下，我从《问麦集：麦克卢汉研究》和何老师的特殊背景与特殊贡献中，感慨颇多：

（1）麦克卢汉初学工程，后改学文学和哲学，曾任加拿大阿桑普星学院英语系主任，到多伦多大学任教后，转向通俗文化研究，随后享誉全球的著述涉猎文学、哲学、史学、艺术学、文化学、技术学、心理学、传播学等，流芳后世的身份是"西方传播学巨匠"。

（2）何老师英语专业科班出身，迄今为止的译著涉猎文学、哲学、史学、艺术学、心理学、传播学等，译著最为丰硕的领域是传播学，尤其是西方媒介环境学。

（3）《问麦集：麦克卢汉研究》展现的不是单纯的译著年代表，而是体现何老师一步一个脚印"从外转内"的事业发展道路，充分体现出外语学人"以研促译、由译而研"的学科优势。外国语言文学是所有外语专业的一级学科，不同语种的研究者可以从事语言学和文学研究，但还可以走"外语＋某专业"的跨学科或交叉学科的研究路子，这正是眼下新文科建设所提倡的视界融合的路子。

　　《问麦集：麦克卢汉研究》出版之际，遥祝何老师身体健康，期盼何老师新成果与年俱增！

参考文献

［1］ 刘永谋．2022.可检验性与重复性危机：科学知识是绝对真理吗？［J］.民主与科学（3）：25-30.

［2］ ［加］马歇尔·麦克卢汉．2004.机器新娘．［M］.何道宽译.北京：中国人民大学出版社．

［3］ 宋晓舟．2017a.社会学视域下中国传播学发展的译者贡献——以"何道宽现象"为例"［D］.福建师范大学博士论文．

［4］ 宋晓舟．2017b.麦克卢汉知识考古：评2016年问世的麦克卢汉中译本四书［J］.国际新闻界（7）:167-176.

［5］ 杨枫．2021a.知识翻译学宣言［J］.当代外语研究（5）：2.

［6］ 杨枫．2021b.翻译是文化还是知识？［J］.当代外语研究（6）：2.

［7］ 中国社会科学院语言研究所．1986.现代汉语词典［Z］.北京：商务印书馆．

［8］ ［英］Procter. P. 2004.剑桥国际英语词典（英汉双解）［Z］.上海：上海外语教育出版社．

重温麦克卢汉：求索、初识、相知和研究[①]

何道宽

一、深深震撼

1980 年 8 月底至 1981 年 6 月，我在留美期间拼命读书，受人喜爱，美国老师和同学称我 bookaholic（读书狂）。12 月，一位喜欢读书的美国学生送给我一本书，谓：何先生，您看看这本书，也许会喜欢。这本书就是麦克卢汉的 *Understanding Media*。接下来的一个星期，我抱着这本名噪一时的大作硬啃，却啃不动，不知所云，深为震撼。这是 20 世纪 60 年代震动西方世界的奇书，美国学界许多大人物都卖不懂。责任编辑初读这本书时看不懂，差点将其"枪毙"，禁不住喟然长叹：一本新书最多只能容许百分之一二十的新知识，而他这本书却有百分之七八十的新知识。

二、浑然不知

1980 年的最后一天，麦克卢汉在睡梦中溘然长逝，却未惊动报界，我

[①] 本文是《麦克卢汉精粹》中译本第二版（中国大百科出版社，2023 年）译者自序。有删节。

周围的美国朋友都浑然不知。四十年前在北美如日中天、无人不知的他，竟然像陨石一样熄灭，寂寂无名了。

尽管如此，我还是认定，越读不懂的书越要读，这本书一定要读懂，一定要引进中国。我坚信，麦克卢汉会重放光芒，他的思想和许多新学科一道，总会有助于中国的学术繁荣。

三、初露曙光

20 世纪 80 年代初，《多种声音，一个世界》《传播学（简介）》问世，1985 年，施拉姆的《传播学概论》中文版印行，我深受触动，暗自庆幸：翻译谁也读不懂的麦克卢汉的 Understanding Media，时机快要成熟了。

整个 80 年代，中国知识界狂热读书，狂热引进新学科、新知识：信息论、控制论、系统论、全息论、耗散理论、混沌理论、生态学、未来学、传播学、人才学……学问和思想的风暴席卷全国。我狼吞虎咽新学科，恶补国学经典，读书破千卷，为文化研究厚积薄发，为宣传中国文化、从事学术翻译准备粮草。

四、文化研究，势头喜人

1983 年，母校四川外语学院院长群懿高瞻远瞩，大手笔一挥，创立八个研究室。比较文化研究室是其中之一，由我牵头。每个研究室获得"巨资"两千元人民币启动费。是年，我引进跨文化传播（交际）之父爱德华·霍尔（Edward T. Hall）的思想，发表两篇文章：①《介绍一门新兴学科：跨文化的交际》（《四川外语学院学报》1983 年第 2 期），据信，这是引进跨文化传播（交际）学的第一篇论文；②《比较文化我见》（《读书》，1983 年第 8 期），呼应北京大学老前辈金克木创建"比较文化"的呐喊。

1985 年，我的文化研究初见成效，参与组建重庆文化研究会，担任副会长。

1986 年，刚组建的中国文化书院在北京举办三届研究班："中外文化比较研究班"（1 月）、"文化与技术研究班"（8 月）和"文化与未来研究班"（11 月）。我得到母校的支持，以文化学者的身份参加了第一届的学习，又以学员兼口译志愿者的双重身份参加了第三届的学习与服务。第一届研究班有十多位导师，北京大学的乐黛云教授是其中之一，她讲比较文学和麦克卢汉的媒介理论，引起我的强烈共鸣。讲演结束后，我上台与她交谈，表示想要翻译《理解媒介》，得到她的鼓励。

第三届"文化与未来研究班"的导师是世界级的六位未来学家，我毛遂自荐，担任其中五人的现场口译。其中一人是加拿大未来研究会的秘书长弗兰克·费瑟（Frank Feather），他还是媒介理论家和中国国务院顾问。他的讲题是 Electronic Hi-teck culture，却专讲麦克卢汉的媒介理论。原来他们的未来研究会认定，麦克卢汉是未来学家！我的翻译酣畅淋漓，整个北大讲演厅都"嗨"起来。费瑟先生也鼓励我尽快把麦克卢汉的《理解媒介》引进中国。

1990 年，四川外语学院院长蓝仁哲[①]教授合并加拿大研究中心和比较文化研究室，组建北美研究所，任命我负责美国研究室。他留学多伦多大学两年（1978—1980），对该校贡献的两位世界级大家弗莱[②]和麦克卢汉情有独钟，希望我和他携手研究这两位巨匠。弗莱和麦克卢汉乃"并蒂莲"，根同而花异。麦克卢汉由英美文学转向传播学，创建"媒介即讯息"的泛

[①] 蓝仁哲，外国文学专家、翻译家、四川外语学院院长、中国加拿大研究会会长，代表作有《西方文艺批评的五种模式》，译作有诺奖得主作品《八月之光》《野棕榈》《雨王亨德森》《我弥留之际》等。

[②] 诺斯罗普·弗莱（Northrop Frye），加拿大文学批评家。研究神话、象征和原型，首创文学的神话—原型批评。这是继剑桥"新批评"之后的最重要的西方文论，被认为是与马克思主义文论、精神分析文论鼎立的三足之一，著有《批评的剖析》《可怕的对称》《身份的寓言》《伟大的代码：圣经与文学》《神力的语言》《双重视觉》《弗莱全集》等。

媒介论；弗莱坚守文学批评，创建文学的"神话—原型"批评。

1992 年三四月间，我获美国新闻总署邀请，以"国际访问学者"的身份赴美学习交流，专攻"美国研究"，草成《论美国文化的显著特征》（1994 年正式发表，屡获殊荣）。

20 世纪 80 年代，我出版学术译著四种：《思维的训练》《裸猿》《文化树》和《超越文化》。其中，《思维的训练》获重庆市首届社科优秀奖，《超越文化》获重庆市翻译学会一等奖。我的学术翻译和文学翻译初有成效，文化研究顺利开展，教学科研比翼齐飞，势头迅猛。

五、大胆一搏，几乎流产

1987 年春，四川人民出版社接受我翻译麦克卢汉《理解媒介》的选题，多年的梦想就要实现了，全情投入，终于在 1988 年 2 月杀青交稿。

然好事多磨、译稿几乎流产。为什么？因为谁也看不懂译稿，译文室主任看不懂，责任编辑看不懂，川大新闻系外审的人也看不懂。

其实，麦克卢汉这部书的原稿在 1963 年几乎被"枪毙"。编辑对他说，一本书的新知识不能超过两成，而他的 *Understanding Media* 却有七成的新东西。不过，软心肠的出版社最后还是将其付梓印行，究其原因，既可能是出于同情，也可能是因为他的名气，还可能是看好这本奇书的前景。彼时，他的《机器新娘》和《谷登堡星汉》已经打出了名气。

四川人民出版社接受我的书稿，真是拿到了一个烫手山芋。出还是不出？难办！高深的学术译作超前、没有市场。他们也无可奈何，一搁就是四年。所幸的是，译文室主任朱蓉珍和责任编辑颜永先都是川外校友。他们最终决定：硬着头皮、鼎力支持、印两千册，亏本也出书！1992 年 1 月，这本译作终于问世了。

尴尬的是，如果 *Understanding Media* 直译，则不适合汉语书名的习惯，而且"理解媒介"的字面意义又太生涩、难解，所以书名不得不变通为《人的延伸：媒介通论》。在学术译著发行低潮的时期，这本书发行量太小，影响不大，是为必然。

六、喜出望外，获得盛名

2000 年，商务印书馆慧眼识珠，印行我的修订本，《理解媒介：论人的延伸》得以正名。自此，《理解媒介》不断重印，获得盛名。令人惊喜的是，2009 年，它有幸入选"改革开放 30 年最具影响力的 300 本书"。

有人检索，《理解媒介》在中国新闻传播学学术著作里的引用率长期高居榜首，进入历届考研的必读书目。迄今为止，该书中译本已出四版。

七、竭尽所能，"一网打尽"

2000 年，商务印书馆印行我的《理解媒介》，南京大学出版社印行我的《麦克卢汉精粹》。自此，我翻译和研究麦克卢汉加快步伐、步入坦途。截至 2021 年，我翻译出版麦克卢汉本人的著作和与他相关的著作近二十种（含再版），唯有一点遗憾的是《谷登堡星汉》的版权始终谈不妥，中国人民大学出版社和北京大学出版社都竭尽全力洽购版权，皆因对方要价太高，只好放弃。

八、三次高潮和三次飞跃

20 世纪 60 年代，麦克卢汉横空出世，名震全球。第一波麦克卢汉热旋即兴起，巅峰是 1964 年其代表作《理解媒介》的出版和 1969 年 3 月号《花花公子》破例刊印的超长《麦克卢汉访谈录》。

第二波麦克卢汉热兴起于 20 世纪 90 年代，因互联网而起，互联网一代的"圣经"《连线》创刊号封他为"先师圣贤"，1995 年《麦克卢汉精粹》的问世也推波助澜。

第三波麦克卢汉热兴起于 21 世纪的第一个十年，与互联网的第二代媒介即"新媒介"同步推进，又借他百年诞辰的东风而势头更猛。

旋即，麦克卢汉研究迅速完成三次飞跃，三次飞跃的代表有四本书。

保罗·莱文森的《数字麦克卢汉》完成了第一次飞跃，英文版问世不到两年就进入中国。而且，我的中译本出了两个版本，第二版还进入了北京师范大学出版社的"西学经典书系"。

特伦斯·戈登编辑的《理解媒介》增订评注本乘麦克卢汉百年诞辰的东风完成了第二次飞跃。戈登是麦克卢汉的传记作者和媒介批评家。

罗伯特·洛根的《理解新媒介：延伸麦克卢汉》和《被误读的麦克卢汉：如何矫正》完成了第三次飞跃。洛根是麦克卢汉的同事及其思想圈子的核心成员。这位多伦多大学的物理学教授，是大跨度、多学科、大文科、新文科的典范，至今学术长青。

我和国内外的学界同仁都参与并推动了这第三次飞跃。

九、说不尽的麦克卢汉

三十余年来，我撰写四五十篇文章研究麦克卢汉，共计四十余万字，最长的文章三万余字，题为《麦克卢汉画像：媒介理论的播种者和解放者》[①]。这篇超长的文章是简明的麦克卢汉评传，评论这位立体型的大文科巨匠，非常详尽。

我研究麦克卢汉的第一篇文章是为其经典《理解媒介》中译本所作第一版序，当时无题，现可以补足为：麦克卢汉，大文科的巨人。

[①]《麦克卢汉画像》这篇文章已收入本书，是为《问麦集·总论：麦克卢汉传略》。

二十年前，南京大学出版社推出我翻译的《麦克卢汉精粹》。二十年后的今天，我向中国大百科全书出版社提交中译本第二版《麦克卢汉精粹》，感慨良多，概括为一句话：说不尽的麦克卢汉。

麦克卢汉求学期间和任教以后，始终渴求新知，其思想瑰丽生辉、不拘陈规，完成多次转向。在马尼托巴大学求学期间，他走过了工程、文学和哲学的求索历程，获优秀硕士学位。转入英国剑桥大学以后，为了追随文学界的超一流明星理查兹、利维斯和燕卜荪等，为了学习文学界的"新批评"，他不惜清零在加拿大的学士学位和硕士学位，重新起步，几年间在剑桥大学完成了文学学士、硕士和博士三个学位。

20 世纪 30 年代末回到北美以后，他在美国的威斯康星大学、圣路易大学执教，开始从文学批评转向通俗文化批评和广告批评。

40 年代他回到加拿大的阿桑普星学院和多伦多大学执教以后，起先完成通俗文化转向，继后从事跨学科和多学科研究，旋即又完成媒介理论和大文科的学术转向。

40 年代，他携手伊尼斯创建传播学加拿大派。他推崇伊尼斯从经济学到传播学的转向，宣传和发扬伊尼斯的媒介理论，居功至伟。

1951 年出版《机器新娘：工业人的民俗》，这是全世界第一本广告批评的专著，也是美国通俗文化批评的力作。

20 世纪 50 年代，他参与创建全世界第一个跨学科研究小组、多伦多大学跨学科清谈俱乐部，创办《探索》丛刊这跨学科研究平台，麦克卢汉思想圈子形成。

1962 年的《谷登堡星汉》研究印刷人，麦克卢汉大师的地位难以撼动了。

1963 年，他创建多伦多大学文化与技术研究所，又创办《预警线通讯》和"周一晚研讨会"这两个平台。《预警线通讯》赠送学界和业界有影响的人物，宣传跨学科思想。"周一晚研讨会"团结和培养了麦克卢汉思想圈子，与几位住校的访问学者合作写书。

1964 年的《理解媒介》研究电子人和媒介理论，震撼全球，穿越古今，面向未来。

麦克卢汉是两面神，既回眸过去，又展望未来。他开拓跨学科研究，从文学研究转向大众文化研究，首创泛媒介论，预言地球村、互联网和重新部落化的社会。他憧憬人类社会的太和之境，描绘人类心灵和意识的虚拟延伸。他的诸多预言业已实现，他是未来世界的朋友。只要媒介演化还在继续，人们就会怀念他、研究他、学习他。

2021 年 3 月 1 日

第一部

总论：麦克卢汉传略

麦克卢汉画像：媒介理论的播种者和解放者 [①]

一、小引

马歇尔·麦克卢汉（Marshall McLuhan, 1911—1980）是加拿大文学批评家、传播学家、传播学媒介环境学派一代宗师，被誉为 20 世纪的"思想家""先知""圣人"。以"地球村""媒介是人的延伸""媒介即讯息"等论断名震全球。

"麦克卢汉学"已然成为世界范围的显学。随着 2011 年世界各地麦克卢汉百年诞辰纪念活动的展开，第三次的麦克卢汉热已经形成。他的思想跨越国界、跨越学术边界，已经并将继续产生深远的影响。

麦克卢汉的代表作有《机器新娘》《理解媒介》《谷登堡星汉》《媒介定律》等。其中《机器新娘》《理解媒介》《理解媒介》（增订评注本）《麦克卢汉精粹》《麦克卢汉如是说》《麦克卢汉书简》已经被引入国内。研究他的著作比如《麦克卢汉传：媒介及信使》《数字麦克卢汉》和《麦克卢汉与

---

① 本文原载戴元光主编《影响传播学发展的西方学人》（中国大百科全书出版社，2012 年 5 月）。有更新。

虚拟实在》已出了中译本。

他是真正的思想大师，是主张改良、面向未来、预言希望的人，一代又一代的人不得不用他指出的方式去感知世界。他的确是 20 世纪"鬼聪明"的怪杰之一。

20 世纪 80 年代，中国人开始注意麦克卢汉，90 年代以后开始研究他，世纪之交又加快了对他的研究步伐，随着麦克卢汉百年诞辰的到来，中国学者对他的研究进一步深化了。

这篇文字超越小传和泛泛的评价，意在对他进行恰当的历史定位。我们多侧面、多层次地记叙和描绘他的思想渊源、学术传承、媒介理论、深远影响，并就深化麦克卢汉研究提出一些具体的建议。

二、从蛮荒小镇到地球村之巅

青少年时代，马歇尔·麦克卢汉经历了从荒原到大城市、从前现代到现代的生活。草原、父亲和母亲都对他产生了重大的影响。

他出生于加拿大阿尔伯塔省的埃德蒙顿市，这座新兴的小城尚有了大量的荒原。彼时，移民蜂拥而至，蛮荒的大草原俘虏了整个西方世界的幻想，成了浪漫迷人的新边疆，也给麦克卢汉的童年打上了深深的烙印。成年以后，他仍然觉得，大草原给他提供了一个认识文明的"反环境"，使他占有一个优势：他可以看到西方文明的总体模式。他认为，这就是加拿大人相对于美国人和欧洲人的优势。

5 岁时，他们举家迁往曼尼托巴省的温尼伯市，这个第二故乡是加拿大的第三大城市。对他而言，这是从荒原到城市、从前现代到现代跨越的重要一步。

他的父亲赫伯特·麦克卢汉虔诚、温厚，又是老顽童、孩子王，喜欢哲学和"心理学"，他继承了父亲虔诚的宗教信仰。

母亲艾尔西深谙讲演术和朗诵技巧。她雄心勃勃，走遍加拿大，传授讲演术，举办朗诵会，小有名气，深受欢迎。她对马歇尔寄予厚望，希望他早日成名。如此，马歇尔继承了母亲文学和口才的"基因"。他常和母亲辩论，磨砺口才，养成了好辩和善辩的习惯。成年以后，无论走到哪里，他都要组织辩论。他能战胜善辩的同事、哲学家和牧师，几乎打遍天下无敌手。

大草原是一个万花筒似的全景。儿时的经历使他凭直觉拒绝了透视的观点。因为他认为，透视是印刷时代的发明。

1933 年，青年麦克卢汉在曼尼托巴大学拿到了学士学位，荣获文理科金质奖章；次年，他又在母校获硕士学位。在这里，他初学工程，后改学文学和哲学，有了比较全面的人文学科准备。他要走向世界了。

1934—1943 年，他先后获得剑桥大学颁发的学士、硕士和博士三个学位。此间，他在美国的威斯康星大学和圣路易斯大学任教。1944 年，他回到加拿大安大略省的阿桑普星学院，任英语系主任。1946 年，他转到多伦多大学执教，直到 1980 年去世。

他热爱加拿大。成名以后，他抵制诱人的高薪没有去著名的美国大学执教。他要用加拿大的"反环境"去观察美国、批判世界。他说：加拿大是"远程预警系统的国家，这是隐形环境的组成部分。这是一个纯信息的边疆，是各种边疆中独特的边疆……这是 20 世纪出现的边疆，它改变了我们与自己的关系，也改变了我们与世界的关系。"①

1964 年，他以《理解媒介》一书震撼世界，奠定了自己媒介"教师爷"的地位，成为 20 世纪的思想巨星、未来世界的朋友。来自加拿大边陲小镇的麦克卢汉登上了他构建的地球村之巅。

麦克卢汉年谱要目一览：

---

① ［加］斯蒂芬妮·麦克卢汉，戴维·斯坦斯编：《麦克卢汉如是说：理解我》，何道宽译，中国人民大学出版社，2006 年，第 72 页。

1946，转多伦多大学，转向通俗文化和传播学研究，准备写广告批评的专著

1951，第一本书《机器新娘》问世，检讨广告对社会文化的冲击，获得好评，但是只卖出几百本

1953，获福特基金会赞助，担任"文化与传播"研究项目主持人；与埃德蒙·卡彭特[①]共同创办《探索》丛刊，这是北美最重要的跨学科杂志之一

1958，在全美广播电视教育工作者协会上作主题讲演，首次使用"媒介即讯息"一说，成为《新闻周刊》封面人物

1959，《探索》丛刊（1953—1959）出满九期之后停刊，该杂志造就了人们对麦克卢汉思想的崇拜

1962，出版《谷登堡星汉：印刷人的诞生》

1963，创办文化与技术研究所，即"麦克卢汉研究所"

1964，出版《理解媒介：论人的延伸》，震撼世界

1967，出版《媒介即按摩：麦克卢汉媒介效应一览》，兼任纽约福德姆大学讲座教授，再次成为《新闻周刊》的封面人物

1968，办《麦克卢汉预警线》通讯，瞄准政界和企业界要人

1979 年 9 月，中风，丧失语言能力

1980 年 12 月 31 日在睡眠中去世

三、麦克卢汉的思想渊源

麦克卢汉浸染了从古到今的西方文明，又将善意的目光投向东方，继

---

① 埃德蒙·卡彭特（Edmund Snow Carpenter），加拿大人类学家，麦克卢汉思想圈子的核心成员，传播学媒介环境学派第一代代表人物，20 世纪 50 年代与麦克卢汉共同主持跨学科研究小组，主办《探索》杂志。

承并发扬了两种文明的遗产。其思想渊源众多，择其要者有：文学"新批评"，庞德—费内洛莎的东方视野和拼音文字观，伊尼斯的"传播偏向论"和技术哲学等。

20世纪30年代的剑桥大学是文学"新批评"的重镇，出了几位大师：理查兹[①]、利维斯[②]和燕卜荪[③]。他们强调对作品的"细读"、文本的形式和"感知训练"，推翻了以内容为导向的传统文学研究。用麦克卢汉的话说，他们把注意力从内容转向形式，从文本的"视象"转到文本的"声象"。他那"媒介即讯息"的灵感就出自这里。他的比喻是：媒介是贼、内容是肉饵、人是看门狗，人只见肉不见贼，只看到媒介的内容，没有看到媒介的形式。

在剑桥大学，麦克卢汉的学术训练偏重认知、美学、艺术和社会学。他对艾略特[④]和乔伊斯[⑤]等现代诗人产生兴趣，原因也在这里。

庞德[⑥]和费内洛莎[⑦]的汉字观和拼音文字观加深了麦克卢汉对字母表的认识。他认为拼音字母本身就有助于抽象思维和视觉偏向。

他说："字母表的威力是延伸视觉统一性和连续性模式，这就是各种文

---

① 理查兹（I.A. Richards,），英国文学评论家和诗人，"新批评"代表人物，代表作有《意义之意义》《实用批评》《内心的对话》《科学与诗》等。

② 利维斯（E. R. Leavis），英国文学批评家，"新批评"主帅之一，恃才傲物、特立独行，创办《细察》（*Scrutiny*），著有《英国诗歌的新方向》《伟大的传统》《文化与环境》等。

③ 燕卜荪（William Empson），20世纪30年代至50年代曾在西南联大和北京大学执教，著有《晦涩的七种类型》。

④ 艾略特（T. S. Eliot），20世纪伟大文学家、现代派诗人、剧作家、文学批评家，1948年诺贝尔文学奖得主，生于美国，卒于英国。著《普鲁夫洛克情歌》《荒原》《四个四重奏》等。

⑤ 詹姆斯·乔伊斯（James Joyce），20世纪最伟大的小说家之一，用意识流手法，著《尤利西斯》《芬尼根的守灵夜》《都柏林人》《一个青年艺术家的肖像》等。

⑥ 庞德（Ezra Pound），美国诗人、翻译家、学者，现代派主帅，其创作深受汉诗影响。

⑦ 费内洛莎（Ernest Fenellosa），美国哲学家、政治经济学家、东方学家。

化感知到的字母表的'讯息'。"①

麦克卢汉认为，"声觉空间"和"视觉空间"形成一个否定之否定的循环。拼音文字出现之前世界是"声觉空间"。拼音文字出现之后，"声觉空间"弱化，"视觉空间"强化。电视出现之后，"视觉空间"转弱，"声觉空间"转强。他认为，"声觉空间"是一个整合的、同步感知的世界，拼音文字却是分割的、序列展开的、视觉的世界，而电视是一个重新整合的世界。所以，电视出现之后，声觉世界重新向我们走来。

他又认为，拼音文字和机械媒介是分裂切割、线性思维、视觉偏向、专门化的。偏重拼音文字的人是分割肢解、残缺不全的人。而电子媒介使人整合，回归整体思维的前印刷时代，这就是重新部落化。这样的人是一个更高层次的全面发展的人。

第二次世界大战期间，麦克卢汉结识了在美国和加拿大避居的英国批评家、小说家和画家温德汉姆·刘易斯②，在文艺创作和社会批评两方面都深受其影响。

哈罗德·伊尼斯的"传播偏向论"研究传播媒介的感知偏向和意识形态偏向，麦克卢汉的媒介延伸论和媒介讯息论就深受他的影响。伊尼斯对西方文化的深刻批评也促进了麦克卢汉社会批评的倾向。详见下文"多伦多的双星"。

四、麦克卢汉的学术转向

麦克卢汉一生拿了五个学位，完成了四次学术转向，经历了三个高峰。

---

① ［加］麦克卢汉：《理解媒介》（增订评注本），何道宽译，译林出版社，2011 年，第 102 页。

② 温德汉姆·刘易斯（Wyndham Lewis），英国小说家、艺术家，旋风派主帅，20 世纪上半叶最重要的前卫文学家和艺术家之一，第二次世界大战期间旅居北美，与麦克卢汉过从甚密。画作众多。著作有《爱的复仇》《诗人爱略特》《无艺术的人》等。

他从工科转向文科、从文学批评转向社会批评、从文学转向传播学、从单一学科研究转向跨学科研究。

他的学术转向经历了三个高峰。

1951年问世的《机器新娘》率先研究大众文化，是世界上第一部研究广告的学术著作，也是一本美国文化批评的力作。

1962年出版的《谷登堡星汉》研究印刷术，重写文明史，是对整个西方历史的重新表述。

1964年的《理解媒介》研究电子人，提出七条媒介定律，研究二十六种代表性的媒介，成为不朽的传世经典。

他的学术转向，实际上从学生时代就已经开始。读本科时，他先学工程，后转向文科，专攻英文和哲学。1934年入剑桥大学后，他从传统的文学转向新批评、哲学、美学、艺术、修辞和社会批评。1936年回到北美大学执教后，他从精英文化转向大众文化。20世纪50年代初，他又从文学批评转向社会批评、从文学转向传播学、从单一学科研究转向跨学科研究。

从20世纪40年代起，麦克卢汉完成一次又一次重大的学术转向。这些转向是稳步的、坚定的。

剑桥求学时，他深受文学"新批评"主将理查兹、利维斯和燕卜荪的影响，最推崇利维斯、切斯特顿①和纳什②。利维斯既搞新批评又超越新批评，是进入文化批评和社会批评的先驱。他的名著《文化与环境》对麦克卢汉产生了持久的影响。切斯特是文学全才、社会批评家和改良家，麦克卢汉终身的社会关怀和他的影响密不可分。纳什的修辞学、"三学科"、雄

---

① 吉尔伯特·切斯特顿（Gilbert Keith Chesterton），英国作家，"全才"，编辑《周刊》，作品涵盖小说、评论、诗歌、新闻、随笔、传记、剧作、绘画等领域，著有《异教徒》《何谓正统》《新耶路撒冷》等。

② 托马斯·纳什（Thomas Nashe），英国讽刺作家、剧作家、小说家，麦克卢汉的博士论文《托马斯·纳什在他那个时代学术中的地位》以他为研究对象。

辩风格和犀利文辞使麦克卢汉终身受益。他的博士论文写的就是纳什。①

　　1936 年回到北美大学执教后，麦克卢汉逐渐偏离常规的修辞和文学批评，转向社会批评和大众文化研究。促使他转向的原因内外皆有。内因是从利维斯、切斯特顿和纳什学到的社会关怀。外因是来自教学工作的压力。在他教学生涯的第一年即 1936 年，他到美国威斯康星大学教书时，发觉自己无法与学生交流，因为他不懂学生关心的大众文化。为了了解学生、推动教学，他就开始研究广告等通俗文化现象。他回忆道："1936 年，我到威斯康星大学教书时，面对一年级的学生，突然意识到，我不懂学生，觉得迫切需要研究通俗文化，包括广告、游戏、电影……我教学的策略是站在他们的立场上，即站在通俗文化的世界中，广告就是一个非常方便的研究方法。"②

　　从 20 世纪 30—40 年代，他的论文已经横跨文学批评和文化批评，代表作有《作为诗人和戏剧性小说家的梅瑞迪斯》《切斯特顿：难解之谜》《评〈城市文化〉》《评〈艺术与审慎〉》《评〈诗歌与现代社会〉》《评〈美国文艺复兴〉》《济慈诗歌的审美模式》《托马斯·纳什在他那个时代学术中的地位》《达格伍德的美国》《爱伦·坡的传统》《诗学诠释与修辞诠释》《另一种审美窥视》《古人与现代美国的争吵》《南方气质》《布莱克与好莱坞》《美国广告》《BBC 英语的种族偏见》《艾略特的历史规范》等。

　　从 20 世纪 40—50 年代，他成为小有名气的文学批评家和社会批评家，其代表作有《庞德的批判散文》《略论各家的艾略特评传》《乔伊斯、阿奎纳与诗学》《帕索斯：技巧对情感》《神奇的广告》《评凯纳〈论庞德诗歌〉》《给加拿大文化解冻》《技术与政治变迁》《山水诗赏析》《从艾略特

---

　　①　麦克卢汉的博士论文《托马斯·纳什在他那个时代学术中的地位》研究古典修辞和中世纪三学科，2004 年由美国的金科出版社出版。

　　②　[加] 菲利普·马尔尚：《麦克卢汉传：媒介及信使》，何道宽译，中国人民大学出版社，2003年，第 173 页。

到塞内加》《漫画与文化》《乔伊斯：三艺和四艺》《麦克卢汉文学批评论集》《广告的年代》《伊尼斯后期的思想》《没有文字的文化》《伊斯、马拉梅与报纸》《作为艺术形式的媒介》《作为政治形式的新媒介》《空间、时间与诗歌》《传播媒介的教育效应》《印刷书籍对 16 世纪语言的影响》《没有围墙的教室》《爵士乐与现代文学》《我们的电子文化》《神话与大众媒介》。

1946 年完成的《机器新娘》几乎夭折，经过六年的阵痛才在 1951 年问世。这本书风格异常、思想超前，是世界上第一部研究广告的学术专著，也是一本有深度的文化批评专著。有人认为，它和罗兰·巴特（Roland Barthes）的《神话》一样，是 20 世纪中叶研究大众媒介和通俗文化的上乘之作。对于从事文化研究的人来说，《机器新娘》毫无疑问是值得认真研读的书。如今，它依然是传播学和文化研究的经典之作。在这本书里，麦克卢汉找到了通俗文化、现代派艺术和新兴的电气 – 机械化技术的契合之处。

1953—1959 年，他与埃德蒙·卡彭特合办丛刊《探索：文化与传播研究》，这是研究人类传播影响颇深的跨学科研究的杂志和论坛，是他以杂家身份亮相的舞台。其中的许多思想在几年后出版的《谷登堡星汉》和《理解媒介》中都有所体现。

1953—1955 年，麦克卢汉获福特基金会慷慨赞助，担任该基金会"文化与传播"研究项目主持人。他网罗了一批同好，建立了北美最早的一个跨学科研究机构。麦克卢汉思想圈子开始形成。

1962 年，《谷登堡星汉》出版，这本书讲印刷人，重写文明史，重新表述整个西方历史。稍后，福柯（Michel Foucault）的《事物的秩序》（1966 法文版、1973 英文版）使英美学界为之倾倒。这本研究话语历史的书，或者与《谷登堡星汉》相似，或者与其相同。他那根基不明的权力观念，与麦克卢汉对电子媒介的理解，不无相似之处。

1963 年，多伦多大学校长克劳德·比塞尔（Claude Bissell）支持麦克卢汉创建"文化与技术研究所"。这是为他量身定做的跨学科研究所，唯一的目的就是把他留在加拿大，因为一些美国大学不惜出几倍的高薪把他挖走。为此，圣迈克学院和学校共同支付他薪水，为他聘请秘书，又为他提供一幢小楼，还为他减免一半以上的教学工作量。这是一项极富远见卓识的特殊政策，却又引起了擅长教学、弱于科研的同事的嫉恨。

1964 年，标志他学术巅峰的《理解媒介》出版，麦克卢汉最后的学术转向顺利完成。

到 20 世纪 60 年代，他的著作已被译成 20 余种文字。世界各地都有他的崇拜者，"麦克卢汉学"兴起，日本人几乎翻译了他的一切著作。

总之，他的学术转向经历了三个高峰：他率先研究商业广告，达到 20 世纪通俗文化研究的顶峰；他率先研究印刷文化，留下一部经典《谷登堡星汉》。这本书与福柯的《事物的秩序》有异曲同工之妙；他率先研究电视的性质和影响，超越了褒贬新兴技术的道德判断。他赋予传播学王者风范，不仅完成自己的学术转向，而且使学术界的注意力发生转移：传播学从课堂中解放出来，进入了千百万人的日常生活。

从象牙塔进入大众文化，那是需要勇气的。从驾轻就熟的文学进入美学、文化研究、媒介研究，那也需要超凡的本事。之所以义无反顾地完成一次次转向，那是因为他有强烈的社会责任感，也是因为他能够超越技术媒介和大众文化的道德判断。

他从批评家的道德义愤转向文化史家的道德中立。他说："有许多年，直到我写《机器新娘》，我对一切新环境都抱着极端的道德判断的态度。我讨厌机器，厌恶城市，把工业革命与原罪画上等号，把大众传媒与堕落画上等号。简言之，我几乎拒斥现代生活的一切成分，赞成卢梭式的乌托邦。但是我逐渐感觉到这种态度是多么的无益无用。我开始意识到 20 世纪的艺术家——济慈、庞德、乔伊斯、艾略特等人——发现了一种迥然不同的方法。……我不再担任卫道士，而是成了小学生。因为我对文学和文化传统承担责任，我就开始研究威胁文化价值的新环境。我很快就发现，这些新东西用道德义愤或虔诚是挥之不去的。研究证明，我们需要一种全新的方法。"①

他的保守观念反而成为他研究媒介的动力："电视和所有的电力媒介都在拆散我们社会的整个肌体。作为被迫生活在这个社会中的人，我不喜欢这个社会土崩瓦解。"②

麦克卢汉从文学转向跨学科研究和传播研究，成为最具原创性的媒介理论家，我们因此而感到庆幸。

五、多伦多的双星：伊尼斯与麦克卢汉

20 世纪中叶，多伦多大学升起两颗学术明星：麦克卢汉和伊尼斯（Harold Adams Innis）。他们背景殊异，情趣相同，共同建立了传播学的一个学派：传播学技术学派③。

麦克卢汉传世的传播学著作，包括独著与合著的，共十余部。影响较大的当数《理解媒介》《机器新娘》和《谷登堡星汉》。伊尼斯以《帝国与传播》和《传播的偏向》等著作流芳百世。

麦克卢汉的主要著作有：

1.《理解媒介》，讲电子人，英文版 1964；

2.《谷登堡星汉》，讲印刷人，英文版 1962；

3.《机器新娘》，讲工业人，英文版 1951；

4.《媒介与文明：地球村里的战争与和平》，由他人编辑，英文版

---

① ［加］埃里克·麦克卢汉，弗兰克·秦格龙编：《麦克卢汉精粹》，何道宽译，南京大学出版社，2000 年，第 399 页。

② 同上书，第 400 页。

③ 传播学技术学派，多数批评家将其视为"技术决定论"学派。1998 年北美的媒介环境学会组建以后，其命名规范为 media ecology，21 世纪以来，其中文译名规范为"媒介环境学"。

1967；

5.《媒介即按摩：麦克卢汉媒介效应一览》，由他人编辑，英文版1967；

6.《麦克卢汉书简》，由他人编辑，英文版1987；

7.《媒介定律：新科学》，与其儿子埃里克·麦克卢汉合著，英文版1988；

8.《麦克卢汉精粹》，由他人编辑，英文版1995；

9.《麦克卢汉如是说》，由他人编辑，英文版2004；

10.《余韵无穷的麦克卢汉》，由他人编辑，英文版2006；

11.《指向未来的麦克卢汉》，由他人编辑，英文版2016。

两人共事和交友的时间，不过5年。可是学者的惺惺相惜使他们结下了深厚的友谊。伊尼斯的《帝国与传播》和《传播的偏向》两部经典，都由麦克卢汉作序。

这两位奇才本来并不研究传播学。伊尼斯教政治经济学，任多伦多大学研究生院院长，早期专攻加拿大经济史，20世纪40年代后期转攻传播史。麦克卢汉教英美文学，任多伦多大学圣迈克学院文学教授，40年代后期开始转向，研究大众文化。他们成为20世纪最具原创性、又最富有争议的媒介理论家。加拿大人文社会科学这一对双星，继续照耀着21世纪的媒介研究和传播研究。

关于伊尼斯和麦克卢汉的先驱和继承关系，2000年《澳大利亚国际传媒》春季特刊号"重温麦克卢汉"，做了简洁明快的论述。现摘录其中一段，予以说明：

"要认识麦克卢汉，有一个问题至关重要，那就是要了解走在他前面的伊尼斯。伊尼斯确定了媒介的属性：媒介在时间和空间上对社会组织产生决定性的影响。他的研究给麦克卢汉提供了灵感。"

伊尼斯的媒介研究启发并激励麦克卢汉加快学术转向的步伐。他也开始研究文明史的宏大模式和媒介的影响。两人的媒介思想略有差别：伊尼斯认为，媒介在时间和空间上对社会组织产生决定性的影响；麦克卢汉认为，媒介的技术形态在决定社会关系中的作用，超过了媒介的文化内容。

他们都善于驾驭宏大的主题，纵横数万里，上下几千年，把人类文明史和媒介史概括成几个简明的模式。二人的行文风格相反相成，暗合他们不同的学科背景。二人的研究方法迥然不同，表现出强烈的反差。

伊尼斯是经济史家，喜欢且善于考证，注释不胜其烦、不厌其详。与此相反，麦克卢汉是文学家，善于修辞，不求严谨，且不作一注。读者读他，常常叫苦不迭。伊尼斯有解读历史的神奇钥匙，这就是媒介的偏向、传播的偏向、时间的偏向、空间的偏向、政治组织的偏向、思想的偏向和宗教组织的偏向。麦克卢汉"只探索，不解释"。伊尼斯偏重考据。相反，麦克卢汉天马行空、无拘无束，他探索而不做结论，并置而不做分析，铺陈而不做归纳，发现而不做判断，定性而不做定量，形而上而不求实证。

二人的语言风格也构成对立的两极。伊尼斯的叙述和阐释，没有任何文学语言。麦克卢汉却偏爱格言警语，不求明白如话；只用"艺术"语言，不求科学严密；滥用警语、格言、典故、暗喻，还喜欢用一些莫名其妙的"麦克卢汉式"的语句。

麦克卢汉极度推崇伊尼斯，欣然为《帝国与传播》和《传播的偏向》作序。没有麦克卢汉的大力宣传，伊尼斯就不可能获得那么崇高的地位。

在《传播的偏向》序文里，他说："我乐意把自己的《谷登堡星汉》看成是伊尼斯观点的注脚。"又说："伊尼斯的著作本身是不容易读懂的。但是，只要尝试读那么一次，显然就可以知道，他的著作是值得一读的。这样去读他的著作，虽然要花掉不少的时间，但还是节省时间。每一句话都是一篇浓缩的专论。他的每一页书上都包含了一个小小的藏书室，常常还有一个参考文献库。如果说，老师的职责是节省学生的时间，那么伊尼斯就是记录在案的最好的老师。"①

在《帝国与传播》的序文里，他说："伊尼斯给读者提供了学习政治智慧和政治审慎的手段。他提供了用原因预测结果的一个新的感知体系，这几乎是一种魔术的方式。"②

麦克卢汉认为，伊尼斯是芝加哥学派最杰出的代表。他在芝加哥大学师从西方社会学巨匠罗伯特·帕克（Robert Park）等人，青出于蓝而胜于蓝。实际上，伊尼斯放弃了芝加哥学派驾轻就熟的小社区研究路子，转而研究加拿大的宏观经济，然后又转向更加宏大的主题：他研究文明史和传播史，寻找规律，总结教训，给西方文明敲响警钟。伊尼斯的学术转向给麦克卢汉极大的启发。

六、加拿大的思想彗星：麦克卢汉热的第一次高潮

20世纪50年代，麦克卢汉与卡彭特等四位教授主持了一系列研讨班。这些研讨班推广跨学科研究，为50年代和60年代北美先锋派的思想议程做出了贡献。

1964年，《理解媒介》出版，旋即掀起了世界范围的麦克卢汉热。1966—1967年，这一热潮达到顶峰。此间，北美的宣传机器几乎全部开动起来为麦克卢汉效劳，几十种大大小小的报刊发表数以百计的文章颂扬他，他被封"先知""圣贤"、20世纪"最重要的思想家"等。法国人还创造了一个词"麦克卢汉式的"。

《纽约先驱论坛报》宣告麦克卢汉是"继牛顿、达尔文、弗洛伊德、爱因斯坦和巴甫洛夫之后的最重要的思想家……"，说他是"电子时代的代言

---

① ［加］伊尼斯著：《传播的偏向》，何道宽译，中国人民大学出版社，2003年，第10页。
② 同上书，第3页。

人，革命思想的先知"。

《生活》杂志封他为"媒介教师爷"、电气时代的预言家。

1964 年 12 月 28 日的《国家》杂志，把麦克卢汉列为风云人物；1965年的《读者指南》列出四篇有关他的文章，分别刊载于《评论》《纽约客》和《哈泼斯》月刊。一时间，麦克卢汉"热"风靡美国，他的著作也成为畅销书。1966—1967 年，美国最著名的几十种报刊如《幸福》《新闻周刊》《生活》《老爷》《全国评论》《党派评论》《纽约客》《新墨西哥季刊》《周末评论》等，都刊登了有关麦克卢汉的文章。他还不时应邀在电视上演讲，真可谓出尽了风头。

1966 年以后，讲演邀请函堆积如山、应接不暇，他有时忙得不得不请助手代劳。

1968—1970 年，其儿子埃里克·麦克卢汉协助他创办小杂志《远程预警通讯》（DEW-LINE）。这个刊物的对象是政界人物和企业高层主管。麦克卢汉的影响进一步超越学术圈子。

1969 年 3 月号的《花花公子》破例刊载了几万字的《麦克卢汉访谈录》，用了一个极富魅力的副标题：流行崇拜中的高级祭司和媒介形而上学家袒露心扉。

麦克卢汉把传播学变成学科之王，使学术界的注意力发生转移。学术界的注意力，从如何更加有效地摆弄媒介，转向技术媒介扮演的角色。媒介的这个角色，是媒介对认知、人格和社会组织的影响。这样的解释比广告攻势能否真正决定选举胜败更加令人满意。一句话，他的观点不仅是要理解媒介，而且是要理解文化史和社会变革，这是媒介的主导作用。许多人倾心于他这个难以实证的命题。

麦克卢汉活像一个"幽灵"，一个独战风车的堂吉诃德。他独自孵化出了一种全新的思想：媒介的社会影响和心理影响。他潜心研究传播、电脑和刚刚露头的技术文化。他成为新技术媒介的教师爷，又是技术革命的传教士。

他有效地把握了 20 世纪后半叶的生活脉搏。在这一点上，无人能与之匹敌。他不仅是现代主义盛期和后现代主义时期的圣贤，他还给我们留下了象征其特点的诗学《媒介定律》。了解他就是了解这个时代的精神，这个时代精神打破了技术和艺术之间、高雅文化和通俗文化之间的壁垒。

他举起"杂家"的旗帜，公开批评"专家"。他不屑于当专家，因为他认为专家是畸形人。他讴歌整合一体的"部落人"，悲叹分割肢解的"拼音文字人""谷登堡人"和"机械人"。他呼唤"重新部落化"的人。他希望研究人类的"集体无意识""意识的延伸"和"地球村"。

这个时期的麦克卢汉提出了许多前无古人的概念和警语：前文字人，文字人，部落人，非部落人，抄书人，印刷人（谷登堡），工业人，电子人；拼音文字，印刷术，电气技术；声觉空间，听觉空间，视觉空间，欧几里得空间；艺术家，诗人；部落化，非部落化，重新部落化；集中化，非集中化；后视镜；东方的西方化，西方的东方化，第一世界，第二世界，第三世界；外观，背景；环境，反环境，人造环境，边疆；心灵之旅，心灵探索；媒介定律，如此等等，不一而足。

然而，奇人怪杰，为人嫉恨、为人不解，古今中外皆然。麦克卢汉思想超前，难免几分神秘色彩。因侵犯他人领地，难免使人不快。思想汪洋恣肆，难免带有受到批评指责。语言晦涩难懂，难免使人丧气、困惑不安。20 世纪 70 年代和 80 年代，他的名声虽然没有大起大落，但是围绕他的争论却始终不断。

学者最忌讳的是"明星"形象，他为此付出了沉重的代价。

经院派和保守派学者极尽攻击之能事，给他取了许多诨名："通俗文化的江湖术士""电视机上的教师爷""攻击理性的暴君""走火入魔的形而上巫师""波普思想的高级祭司，在历史决定论的祭坛前为半拉子艺术家做黑弥撒的教士"。攻击他"出尽风头，自我陶醉，赶时髦，追风潮，迎合新潮。可是他错了"。宣判他的文字"刻意反逻辑、巡回论证、同义反复、绝对、滥用格言、荒谬绝伦"。

当时学界对他的诟病，以 20 世纪 60 年代《存在主义杂志》的一篇文章为代表。里面有一段非常辛辣的讥讽："一位加拿大小地方名不见经传的英语教授，居然玩弄了这样一场大骗局。一切迹象表明，这将成为一场国际性的思想丑闻。"这一段话，说出了大学校园和文化杂志里一大批人的心里话：他们要诋毁麦克卢汉的声誉。这种批评的要害，可以归结为三点：（1）他的文风令人悲叹；（2）有的时候，他强不知以为知，涉足其他学科，不依据事实，而依据"探索"；（3）和左派知识分子、"后现代"知识分子相反，他对 60 年代的社会不公和动荡漠然置之。

当然，学界的评价并非一边倒，而是爱恨交织，这种矛盾心态的集中表现是两本评论集。这两本书是：《麦克卢汉：冷与热》（*McLuhan: Hot and Cool: A Critical Symposium*），偏重批评；《麦克卢汉：毁誉参半》（*McLuhan: Pro and Con*）；其共同点是：支持和反对他的两种立场兼而有之。

业界人士对麦克卢汉的矛盾心态突出表现在英国著名导演和作家乔纳森·米勒（Jonathan Miller）的身上。他对麦克卢汉的评价先后反复，判若两人。起初，他高度赞赏麦克卢汉，说麦克卢汉"对视觉空间所做的研究相当于弗洛伊德对性的研究，换言之，他的研究揭示，视觉空间在人类事务的结构中是无处不在的。"[①] 他致信麦克卢汉，自称麦克卢汉迷。后来，他为"现代大师"丛书撰写的《麦克卢汉传》（1971）却对麦克卢汉发起猛烈的抨击。

20 世纪 70 年代以后，麦克卢汉热迅速退潮。思想活跃的 60 年代过去，保守思想回潮，社会氛围不利于麦克卢汉超前的思想了。

---

① ［加］菲利普·马尔尚：《麦克卢汉传：媒介及信使》，何道宽译，中国人民大学出版社，2003 年，第 193 页。

再者，麦克卢汉再也不能以超人的智慧和精力写书。1967，他因脑瘤而接受开颅术；1976 年，他又患轻度中风。这对他的记忆和口才造成损害，他无力完成准备撰写的十几部著作了。1979 年 9 月，他又重度中风，这是对他的最后一击，他的语言能力彻底丧失。1980 年的最后一天，这颗闪闪发光的彗星、名副其实的"智慧之星"陨落了。

1980 年底麦克卢汉去世，之后不久，北美传播学主流刊物《传播学杂志》于 1981 年的一期特刊里发表了 8 篇纪念文章，亦臧亦否，毁誉参半，并不赋予他一派宗师的地位。

麦克卢汉的成就，与校长的大力支持分不开。时任校长的克劳德·比塞尔说，他要给麦克卢汉"提供轻松而有效工作的自由；同时，还要给他一个研究基地，使他在学校里具有相当的地位"[①]。谈及学校给麦克卢汉的特殊政策时，克劳德·比塞尔回忆说："1963 年文化与技术研究所成立时，马歇尔负责其运行，他对学校领导负责。在学校各级负责人中，他是最不长刺的人，满足于很少的年度经费，以解决秘书的工资，还有偶尔的一些花销。从这个狭小的基地，他一举成为国际知名人物。对他而言，这是一个实实在在的地球村。"[②]

第一波的麦克卢汉热退潮，第二波的麦克卢汉热尚待互联网的到来。

七、大尺度的媒介演化史及其影响

麦克卢汉对文化史的研究，综合了人类学、经济学、社会学、史学和文学的研究路子。他把社会史和文化史简约为传播史，提出了历史尺度和

---

① ［加］菲利普·马尔尚：《麦克卢汉传：媒介及信使》，何道宽译，中国人民大学出版社，2003 年，第 173 页。

② *Who Was Marshall McLuhan: Exploring a Mosaic of Impressions*, ed. by Barring Nevitt with Maurice McLuhan, Stoddart Publishing Co., 1995，p. 28。

跨度都很大的媒介史分期说。

对麦克卢汉媒介演化史理论，詹姆斯·凯利①做了这样的总结："麦克卢汉的成就促成了大量杰出的学术成果：关于文字、印刷术、大脑进化和电子媒介性质的成果……三十年来，在传播史的撰写中形成了一条惯例，把历史分为三期，每一期都有一种界定性的技术和基本的象征，即：口头传统、印刷机和电视屏幕。"②在这篇文章里，凯利赞许并肯定了麦克卢汉的媒介史分期思想，似乎又提出了"四期说"："麦克卢汉把世人普遍接受的传播观念加以放大，使人们的注意力从物质材料的"革命"、经济组织形式的"革命"和政治"革命"转移到传播革命（言语、文字、印刷、电子）。"

虽然麦克卢汉没有明确提出"四期说"，但在他的著作里，电子时代、电子媒介、电子延伸以及他对电子未来的憧憬已经彰显，媒介演化的第四期电子时代已然来临，至少是即将来临。

许多学者追随他的媒介分期思想，提出"四期说"：口语时代、文字时代、印刷术时代和电子时代。这是媒介环境学派的共识。

沃尔特·翁③、伊丽莎白·爱森斯坦④、詹姆斯·凯利、尼尔·波斯曼⑤、

---

① 詹姆斯·凯利（James Carey），美国新闻学家和传播学家，美国新闻学、文化研究和媒介环境学的著名学者，著有《作为文化的传播》等。

② ［美］凯利：《麦克卢汉：渊源及遗产》，《加拿大传播学季刊》1998 年夏季号。

③ 沃尔特·翁（Walter Ong），美国人文教授，师从马歇尔·麦克卢汉，提出口语文化—书面文化两级性概念，首创原生口语文化和次生口语文化的分野。代表作有《拉米斯，方法和对话的式微》《拉米斯和爪饰物一览》《语词的在场：文化史和宗教史绪论》《口头文化与书面文化：语词的技术化》《心灵里的蒙昧遗存》《修辞，传奇故事和技术》《语词的界面》《生存斗争：竞赛，性与意识》等。

④ 伊丽莎白·爱森斯坦（Elisabeth Eisenstein），美国历史学家，主攻法国革命史和 19 世纪法国史，代表作为巨著《作为变革动因的印刷机：早期近代欧洲的历史》（何道宽译，北京大学出版社，2010），她是传播学媒介环境学派的代表人物之一，与麦克卢汉有过密切的互动。

⑤ 尼尔·波斯曼（Neil Postman），美国英语教育家、媒介理论家、社会批评家、媒介环境学第二代精神领袖，在纽约大学创办媒介环境学专业和博士点，著作一共 25 种，要者有《美国的语言》《作为颠覆活动的教学》《童年的消逝》《认真的反对》《娱乐至死》等。

保罗·莱文森[①]、林文刚[②]等学者大体上都继承了媒介史的"三期说""四期说"甚至"五期说"。

"四期说"指口语文化、文字文化、印刷文化、电子文化四个分期。"五期说"在"四期说"的基础上加上网络文化。

翁在《口语文化与书面文化》里提出"原生口语文化""书面文化"和"次生口语文化"，这样的"三期说"相当于"口语文化""书面文化"和"电子文化"的"三期说"。

在《作为变革动因的印刷机：早期近代欧洲的历史》里，伊丽莎白·爱森斯坦没有明确提出媒介史的"三期说"或"四期说"。她只研究媒介史的一个阶段：印刷术产生的传播革命及其对欧洲近代的影响。

麦克卢汉的《谷登堡星汉：印刷人的诞生》激发了她的"好奇心"，给予她启示，她决心从印刷革命和传播革命的角度去研究机器印刷对欧洲近代文明的影响。她说："麦克卢汉提出的'印刷人的诞生'……使我们更加清楚地认识到，人的思想和社会都受到印刷术的影响。至少我认为，这是他最有价值的贡献。"[③]

和大多数媒介环境学者一样，波斯曼用技术和媒介的演化来划分人类历史。但与众不同的是，他将人类文化的发展分为三个阶段：工具使用文化、技术统治文化和技术垄断文化三个阶段。他又将人类文化分为相应的

---

① 保罗·莱文森（Paul Levinson），媒介理论家、科幻小说家、大学教授、社会批评家，数字时代的麦克卢汉，媒介环境学第三代代表人物，媒介环境学会顾问。媒介理论著作有《思想无羁》《软利器》《数字麦克卢汉》《真实空间》《手机》《学习赛博空间》等。创作科幻作品20余种，其中长篇5部：《丝绸密码》《松鼠炸弹》《记忆的丧失》《出入银河系》《拯救柏拉图》。

② 林文刚（Casey Man Kong Lum），美国传播学家、媒介环境学会副会长，编著《媒介环境学：思想沿革和多维视野》，著有《寻找声音：卡拉 OK 与美籍华人身份的构建》《代代传承：文化身份的维持》《我们的声音：文化、族裔身份和传播》《世界卡拉 OK 研究：全球技术、地方歌声》等。

③ ［美］伊丽莎白·爱森斯坦：《作为变革动因的印刷机：早期近代欧洲的历史》，何道宽译，北京大学出版社，2010年，第76页。

三种类型：工具使用文化类型、技术统治文化类型和技术垄断文化类型。美国文化是唯一的技术垄断文化。

批评者认为，波斯曼是技术悲观主义者，他死死盯住技术危害文化的一面，长鸣警钟，号召文化不向技术投降。他认为，技术发展的走势是：潜在的危害越来越大。在第一个阶段，技术服务、从属于社会和文化，不对人构成危害。到了第二个阶段，技术开始向文化发起攻击，并试图取而代之。然而到了第三个阶段即"技术垄断"的阶段，技术的发展使信息失去控制、泛滥成灾，使人无所适从。他说："技术垄断就是极权主义的技术统治。"①

波斯曼赋予印刷文化优先的地位。"他拥抱印刷文化，认为印刷文化是现代教育制度的试金石，而且是文明世界和现代世界许多最光辉成就的试金石……印刷媒介成为其他一切媒介'衡量、比较和对照'的标准。"②

保罗·莱文森发扬、细化和深化了麦克卢汉的媒介史分期思想，写了一部媒介革命史的巨著《软利器：信息革命的自然历史与未来》，他先后考察口语、象形文字、拼音文字、机器印刷、光化学媒介、电子媒介、文字处理、超文本和互联网的演化，并展望人工智能的未来发展。

林文刚同意媒介史的"四期说"：口语时代、文字时代、印刷时代和电子时代。

八、技术决定论？

麦克卢汉媒介思想的实质是什么？又如何命名？是技术决定一切？技术乐观主义？技术决定论？如何从他诗意的表述洞悉他悲天悯人的博大情

---

① ［美］波斯曼：《技术垄断》，何道宽译，北京大学出版社，2007年，第28页。

② ［美］林文刚：《媒介环境学》，何道宽译，北京大学出版社，2007年，第188页。

怀？技术是否决定文化？两者关系如何？技术决定论的命运如何？

20 世纪 80 年代以后，围绕麦克卢汉的争论趋于平和，冷静后的学界如何评价麦克卢汉呢？

传播学鼻祖威尔伯·施拉姆[1]用整整一节的篇幅评价"麦克卢汉的学说"，封麦克卢汉为"技术决定论者"[2]。与此同时，他又对麦克卢汉作了比较恰当的肯定：

（1）"即使从肤浅的层次看，'媒介'一词的走红，麦克卢汉功莫大焉。须知，它过去主要是艺术家、细菌学家和大众传播专家的行话。"

（2）"不同传媒需要不同的想象力的观点，是一个大问题，在麦克卢汉之后，需要我们重新思考，为此，我们必须给他记一大功。"

（3）"麦克卢汉强调媒介本身的作用值得赞扬；他有些观点值得进一步研究，感知渠道的平衡和失衡的观点、线性的印刷文字对思维逻辑的影响的观点，都在此列。"

在 1997 年的《传播学史》里，埃弗雷特·罗杰斯[3]仍然将麦克卢汉定性为"技术决定论者"。他说："麦克卢汉的重点，却是传播技术如何改变人基本的感知：视听触嗅味。他是文学批评家和媒介决定论者，在 20 世纪 60 年代成为公众人物。他大大提高了人们对传播的认识。但是他又在某些方面扭曲了传播的形象。的确，他没有给传播学研究的性质传递一个准确的图像。由于他声名显赫，出现了一个简单化、社会变革的单因论。"[4] 这

---

[1] 威尔伯·施拉姆（Wilbur Lang Schramm），美国传播学家、"传播学之父"，初为英语专业教授，后将新闻学、社会学、心理学、政治学熔为一炉，转向并创建传播学，撰写和编写著作 30 余种，代表作有《传播学概论》《大众传播学》和《大众传播的流程与效应》等。

[2] ［美］施拉姆：《传播学概论》，何道宽译，中国人民大学出版社，2010，第 127 页。

[3] 埃弗雷特·罗杰斯（Everett Rogers），美国传播学家，著有《创新的扩散》《传播学史》《传播与发展》《传播技术》等。

[4] Everett M. Rogers, *A History of Communication*, The Free Press, 1997, p.487.

里所谓"单因论"就是"媒介决定论"。

最新的研究证明，麦克卢汉决不主张技术决定论。在其新作《理解新媒介：延伸麦克卢汉》里，罗伯特·洛根^①专辟一节"麦克卢汉是技术决定论者吗？"。他首先辨析了各种倾向的"技术决定论"，包括"硬决定论""软决定论""强决定论""弱决定论"，然后据理澄清并批驳对麦克卢汉的不实批评。

仅引用他的两段话予以说明："显然，麦克卢汉不用单一原因来对任何东西进行解释。他猛烈抨击'观点'的概念，反对'牛顿的单一视野'，把自己的研究成果描绘为'减去观点的观察'。""麦克卢汉采用'总体场理论研究方法'（total-field-theory approach）。他认识到媒介与社会关系里非线性一面；在某种程度上，这预示了协同进化（co-evolution）、复杂理论（complexity）或突显理论（emergence theory）的兴起。根据我 20 世纪 70 年代与他的交谈，他似乎并没有察觉到这些即将兴起的物理学理论，因为在他出版《理解媒介》的 1964 年，仅有人隐隐约约地暗示，这些理论可能会兴起。那一年，物理学界刚开始探索复杂理论，复杂理论视为对社会科学产生影响。"

林文刚把技术与文化的关系看成是一个连续体，执其两端者分别倾向于是"硬"决定论和"软"决定论，执其中段者主张是媒介技术与文化"共生论"（symbiosis）。"一端是所谓'软决定论'，其假设是……在媒介的发展、传播和使用的过程中，人的能动性是决定性的因素之一。在连续体的另一端是所谓'硬决定论'；其主张是：技术是必然的社会变革的首要

---

① 罗伯特·洛根（Robert K. Logan），加拿大物理学家、传播学家，麦克卢汉思想圈子的核心成员，从事跨学科研究。著有《拼音文字对西方文明的影响》《第六语言：学会在互联网时代生存》（与麦克卢汉合著）《大脑的延伸：语言的滥觞》《理解新媒介：延伸麦克卢汉》等。《第六语言》于 2000 年获媒介环境学会苏珊·朗格奖。

决定因素，或者更加广义地说，技术是必然的历史变化的首要决定因素。"①

林文刚认为，莱文森偏向"软"决定论。他本人主张技术文化"共生论"。他说："这个视角认为，人类文化是人与技术或媒介不间断的、互相依存的因而互相影响的互动关系。就其实质而言，'文化/技术共生论'虽然放在这个连续体的居中的地方，但是它并不因此而取得优先的地位，在理解这个共生关系中，它既不会对媒介/技术抱偏见，也不会对人的因素抱偏见。"②

至于麦克卢汉是否持"硬"决定论的观点，林文刚则不置可否，由于他同情莱文森"软"决定论的观点，我们猜想，他也能同情地理解麦克卢汉对媒介社会影响和心理影响的判断。

对于麦克卢汉是否主张媒介决定论，莱文森的认识有一个变化过程。

1978，莱文森的博士论文《人类历程回放：媒介进化理论》表露出这样的观点：麦克卢汉的思想是技术决定论。读到这样的评价之后，麦克卢汉立即打电话予以反驳。

十年以后，在《数字麦克卢汉》里，莱文森修正了对麦克卢汉的评价，有他的话为证："1978 年，事实本身似乎证明，麦克卢汉持媒介决定论。如今，用事后诸葛亮的眼光来看问题——在后视镜里回顾他，回顾我最初对他的研究——我可以清楚地看见，用"媒介决定论"来描写他未必是妥当的。"③

围绕麦克卢汉的思想是否是"技术决定论"的问题，中国学者的评价也经历了长期的争论和思考，如今的趋势是能够同情并深刻地理解他思想的实质，而不是简单地给他扣上一顶"技术决定论"的帽子了。

---

① ［美］林文刚：《媒介环境学》，何道宽译，北京大学出版社，2007 年，第 32 页。

② 同上。

③ ［美］莱文森：《数字麦克卢汉》，何道宽译，社会科学文献出版社，2001 年，第 127 页。

和国内的大多数学者一样，我本人也经历了一个类似的过程。

2002 年，和国内大多数学者一样，我认为麦克卢汉所属的多伦多学派的思想是技术决定论。在《多伦多传播学派的双星：伊尼斯与麦克卢汉》这篇文章里，我曾提到："20 世纪下半叶，多伦多大学升起两颗学术明星：麦克卢汉和伊尼斯。他们背景殊异，却情趣相同，共同建立了传播学的一个学派：媒介决定论。"①

2003 年，我试图修正对麦克卢汉的判断，指出他是面向未来的技术乐观主义者。在《天书能读：麦克卢汉的现代诠释》一文里，我写下了这样一段话："他绝对不是鼓吹技术决定论的人，他是要我们回归身心一体、主客一体的理想境界。麦克卢汉不仅是当代人的朋友，而且是子孙后代的朋友。他是一个面向未来的人、预言希望的人。有他的话为证：'为什么不可以实现思想的前馈呢？就是说，为什么不可以把世界意识联入世界电脑呢？凭借电脑，从逻辑上说，我们可以从翻译语言过渡到完全绕开语言，去求得一种与柏格森预见的集体无意识相似的、不可分割的宇宙无意识。因此，电脑预示了这样一个前景：技术产生的普世理解和同一，对宇宙理性的浓厚兴趣。这种状况可以把人类大家庭结为一体，开创永恒的和谐与和平。'"②

九、麦克卢汉的文风

麦克卢汉的著作如同"天书"，实在是难。究其原因，不外有四：内容崭新、庞杂；思想浩荡不羁；研究方法反常；文字汪洋恣肆。

---

① 何道宽：《多伦多传播学派的双星：伊尼斯与麦克卢汉》，《深圳大学学报》，2002 年第 5 期。

② ［加］埃里克·麦克卢汉，弗兰克·秦格龙编：《麦克卢汉精粹》，何道宽译，南京大学出版社，2000 年，第 394 页。

文如其人。他本来就是诗人、文学批评家，深谙美学和文学，难免会用典艰深，征引庞杂，令人叫苦不迭。他似乎全然不顾一般读者的语文水平。

他用滑稽喜剧的手法来玩弄自己的表述。他的"媒介即讯息"（the medium is the message）摇身几变，其戏剧效果一望而知。他把 message（媒介）变成 massage（按摩），变成 mass age（大众时代），变成 mess age（混乱世代）。于是就弄出了"媒介即按摩""媒介即大众时代"和"媒介即混乱世代"这样的文字游戏。

他大量引用莎士比亚、德莱顿、艾略特、庞德、爱伦·坡、乔伊斯等大文豪的语言，形成了独树一帜的"麦克卢汉式"语言和风格。"麦克卢汉式"是戏说之词，由法国人发明，但是它不胫而走，在西方学界流行开来。

媒介理论和传播学是社会科学，他用诗性的、艺术的语言去描绘社会科学，怎不让人反感？

其实，他不得不用夸张的语言刺激读者，使之注意他那超前的思想。

他反常的文风适合反常的研究方法：探索而不做结论，并置而不做分析，铺陈而不做归纳，发现而不做判断，定性而不做定量，形而上而不做实证；偏重马赛克图像，不搞量化描摹。

他说他把自己的方法称为开锁匠的方法："我从来没有把探索的结果当作揭示的真理。我没有固定不变的观点，不死守任何一种理论——既不死守我自己的，也不死守别人的……我的工作比较好的一个方面，有点像开保险柜的工匠的工作。我探索、倾听、试验、接受、抛弃。我尝试不同的序列，直到密码锁的制动栓落下来，保险柜的门弹开。"[1]

---

[1] ［加］埃里克·麦克卢汉，弗兰克·秦格龙编：《麦克卢汉精粹》，何道宽译，南京大学出版社，2000年，第359页。

十、麦克卢汉的媒介理论："老三论""七原理""四定律" "十四论""新十论"和新解"三十八论"

麦克卢汉媒介理论的"老三论"，读者耳熟能详。它们是：媒介延伸论，媒介讯息论，媒介冷热论。

这一节对读者不太熟悉的麦克卢汉媒介理论做一些梳理。

《理解媒介》分两部，第一部共七章，推出七条媒介理论，分别是：讯息论（媒介即讯息）、冷热论（热媒介和冷媒介）、逆转论（过热媒介的逆转）、麻木论（小玩意爱好者——麻木性自恋）、杂交论（杂交能量：危险的关系）、转换论（作为转换器的媒介）、挑战论（挑战与崩溃：创造力的报复）。第二部讲二十六种媒介：口语词，书面词，道路与纸路，数字，服装，住宅，货币，时钟，印刷术，漫画，印刷词，轮子、自行车和飞机，照片，报纸，汽车，广告，游戏，电报，打字机，电话，唱机，电影，广播，电视，武器，自动化。

从这二十六种媒介，我们可以演绎出麦克卢汉隐而不显的另一种媒介理论：泛媒介论。这也是我最想补充的麦克卢汉三条理论之一，其他两种是：重新部落化（文化史可以表述为"部落化——去部落化——重新部落化"的否定之否定的过程），二元延伸论（机械媒介是人体的延伸，电脑是人脑和意识的延伸）。

根据他隐而不显的媒介观念，我们可以推导出一个最为宽泛、无所不包的定义：媒介是人的一切外化、延伸和产出，形成外在于人的媒介环境。一句话，媒介是人的一切技术和文化的产物。他研究的媒介涉及人类生活的所有领域和一切层面——衣食住行、机械电力、语言文字、娱乐游戏、科学技术、艺术世界。

在他与儿子埃里克·麦克卢汉合著的《媒介定律：新科学》里，他试图构建最伟大的形而上的媒介理论，将其提炼为媒介"四定律"：延伸，过时，再现，逆转。他们的表述是：

1. 一个人工制造物使什么得到提升或强化？或者使什么成为可能？或者使什么得以加速？这个问题可以用来研究一只废纸篓、一幅画、一台压路机或一条拉链，也可以用来研究一项欧几里得定理或物理定律，还可以用来研究任何语言的任何语词。

2. 如果情景中的某个方面增大或提升，原有的条件或未被提升的情景就会被取代。在此，新的"器官"使什么东西靠边或过时呢？

3. 新的形式使过去的什么行动或服务再现或再用？什么曾经过时的、老的基础得到恢复，而且成为新形式固有的东西？

4. 新形式被推向潜能（另一个互补的行动）的极限之后，它原有的特征会发生逆转。新形式的逆转潜能是什么？ [①]

在《数字麦克卢汉》里，莱文森借用麦克卢汉的 14 条语录，演绎出 14 条麦克卢汉的媒介理论。它们是：①"我不解释，我只探索"；②"媒介即讯息"；③"声觉空间"；④"无形无象之人"；⑤"地球村"；⑥"处处皆中心，无处是边缘"；⑦"光透射媒介对光照射媒介"；⑧"冷媒介与热媒介"；⑨"人人都出书"；⑩"电子冲浪"；⑪"机器把自然变成艺术形式"；⑫"我们没有艺术，我们把一切事情都干好"；⑬"后视镜"；⑭"媒介定律"。

在《理解媒介》（增订评注本）的序文里，特伦斯·戈登把麦克卢汉的媒介理论归纳为 10 条：①媒介是人体和人脑的延伸，"媒介即讯息"；②媒介成双结对；③不成双结对的媒介有两科：言语和电光；④媒介是我们的经验世界和感知世界变革的动因；⑤新媒介通常不置换或替代另一种媒介，而是增加其运行的复杂性；⑥冷媒介和热媒介；⑦媒介使人麻木，

---

① ［加］埃里克·麦克卢汉，弗兰克·秦格龙编：《麦克卢汉精粹》，何道宽译，南京大学出版社，2000 年，第 567—568 页。

"截除"人体；⑧媒介的扩张和收缩互相冲突，爆炸逆转为内爆；⑨媒介影响人的感知比率；⑩媒介杂交时，人的环境和文化也随之变化。[①]

在《理解新媒介：延伸麦克卢汉》里，洛根对麦克卢汉的方法论（38种）做了很全面的小结。了解麦克卢汉别出心裁的方法论以后，他的文风就容易被理解了。兹将洛根的归纳抄录如次：①媒介与技术等同；②技术是人体的延伸，媒介是心灵（psyche）的延伸；③媒介是力量的旋涡（vortices）；④媒介创造新社会模式并重构人的感知；⑤"媒介即讯息"；⑥任何新媒介的内容都是另一种旧媒介；⑦杂交系统；⑧媒介的阈下效应；⑨媒介的反直觉效应；⑩人类成为技术的延伸；⑪社会仿效其技术；⑫地球村；⑬后视镜：历史是媒介研究的实验室；⑭三个传播时代；⑮断裂边界；⑯声觉空间对视觉空间；⑰文字、拼音字母表和印刷机；⑱书面文化时代的碎片化（fragmentation）；⑲新的信息模式以光速出现；⑳集中化对非集中化；㉑整合与多学科研究对专门化；㉒硬件对软件和信息；㉓冷与热、光照射对光透射（light on versus light through）；㉔作为防卫的媒介研究对媒介的"放射性沉降"（fallout）；㉕理解新媒介的利弊；㉖道德判断的缺失；㉗客观性的迷思；㉘口头传统与探索；㉙作为雷达与早期预警系统的艺术；㉚过时的技术成为艺术形式；㉛多学科研究；㉜"媒介分析"对"内容分析"；㉝界面与模式研究而不是"观点"研究；㉞外形—背景关系；㉟因果关系的逆转；㊱使用者是媒介的内容；㊲一种反学术研究的偏向；㊳媒介定律。[②]

麦克卢汉的媒介理论不限于一般读者熟知的"老三论"，我们要特别重视他的"泛媒介论""二元延伸论""重新部落化论"和"四定律"。

---

① ［加］麦克卢汉：《理解媒介》（增订评注本），何道宽译，译林出版社，2011年，第4—9页。

② Robert K. Logan, *Understanding New Media: Extending Marshall McLuhan*, pp. 351-376.

十一、加拿大的并蒂莲：麦克卢汉与弗莱

20 世纪的加拿大产生了两位世界级的思想家和大学者。他们是麦克卢汉和诺斯罗普·弗莱。研究两人的成就和异同有助于我们深化麦克卢汉研究。

两人是并蒂莲、双胞胎，爱恨交织，互相嫉妒，同气而不相求，有严重的"瑜亮情结"。两人均修文学，20 世纪 30 年代同赴英伦，麦克卢汉入剑桥，弗莱进牛津。麦克卢汉继承并发挥"新批评"，由此创建"媒介即讯息"等重媒介形式而不重媒介内容的理论。弗莱与"新批评"决裂，创建文学的"神话—原型"批评模式。两人都自成一家，成为世界级的巨匠。

两人均执教于多伦多大学，都是英语教授，麦克卢汉在圣迈克学院，弗莱在维多利亚学院；两人的办公室咫尺之遥，却很少来往。弗莱教学科研齐飞，培养了很多博士生和硕士生。麦克卢汉得到校长的特殊支持，减免了教学工作量，直接培养的博士生和硕士生寥寥无几。弗莱校内外都受欢迎，麦克卢汉却墙内开花墙外香。两人都有强烈的宗教情怀，但麦克卢汉排除宗教对文学研究和传播研究的影响，弗莱的神话—原型却带有浓厚的宗教色彩。麦克卢汉成为通俗文化的同情者，这令弗莱反感。弗莱献身神话、象征和原型研究，倾向于把文学搞成宗教，这令麦克卢汉反感。

20 世纪 50 年代，弗莱声名大振，他著作颇丰，口吻权威，深受学界欢迎。彼时，麦克卢汉在文学界仅小有名气；等到 60 年代名震全球时，在学界却毁誉参半。对麦克卢汉而言，这并不好受。

然而，总体上说，两人惺惺相惜，还是能正确评价对方。1967 年 3 月，麦克卢汉在一次讲演中盛赞弗莱："我认为，加拿大贡献了一些成就卓著的边疆人。其佼佼者无疑是弗莱，他穿梭于文学世界和无意识世界之间，具有非

凡的边疆精神。这使他享誉世界，他从事的活动是地地道道的边疆活动。"①

麦克卢汉去世8年后，他的女儿特莉为父亲主办了一届麦克卢汉研讨会，诺斯罗普·弗莱非常得体地评价了麦克卢汉的历史地位。他说："马歇尔即兴谈话的能力无与伦比。他可以从别人无意之间的一句话得到灵感和激情。在这一点上，从来没有看见谁能够和他相比。我觉得，由于错误的原因，他在20世纪60年代成名了。同样由于错误的原因，60年代之后他被忽视了。所以，我们急需重新评价他的成就和价值。"②

他又回忆说："他的热情极具感染力。他在深入钻研之后，提出'小型史诗'（epyllion）这个词。接下来的半年里，你听见满校园的学生都在说这个词。不过，这个词究竟有什么学术含义，他却让其他人去解决。我想，他的一些学生确实花了很多时间去琢磨，想在学术里去寻找一些精神食粮，可是他们不知道，他们实际上落伍了，已经跟不上我们生活其间的世界。"③

加拿大百科全书专家约翰·科隆波④对加拿大这一对并蒂莲做了最权威、最公允的评价，称麦克卢汉和弗莱为"文学和文化的思想发电机"，他说：

"20世纪50年代，多伦多大学校园里有两台极其强大的文学和文化的思想发电机。每一个人文学者都知道，有两种不同的思潮——直流电型和交流电型。直流电型从维多利亚学院弗赖的办公室里汩汩冒出来。交流电型从圣迈克学院麦克卢汉的研究所里冒出来。如果一位本科生对当时的文学文化感兴趣，他就不可能不受到这两台发电机的影响。毫无疑问，我在

---

① ［加］斯蒂芬妮·麦克卢汉，戴维·斯坦斯编：《麦克卢汉如是说：理解我》，何道宽译，中国人民大学出版社，2006年，第78页。

② Barrington Nevitt & Maurice McLuhan, *Who Was M. McLuhan*?, Stoddart Pub, 1996, p. 126.

③ ［加］菲利普·马尔尚：《麦克卢汉传：媒介及信使》，何道宽译，人民大学出版社，2003年，第112页。

④ 约翰·科隆波（John Robert Colombo），加拿大人文主义者、诗人、作家、幽默家、百科全书专家，写作和编辑200余种书。

这交流电和直流电里都获益匪浅。

"后来，我用了其他的比方。弗赖是加拿大的柏拉图：给'纯形式'赋予神奇的力量，使我们看到它们的存在。麦克卢汉是加拿大的亚里士多德，汇聚了物质的原因和非物质的结果，使我们看到两者的关系。

"三十多年前，我听说他们的名字，听他们讲课，读他们发表在《多伦多大学季刊》和《探索》上的文章……我不无自私地相信，命运安排他们在恰当的时间来到多伦多，使我受到他们精神上的影响。实际上，弗赖来自东部，麦克卢汉来自西部。弗赖从新教背景中浮现出来，麦克卢汉的背景却是天主教。在我的脑子里，他们两人像并蒂莲、连理枝，结成双面的一体，像罗马神话中的两面神。他们的功能就像是思想的两个书档。心里容易把他们想象为对立两极的人物，更容易把他们视为当代的杰出人物，最容易从他们那里学到传统和变革的东西。"[1]

二十年后，他们的学生、约克大学英语教授 B. W. 鲍（B. W. Powe）深入研究了两人的关系。他那姗姗迟来的博士论文题名《麦克卢汉和弗莱：两位加拿大理论家》（*Marshall McLuhan and Northrop Frye: Two Canadian Theorists*），研究两人竞争和互补（冲突与和谐）的关系，以及他们令人激动的思想交汇。[2]

十二、互联网与麦克卢汉：麦克卢汉热的第二次高潮

麦克卢汉去世后的次年，权威的《传播学杂志》就在 1981 年的一期特刊中开辟了"虽死犹生的麦克卢汉"专栏，刊发了 8 篇研究麦克卢汉的论文，却不赋予他一派宗师的地位。

---

[1] Barrington Nevitt & Maurice McLuhan, *Who Was Marshall McLuhan*?, Stoddart Pub,1996, p. 127.

[2] B. W. 鲍访谈录，见 http://Figure/Ground.ca。

然而，到 20 世纪 80 年代末，学界对麦克卢汉的兴趣重新焕发。90 年代，第二波麦克卢汉热兴起。全球化、信息化、网络化、数字化的加速使人赫然顿悟：原来他是对的！

1993 年，新媒体的喉舌《连线》（*Wired*）在创刊号的刊头上封他为"先师圣贤"（patron saint），表露了新一代电子人的心声，创办者坦承麦克卢汉是《连线》的教父。他那 20 世纪 60 年代读不懂的天书，看上去胡说八道的东西，到了 90 年代末，都明白如话了。

第二波的热潮，以 1994 年麻省理工学院版的《理解媒介》为标志之一。其他标志还有研讨会、专著、专刊和传记。

麦克卢汉的复兴，为几次学术会议提供了灵感。1998 年，他曾经执教的福德姆大学主持研讨会，向麦克卢汉致敬。多伦多大学的麦克卢汉研究所也发起类似的会议，使他的学说发扬光大、后继有人。1999 年，澳大利亚 – 新西兰传播学会召开年会，麦克卢汉也成为热门人物。这个会议组织了专门的麦克卢汉分会场，产生了一批很有分量的批评文章。这些会议的结果使人大开眼界，如沐春风。

这个时期的专著有：《数字麦克卢汉》《虚拟现实与麦克卢汉》《虚拟麦克卢汉》。

专刊有 1998 年《加拿大传播学季刊》夏季号的两篇专论，题为：《麦克卢汉：自何而来？去了何方？》《麦克卢汉：渊源及遗产》。

还有 2000 年春季号的《澳大利亚国际媒介》的专辑，含 8 篇文章，题为：《重温麦克卢汉》《麦克卢汉是何许人？有何作为？》《媒介即讯息：这是麦克卢汉给数字时代的遗产吗？》《麦克卢汉式的社会预测和社会理论：几点思考》《匹夫参政开始露头：冲破麦克卢汉所谓听觉空间》《"媒介即讯息"的再思考：麦克卢汉笔下的中介和技术》《麦克卢汉，你在干吗？》《梳理麦克卢汉》。撰稿者均为大腕，且交口称赞，几无非难。麦克卢汉"复活"啦！

麦克卢汉的传记有十来种，主要包括《麦克卢汉：其人其讯息》《谁是麦克卢汉？》《用后视镜看未来》《轻松理解麦克卢汉》《麦克卢汉传：媒介及信使》等。

《理解媒介》的第二个中译本赶上了两个快班车。1999年3月25日杀青，2000年10月印行，相当顺利，享尽了天时地利。因为——

1. 20世纪90年代后半叶，以互联网为标志的信息革命和数字时代证明：麦克卢汉是先知先觉，他的媒介理论是正确的！全球的麦克卢汉热的第二波随之到来。这是我的第二个译本赶上的第一班"快车"。

2. 1998年，麦克卢汉学派的"媒介环境学会"在纽约成立，挑战美国传播学经验学派，成为与经验学派、批判学派三足鼎立的传播学派。麦克卢汉是"媒介环境学派"的宗师之一。他的思想不但复活了，而且被继承发扬了。

3. 国内学者开始发表介绍麦克卢汉的文章。自2005年起，我集中精力译介这个学派的若干经典和名著，发表了几篇研究麦克卢汉及其学派的文章。中国读者终于可以读到原汁原味的麦克卢汉了。

4. 1992年的译本《人的延伸》多年被人忽视，所幸的是，到世纪之交，商务印书馆表现出兴趣，他们觉得有必要出第二版，使之恢复原名："理解媒介"。

5. 传播学经过二十年的引进、消化、吸收、徘徊之后，1998年成为新闻传播学下的二级学科，即将大发展，还可能成为显学。这是我的第二个译本赶上的第二班"快车"。

中国学界和业界赶上了第二波的麦克卢汉热。商务印书馆版的《理解媒介：论人的延伸》产生了很大的影响，2009年入选了"改革开放30年最具影响力的300本书"。

十三、麦克卢汉百年诞辰：麦克卢汉热的第三次高潮

进入 21 世纪，全球化、信息化、网络化、数字化的进一步发展催生了第三次麦克卢汉热。这一波热浪方兴未艾，必将更加持久，影响更大。

1966 年，汤姆·沃尔夫[①]在《纽约先驱论坛报》撰文，宣告麦克卢汉是"继牛顿、达尔文、弗洛伊德、爱因斯坦和巴甫洛夫之后的最重要的思想家……"称他为"电子时代的代言人，革命思想的先知"。

到 2003 年，沃尔夫不改初衷。在《麦克卢汉如是说：理解我》的序文里，他又重申麦克卢汉在 20 世纪学术史中的崇高地位："在 19 世纪末和 20 世纪初的几十年里，达尔文主导生物学，马克思主导政治学，爱因斯坦主导物理学，弗洛伊德主导心理学。此后，主导传播研究的唯有麦克卢汉一人。"[②]

2010 年前后，第三波的麦克卢汉热兴起。2011 年，麦克卢汉百年诞辰的纪念活动把麦克卢汉研究推向高潮。

国外的主要成果首推林文刚编辑并撰写的《媒介环境学：思想沿革与多维视野》。这本书是媒介环境学的小百科全书，以纪传体的方式介绍了该学派的十余位代表人物，是该学派划时代的成就。媒介环境学派已经进入自觉反思、系统总结、清理遗产、推陈出新、问鼎主流的新阶段。

2010 年 10 月 27 日下午 3 时，我在亚马逊网上书店检索，输入"Marshall McLuhan"，得到"Amazon's Complete Selection of Marshall McLuhan Books"（亚马逊麦克卢汉著作全目），共有二十二种书，包括麦克卢汉独著、合著的十余种书，还有麦克卢汉的传记和研究麦克卢汉的著作。

---

① 汤姆·沃尔夫（Tom Wolfe），美国作家、新闻记者、批评家，美国主要报刊著名撰稿人，纪实作品和小说有《紫色年代》《我们这个时代》《好棒的宇航员》《令人兴奋的迷幻实验》《彩色的语词》等。

② ［加］斯蒂芬妮·麦克卢汉，戴维·斯坦斯编：《麦克卢汉如是说：理解我》，何道宽译，中国人民大学出版社，2006 年。

　　这是一个不完全的汇集，包括一贯注重麦克卢汉著作的多伦多大学出版社、加拿大的斯多达特出版社印行的作品，也包括其他出版社印行麦克卢汉的著作和有关他的著作。关注麦克卢汉的其他出版社还有德国的彼得朗出版集团公司，它于 2010 年印行了《理解新媒介：延伸麦克卢汉》，该书作者罗伯特·洛根教授（Robert K. Logan）是麦克卢汉思想圈子的核心成员、多伦多大学教授，至今仍活跃在国际学坛。

　　21 世纪以来，美国的金科出版社组建了以麦克卢汉儿子埃里克·麦克卢汉等人为首的班子，专注编辑出版麦克卢汉的著作、合著、文集、选集以及研究麦克卢汉的著作，目前已出十余种。

　　在这个阶段，研究麦克卢汉的其他成就有：媒介环境学会会长兰斯·斯特拉特（Lance Strate）编辑的《麦克卢汉的遗产》（*The Legacy of McLuhan*）和《呼应与反思：媒介环境学论集》（*Echoes and Ref-lections: On Media Ecology as a Field of Study*）；科里·安东（Corey Anton）编辑的《价值评定与媒介环境学》（*Valuation and Media Ecology: Ethics, Morals, and Laws*）；保罗·格罗斯韦勒（Paul Grosswiler）编辑的《麦克卢汉的重新定位：文化、批判和后现代视角》（*Transforming McLuhan: Cultural, Critical, and Postmodern Perspectives*）；道格拉斯·库普兰（Douglas Coupland）为麦克卢汉作的传记《麦克卢汉说：你对我的著作一无所知！》（*Marshall McLuhan: You Know Nothing of My Work*）。

　　这个阶段特别值得注意的两本书是特伦斯·戈登编辑的《理解媒介》（增订评注本）和罗伯特·洛根的专著《理解新媒介：延伸麦克卢汉》。洛根是麦克卢汉思想圈子在世不多的权威人士之一，这本书是对麦克卢汉思想的权威解读和最新发展，2012 年由复旦大学出版社推出。

　　麦克卢汉的百年诞辰前夕，欧美各地的纪念活动（其余地方的纪念活动尚难以检索）已陆续展开，截止到 2011 年 7 月，笔者检索到的学术活动有 50 余场，最重要的学术网站有四个：http://figure/ground.ca；

http://mcluhanconference.blogspot; http://www.mcluhancentennial.eu; MMXI: Celebrating 100 years of McLuhan。

纪念活动太多，只能撷取几个：加拿大圣玛丽大学的麦克卢汉百年讲演会、布鲁塞尔的"麦克卢汉媒介哲学"跨学科专题研讨会（2011 年 10 月 26—28 日）、新加坡南洋理工大学的麦克卢汉百年讲演会等。

第三次的热潮与前两次不同的是，国内的麦克卢汉热与国外的麦克卢汉热同步发展。第一次热潮时，我们对传播学和麦克卢汉浑然不觉。此间，《理解媒介》于 1992 年出版，却异名为《人的延伸》，处境尴尬，几乎难产，默默无闻。我是这个"早产儿"的接生婆。第二波热潮时，我推出了《理解媒介》的第二个译本，但我本人对第二波麦克卢汉热也不甚了了。

在 21 世纪，中国学者与国外学者彼此呼应，共同推动了第三波热潮。学界广泛动员，论文、译丛、专著蜂拥而起，接踵而至。各种学报发表的麦克卢汉研究论文数以十计，含麦克卢汉研究的"大师经典译丛"（中国人民大学出版社）、"麦克卢汉研究书系"（中国人民大学出版社）、"媒介环境学译丛"（北京大学出版社）等相继出现。麦克卢汉的著作和研究他的著作被集中翻译出版了。

迄今为止，国内麦克卢汉百年诞辰的重要纪念活动有：译林出版社印行《理解媒介》的增订评注本，上海交大 2011 年 6 月召开"麦克卢汉与全球传播"研讨会，《山东社会科学》《国际新闻界》等学术刊物推出麦克卢汉纪念专辑，紫金网刊布纪念麦克卢汉百年诞辰的"媒介环境学专辑"，《中国社会科学报》《文汇报》《科学时报》《晶报》《深圳晚报》《三联生活周刊》《都市快报》等十余家媒体刊载了长篇文章、访谈和通讯。

一些年轻学者成为麦克卢汉研究的生力军。他们的在线出版有声有色。他们主办的"数字时代阅读报告"第七期是麦克卢汉百年诞辰的研究专刊，收录十三篇文章（《读〈技术垄断〉》《读〈理解媒介〉》《读〈新新媒介〉》《为什么要纪念麦克卢汉》《面向未来的麦克卢汉》《"麦克卢汉密码"的中国解读》《打造数字温媒介——数字出版：热媒介的冷延伸》《形式、结构与功能：对"媒介即讯息"的一种分析》《从佛教到儒家——浅析唐宋时期雕版印刷与社会的互动》《呓语与幻想：传播学疆界的扩张》《形象的二分法：现代形象批评的认识论暗示》《人类历程回放·前言》《麦克卢汉在中国》)。这期特刊编者的话令人动容，压轴的一句话是："宽容怪才，尊重创新，推崇思想，这样的社会才富有活力……我们推出此专刊，以我们的绵薄之力、浅陋之识来纪念麦克卢汉，向思想致敬，向创造致意，向开放时代张开双臂。"

更可喜的是，国内学者研究麦克卢汉及其学派的专著问世了，已知的有四种：《媒介分析：传播技术神话的解读》《媒介的直观：论麦克卢汉传播学研究的现象学方法》《知媒者生存：媒介环境学纵论》和《媒介现象学：麦克卢汉传播思想研究》。

以上所述，仅限于我比较熟悉的新闻传播界，其他学科参考、征引、学习麦克卢汉思想的著作不在少数，因为他的思想是超越时代、超越空间和学科疆界的。麦克卢汉对中国学术的影响还在发酵，在哲学、文化史、技术史、文学、美学、艺术、新闻传播学等社会科学和人文科学中，他必将产生持久的影响。

十四、麦克卢汉的思想圈子、嫡传弟子与私淑弟子

麦克卢汉思想圈子十来个人，最值得一提的是泰德·卡彭和罗伯特·洛根。嫡传弟子中成就最高的有：沃尔特·翁、唐纳德·特沃尔[1]、德

---

[1]　唐纳德·特沃尔（Donald Theall），加拿大教育家、传播学家，曾任特伦特大学校长，是麦克卢汉的第一位博士生，著有两部麦克卢汉传记：《媒介是后视镜：理解麦克卢汉》和《虚拟麦克卢汉》。

里克·德克霍夫①、菲利普·马尔尚②等。他的儿子埃里克·麦克卢汉横跨文学和传播学，小有成就。私淑弟子中成就最高的是：尼尔·波斯曼和保罗·莱文森。波斯曼是著名教育家、语言学家、传播学家、社会批评家、媒介环境学博士点创始人，桃李满天下。莱文森是"数字时代的麦克卢汉"、跨学科奇才。

沃尔特·翁在圣路易斯大学受业于麦克卢汉门下，学过麦克卢汉执教的文艺复兴文学、修辞与诠释学。他的《口语文化与书面文化》已有中译本。他说，"出色的老师能够使思考成为压倒一切的活动，虽然它使人不安，使人筋疲力尽，但是它给人无穷的乐趣。用这样的标准来衡量，麦克卢汉始终是一位最好的老师。他可以激发人动脑筋。就连那些被他搞得困惑而恼怒的人，也会发现自己被老师改变了。"③

1955年在哥伦比亚大学读硕时，尼尔·波斯曼即被麦克卢汉俘虏。1971年，他又在麦克卢汉的鼓励之下创办了媒介环境学博士点，成为媒介环境学派第二代的精神领袖。他有强烈的人文关怀和道德关怀，其代表作《娱乐至死》《童年的消逝》和《技术垄断》在国内翻译出版以后，引起震动。

这样一位卓越的大家也极端推崇麦克卢汉，他谦称自己是麦克卢汉的孩子，有时还不听话。在《麦克卢汉传：媒介及信使》的序文里，他说：

---

① 德里克·德克霍夫（Derrick de Kerckhove），加拿大传播学家、麦克卢汉的博士生、多伦多大学"麦克卢汉计划"主持人，继承了麦克卢汉跨学科研究的才干，他的著作涵盖传播学和管理学等学科，代表作有《个人数字孪生体》《字母与大脑》《文化的肌肤》《连接智能》《智能建筑》《经理们的麦克卢汉》等，大部分已有中译本。

② 菲利普·马尔尚（Philip Marchand），加拿大书评家、自由撰稿人，曾供职于《多伦多星报》。除《麦克卢汉传：媒介及信使》之外，主要著作有《加拿大文学评论集》《致命的精神》《鬼魂帝国：法国人几乎征服整个北美》等。

③ ［加］梅蒂·莫利纳罗，科琳·麦克卢汉，威廉·托伊编：《麦克卢汉书简》，何道宽译，中国人民大学出版社，2005年，第94页。

"到 1996 年，我们有一百多位学生拿到了博二学位，四百多人拿到了硕士学位。我担保，他们都知道，自己是麦克卢汉的孩子。"①

但他又说："当然我也认为自己是他的后代，不是很听话的一个孩子，可是这个孩子明白自己从何而来，也明白他的父亲要他做什么。"②

之所以说自己"不听话"，那是因为他与麦克卢汉不同，在如何对待技术、道德关怀、社会批评方面，他说："我看麦克卢汉不会完全同意我著作中的一些答案。我的回答具有强烈的道德关怀，对他不合适。""麦克卢汉不是本世纪的朋友，而是下一个世纪的朋友。他是一个主张改良的人、面向未来的人、预言希望的人。"③

十五、麦克卢汉批评的四种模式

这一节讲述世人批评麦克卢汉的四种模式，以《澳大利亚国际媒介》2000 年春季号的八篇文章为基础加以梳理，以哈特·柯恩④的《重温麦克卢汉》(*Revisiting McLuhan*)、保罗·海耶尔的《梳理麦克卢汉》(*Discussion: Marshalling McLuhan*)和唐纳德·特沃尔的《谁是麦克卢汉？他是干什么的？》等人的文章为重点予以考察。

这四种模式是：①传播与媒介批评，②左派文化批评，③现代/后现代批评，④传记批评。

麦克卢汉率先把"媒介"作为研究客体，其"泛媒介论"影响深远，

---

① ［加］菲利普·马尔尚：《麦克卢汉传：媒介及信使》，何道宽译，中国人民大学出版社，2003 年，第 vii-viii 页。

② 同上。

③ 同上。

④ 哈特·柯恩（Hart Cohen），悉尼大学传播学院高级讲师、副院长，任《澳大利亚国际媒介》杂志常务编辑。

居功至伟。他把传播学从庙堂里解放出来，送进市井。他强调"媒介即讯息"，把形式置于内容之上，那是为了要纠正迷恋内容的倾向。此乃麦克卢汉批评的第一种模式。

他用媒介批评来回眸过去、遥望未来，比批判学派的视野更加广阔。从印刷机汩汩流淌出的知识是强大的引擎，在重组社会疆界和国家疆界中发挥了作用。他审视印刷媒介的视觉霸权，及其对感官比率的影响。他认为，《谷登堡星汉》是一个理性和逻辑的宇宙。对于媒介技术的社会影响，世人的兴趣又重新激发出来了。即使在《谷登堡星汉》里，他主张的媒介影响也是有限定的，因此可以说，他的决定论是"软"决定论。

他的社会文化批评与左派趋同。1951的《机器新娘》指出大众文化的异化成分，批判广告的洗脑功能，挞伐大众传播里的消费主义和意识形态操控。在这一点上，他走在批判学派（含法兰克福学派和文化批评学派）的前头。

他是现代主义盛期和后现代主义时期的圣贤，走在福柯和波德里亚的前面。他是渊博而狂放的文化解剖者。他的"书简"和"媒介四定律"表现出新的诗学；他用媒介来阐释文化；他迷恋思想和工具的作用；他执着于神秘主义。作为早期的后现代主义者，他走在法国理论界的前头，并且为后现代在北美的反叛铺垫了道路；他自认为是萨满巫师、魔术师和艺术家；他尤其迷恋乔伊斯，认为乔伊斯预见到数字文化的史前史；他沦为激进而先锋的现代派的俘虏，又对之持批评的态度；他探讨博学、狂欢的讽刺传统，其高潮表现在他对当代媒介、技术和文化的讽刺之中。他了解时代精神，打破了技术和艺术之间的界限，打破了高雅文化和通俗文化之间的壁垒。

众多的传记多层次、多侧面地审视了麦克卢汉的思想渊源。迄今为止，坊间已有十余种麦克卢汉传记，其书简亦已问世。从中可见，麦克卢汉涉足的面很宽、很复杂，他横跨许多学科。但许多问题尚待我们去研究：他如何成为桥梁，在人文学科中把文化艺术产业联系起来；如何把社会科学里的若干学科联系起来，推出关于技术、文化和传播的天才高论；他如何获得崇高的历史地位。为了充分认识他的历史地位，有必要回到他学术生涯的源头和根基去考察。

十六、媒介环境学问鼎传播学主流圈子

这一节有几个重点：媒介环境学的学派、思想沿革、多维视野和发展壮大。

是否有一个麦克卢汉学派？传播学的媒介环境学派、加拿大传播学派、多伦多学派、纽约学派是否成立？这是一个有争议的问题。

麦克卢汉的儿子埃里克否认有所谓多伦多学派。他是这样说的："多伦多学派是一个标签，几十年后才发明出来，用以描绘少数加拿大人对媒介影响的研究。其实只有三四个主要的人物，包括伊尼斯和麦克卢汉。他们两人只见过一两次面……但从未开展合作研究项目，也没有进行过深入的交谈。所以多伦多学派的说法缺乏理据、名不副实。这些人各自为政。"①

这一说法似乎与事实有出入。我们知道，如果用学派的精神领袖、思想指导、核心圈子、制度构建、理论创新等标准来衡量，传播学的多伦多学派是成立的。伊尼斯和麦克卢汉就是多伦多学派的精神领袖和旗手，麦克卢汉率先在北美从事跨学科研究，与卡彭特一道主办多学科研究的杂志《探索》近十年；麦克卢汉 1963 创建"文化与技术研究所"，20 世纪 60 年代又在其儿子的协助下创办了《预警线通讯》，他主持的跨学科研究项目和每周一晚上的研讨会团结了一批精英；他创建了泛媒介论的媒介理论；他出版了《机器新娘》《谷登堡星汉》《理解媒介》《媒介定律》等传世之作。

---

① 《埃里克·麦克卢汉访谈录》，文见 http://Figure/Ground.ca。

他与同事和弟子一道组成了一个旗帜鲜明的学派。

洛根明确肯定多伦多学派。他在最近的"外形／背景"（Figure/Ground）的访谈录和新书《理解新媒介：延伸麦克卢汉》里都持这样的观点。

现任媒介环境学会会长兰斯·斯特拉特（Lance A. Strate）在"外形／背景"的访谈中非常详细地讨论了学派的问题，认为有充分理由确认多伦多学派、纽约学派和媒介环境学派。

林文刚在"外形／背景"的访谈中措辞谨慎，但他编撰的《媒介环境学：思想沿革与多维视野》却详细介绍了多伦多学派、纽约学派的强大阵容，描绘其成长的过程，雄辩地论证了这个学派的实力。

媒介环境学具备了学派必备的一切条件。经过三代人的戮力奋战，媒介环境学于世纪之交跻身传播学主流，成为与经验学派、批判学派三足鼎立的一个学派。

20世纪50年代以前，媒介环境学尚在萌芽，该学派的先驱和奠基者有帕特里克·格迪斯（Patrick Geddes）、刘易斯·芒福德（Lewis Mumford）、本杰明·李·沃尔夫（Benjamin L. Whorf）、苏珊·朗格（Susanne K. Langer）等人。

帕特里克·格迪斯是媒介环境学的先驱，他首创了"人类生态"（human ecology）这个术语，率先研究自然环境和人造环境以及人类文化的相互关系，成为人类生态学之父。他构建了生物学和社会科学的桥梁。

这位百科全书式的苏格兰人云游北美，对哲学家杜威（John Dewey）、经济学家凡勃伦（Thorstein Bunde Veblen）等一大批杰出的知识分子产生了重大的影响。芝加哥学派的社会学家罗伯特·帕克、欧内斯特·伯吉斯（Earness W. Burgess）和罗德里克·麦肯齐（Roderick D. McKenzie）都受他影响。区域规划学会的创始人刘易斯·芒福德、吉福德·平肖（Gifford Pinchot）、亨利·赖特（Henry Wright）也深受他的影响。

一般认为，刘易斯·芒福德是媒介环境学的奠基人之一。他是格迪斯最著名的弟子，格迪斯对他的影响表现在三个方面：①人类生态学思想，②跨学科的思维方式、治学方法和城市规划思想，③学以致用、践行学术和现实关怀的思想。

芒福德是北美最杰出的公共知识分子和社会批评家之一，在生态运动和环境保护运动、城市发展和更新、地区规划、艺术批评和文学批评等方面，他都做出了杰出的贡献。他著作等身、思想新锐，和媒介环境学相关的思想主要有三个方面：技术历史分期的思想；有关技术和人类发展的技术有机理论（techno-organicism）；对"王者机器"（metamachine）即非人性的技术垄断和国家机器的批判。他的一些思想走在麦克卢汉之前，但最有影响的理论概括却尚待伊尼斯、麦克卢汉和波斯曼完成。

威廉·昆斯（William Kuhns）1971 年出版的《后工业时代的先知：对技术的诠释》一书里所指的先知，实际上是媒介环境学的先驱和第一代的代表人物。他们是：芒福德、西格弗里德·吉迪恩、诺伯特·维纳、伊尼斯、麦克卢汉、雅克·艾吕尔和巴克敏斯特·富勒。吉迪恩是建筑师，维纳是通信工程师，艾吕尔是社会学家和神学家，富勒是建筑师。由此可见，媒介环境学和其他传播学派都是十字路口的学科，由许多不同学科背景的学者共同创建。

媒介环境学的多伦多学派成熟于 20 世纪 50 年代。伊尼斯是奠基人，麦克卢汉是旗手。在短暂而有限的交往中，麦克卢汉和伊尼斯互相激励。

在麦克卢汉的苦心经营下，多伦多学派在 20 世纪 50 年代蓬勃发展，60 年代扬名全球。美国、加拿大和英国的大众媒体都宣传他，把他的思想传播到学术界之外的权力圈子。

麦克卢汉把传播学从书斋里解放出来。他批判工业人、悲叹印刷人、欢呼电子人，憧憬美好的未来，高扬乐观的调子。他全方位地继承并超越了伊尼斯的"媒介偏向论"，把媒介环境学推向全球。

多伦多学派第一代的代表人物是伊尼斯、麦克卢汉、埃德蒙·泰德·卡彭特和埃里克·哈弗洛克，第二代的代表人物有特沃尔和洛根，第三代的代表人物有埃里克·麦克卢汉和德里克·德克霍夫，已如上述。

纽约学派第一代的代表人物有：刘易斯·芒福德、埃里克·哈弗洛克、路易斯·福斯戴尔和约翰·卡尔金。芒福德继承了老师格迪斯的百科全书思想，发展了人类生态和媒介环境的学说，晚期有意识地使用"媒介环境学"这个术语。埃里克·哈弗洛克是著名的经典学者，多伦多学派和纽约学派的重要桥梁。约翰·卡尔金教授将纽约市的福德姆大学建成媒介环境学重镇。1967年，经过他的不懈努力，麦克卢汉应邀到福德姆大学担任施韦策讲座教授，任期一年。

纽约学派的大器晚成是在20世纪70年代。1970年，尼尔·波斯曼在纽约大学创建媒介环境学博士点，扛起了媒介环境学的大旗，直至他2003年去世。他和美国、加拿大两国的第一代媒介环境学者有很深的缘分。早在1955年，麦克卢汉应福斯戴尔教授的邀请到哥伦比亚大学讲学时，他就结识了麦克卢汉。

20世纪70年代以后，波斯曼创建的媒介环境学博士点发挥了成熟学派的三大功能：思想领导、组织领导和制度构建。于是，这个博士点的三驾马车波斯曼、特伦斯·莫兰（Terence Moran）、克里斯琴·尼斯特洛姆（Christian Nystrom）就成为媒介环境学第二代的核心人物。

波斯曼著作等身，出书20余部，他的一些代表作已经在国内翻译出版。除了这些纽约地区的学者之外，纽约学派的第二代代表人物还有与他们若即若离的詹姆斯·凯利。凯利是著名的传播学家和传播教育学家，他继承和发扬伊尼斯的思想，居功至伟；他区别传播的传输功能和仪式功能，独树一帜。他的代表作有《作为文化的传播》。他高扬批判大旗，反对唯科学主义，反对文化向技术投降；反对把人文学科和社会科学变成"科学"；高扬道德关怀和人文关怀的大旗。在媒介环境学年会上声色俱厉地批判学生中忽视道德关怀的倾向："请允许我在结束时说，依我的理解，媒介环境学的全部重要命题是，它要推进我们的洞见。我们何以为人，我们在人生路途中的道德关怀上做得怎么样——在这些问题上，媒介应该有助于推进我们的洞察力。你们之中有些人可能自信是媒介环境学者，但不同意我这一番话。如果真是这样，你们就错了。"

纽约学派发展壮大，形成了媒介环境学派第二代和第三代的强大阵容。

1998 年媒介环境学会成立以后，学科发展有了更加坚实的制度保证。波斯曼是其"教父"，莱文森任顾问，兰斯·斯特拉特任会长，林文刚等任副会长。十余年来，每年一届的年会规模迅速扩大，优秀成果大批涌现，媒介环境学者大展拳脚，开始问鼎北美传播学的核心圈子。

媒介环境学会相继成为美国传播学会和国际传播学会的分会，创办季刊《媒介环境学探索》（*Explorations in Media Ecology*）和《媒介环境学会通讯》（*Media Res*），每年举办年会，促进学术研究，表彰优秀成果。

媒介环境学第三代学者数以百计，活跃在世界各地，其中的佼佼者有多伦多学派的埃里克·麦克卢汉和德克霍夫，纽约学派的莱文森、梅罗维茨（Joshua Meyrowitz）、兰斯·斯特拉特、林文刚等。限于篇幅这里只介绍梅罗维茨和莱文森。

梅罗维茨和莱文森师出同门，且是同窗，梅罗维茨略长，是为师兄，两人均受业于波斯曼门下。梅罗维茨的代表作《无地域之感：电子媒介对社会行为的影响》（*No Sense of Place: The Impact of Electronic Media on Social Behavior*）是媒介环境学发展的一个路标，译介到国内后也产生了相当大的影响。莱文森对师兄的大作做了恰如其分的评价："梅罗维茨把麦克卢汉与社会学的观点糅合起来，尤其把戈夫曼（Ervin Goffman）的公共面具和私人面具联系起来。但他的《无地域之感》写得太早，不可能完全抓住数字时代飘然降临的势头。他评价的主要是电视，而不是电脑。然而他比较全面地论述了各种大众电子媒介正在淡化的区别和边界。"①

莱文森继承、发展并超越了他的偶像麦克卢汉和恩师波斯曼。

莱文森对麦克卢汉和波斯曼充满敬佩感激之情，却也显示出"吾爱吾师，吾更爱真理"的论辩精神。他既有继承，也有"反叛"。现引他的几段话予以说明。

1977 年读博期间，他携新婚妻子北上"朝觐"麦克卢汉。从麦克卢汉家做客返回宾馆的路上，他们激动不已，弃车步行。他用梦幻之笔留下了一段感人肺腑的文字："这一天的经历和发人深省的谈话使我们激动不已。所以我们手拉手走了一个多小时，穿过多伦多的大街小巷，一直走回旅店。那天晚上，那些大街小巷仿佛是铺满了魔力。事实上，我在写作本书每一页的过程中，似乎还走在这条充满魔力的道路上。"②

他钦佩麦克卢汉的智慧与口才："我们在他（麦克卢汉）的住宅区散步时的聊天、在餐桌上的闲谈、在电话上的交谈、在开会休息时交换的意见，无不闪耀着他的智慧光芒，他妙语连珠而洞见横溢，狂言无羁又不无道理。他言如其人，文如其人。他的言谈和信札、书文，一样精彩纷呈。实际上，有时闲聊中他随口抛出的一句话，往往浓缩了大量的双关诙谐，可能还要胜过他的文字表达，可能会澄清他书中不能说明的问题。"③

他肯定麦克卢汉的历史地位："麦克卢汉是对的。至少他提供的框架是对的。这个框架可以帮助我们理解人和技术的关系，和世界的关系，和宇宙的关系。这个框架是重要的。它和理解人的心理、生活和物质宇宙的框

---

① ［美］莱文森：《数字麦克卢汉：信息化新纪元指南》，何道宽译，社会科学文献出版社，2001年，第 25 页。

② 同上书，第 4 页。

③ 同上书，第 2 页。

架一样重要。" ①

他铭记波斯曼的师恩。2003 年 10 月 3 日，他在尼尔·波斯曼的葬礼上致悼词说："尼尔是我最亲近的思想之父。" 2004 年初，他把《手机：挡不住的呼唤》献给波斯曼，献词是："谨以此书献给尼尔·波斯曼，他教我学会如何教书。"

在《数字麦克卢汉》中，莱文森由衷感激导师的恩情，却也流露出孤芳自赏的情绪。兹引他的两段话为例。

"尼尔·波斯曼不仅是我攻读的博士点的精神领袖，而且是我的博士论文导师。他对电视和电脑持尖锐的批判态度，我的意见与他相左。我认为，它们对我们的文化大有裨益，比他说的要好。而且，它们的效应也很不一样。我常常说俏皮话，我是他的老师，他是我最不争气的学生——学生班门弄斧，向老师兜售自己的媒介理论。但是，深究之下的真相却与玩笑大相径庭。是他告诉我们，为何要认真研究麦克卢汉。他的风范，鹤立鸡群，过去如此，现在亦如此。" ②

"我们这个博士点的指路明灯当时是尼尔·波斯曼，现在仍然由他执掌。他不仅教我如何上课，而且使我洞悉麦克卢汉，洞悉麦克卢汉对世界的影响。他不仅给我引路，而且把麦克卢汉本人介绍给我。此事对我后来写这本书意义重大，容我下面细说。波斯曼是颇有影响的媒介理论家。虽然有时我不敢苟同他对媒介的过分悲观的批评。" ③

莱文森常常与恩师的意见向左。还在读博期间，他就撰文《看电视的好处》，批评波斯曼对电视的看法，并且当面指出，老师的看法不对，且戏称波斯曼"是我最不争气的学生"。

---

① ［美］莱文森：《数字麦克卢汉：信息化新纪元指南》，何道宽译，社会科学文献出版社，2001 年，谢辞，第 1—2 页。

② 同上书，第 26 页。

③ 同上书，第 2 页。

十七、深化麦克卢汉研究

我在此提出一些不成熟的建议，供同仁参考。

1.扬弃"技术决定论"一说，采用林文刚教授的"文化/技术共生论"，既不接受"硬"技术决定论，又有条件地接受"软"技术决定论。

林文刚认为，媒介环境学派内部有三种倾向：麦克卢汉似乎偏向"硬"决定论，莱文森似乎偏向"软"决定论，而他本人主张"文化/技术共生论"。现在看来，林文刚的主张比较合理、更加成熟。而且，近期的研究证明，麦克卢汉主张技术决定论一说是站不住脚的。

2.开拓麦克卢汉研究的新路子。我们再也不能只满足于"老三论"（延伸论、讯息论和冷热论），还要研究"十四论""新十论"和"三十八论"，尤其不能忽略他的"七原理"和"四定律"。"七原理"见《理解媒介》的第一部，"四定律"见《麦克卢汉精粹》《媒介定律》和莱文森的《数字麦克卢汉》。"十四论"见保罗·莱文森的力作《数字麦克卢汉》，他用14条麦克卢汉语录作为题解、分14章阐述麦克卢汉的14条理论。"新十论"见戈登编辑的《理解媒介》（增订评注本）。"三十八论"见洛根的新作《理解新媒介：延伸麦克卢汉》。

3.在传播学三个学派的比较研究中推进麦克卢汉研究。

从哲学高度俯瞰经验学派、批判学派和媒介环境学派，其基本轮廓是：经验学派埋头实用问题和短期效应，重器而不重道；批判学派固守意识形态批判，重道而不重器；媒介环境学着重媒介的长效影响，偏重宏观的分析、描绘和批评，缺少微观的务实和个案研究。

经验学派的首要关怀是宣传、说服、舆论、民意测验、媒介内容、受众分析和短期效果，其哲学基础是实用主义和行为主义，其方法论是实证研究和量化研究，其研究对象是宣传、广告和媒体效果，其服务对象是现存的政治体制和商业体制。

批判学派的代表有德国法兰克福学派、英国文化研究学派、传播政治经济学派和法国结构主义学派。这些学派对既存的美国体制产生强大的冲击，它们高扬意识形态的旗帜，因不服水土，故只能够在高校和文人的圈子里产生影响。

真正摆脱服务现存体制、解放传播学的却是以麦克卢汉为代表的北美传播学的第三学派——媒介环境学派。该学派有强烈的人文关怀、道德关怀、社会关怀，具有明显的批判倾向。

麦克卢汉的《机器新娘》以及尼尔·波斯曼的《童年的消逝》《娱乐至死》和《技术垄断》都深刻而犀利地批判了美国文化中消费至上、娱乐至上和技术至上的一面。

4. 紧追国外麦克卢汉研究的最新成果，引进一些力作。我特别推崇的两本书是莱文森的《数字麦克卢汉》和洛根的《理解新媒介：延伸麦克卢汉》。前者是麦克卢汉热第二次高潮最重要的成果，后者是麦克卢汉热第三次高潮最重要的成果。我想推荐的其他著作有：内维特·巴林顿等编辑的《谁是麦克卢汉？》（*Who Was Marshall McLuhan?*）、特伦斯·戈登的《轻松理解麦克卢汉》（*Marshall McLuhan: Escape into Understanding*）和保罗·格罗斯韦勒的《麦克卢汉的重新定位：文化、批判和后现代视角》（*Transforming McLuhan: Cultural, Critical, and Postmodern Perspectives*）。

5. 肯定麦克卢汉的人文主义胸怀。他并不主张"技术决定论"。

他袒露心扉、自我解剖，将技术视为人的奴仆。

他说："你瞧，我不是十字军……我绝不会试图去变革我的世界，无论是变好变坏。因此，我观察媒介对人的创伤性影响时，绝不会从中得到任何乐趣，虽然我在把握它们的运作方式中感到满意。这种理解的固有属性是冷静，因为它是同时卷入和超脱的。这一立场是研究媒介时必须采取的姿态……不能张皇失措躲到墙角去哀叹媒介对人的影响，而是要冲锋陷阵，猛击电力媒介的要害。对这样坚决的猛打猛冲，它们会做出美好的反应，并很快成为我们的奴仆，而不是主人……"①

他面向未来，憧憬未来，展望人类社会的太和之境。

他说："我展望未来时心潮激荡，充满信心。我觉得，我们站在一个使人解放和振奋的世界的门槛上。在这个世界里，人类部落实实在在会成为一个大家庭，人的意识会从机械世界的枷锁中解放出来，到宇宙中去遨游。我深信人成长和学习的潜力，深信他深入开发自己的潜力和学习宇宙奥妙旋律的潜力……任重道远，宇宙星星就是我们的驿站。我们的长征刚刚开始。生活在这个时代真是上帝宝贵的恩赐。仅仅是因为人类命运这本书的许多篇幅读不到，我也会为自己终将来临的死亡而扼腕叹息，恋恋不舍。"②

他又说："我们的时代渴望整体把握、移情作用和深度意识，这种渴望是电力技术自然而然的附生物……希望万事万物和芸芸众生都完全宣示自己的存在和个性。在这种崭新的态度中，可以看到一种很深的信仰。这一信仰关注的是世间万物的太和之境。"③

十八、结语

麦克卢汉是一种社会现象，而不仅仅是一位学者或文人。他只探索，不号称理论家，却成为影响深重的思想巨人。他张扬大众文化，他对传播学的开拓，给我们以启示，给数字时代的生活提供了指南，他的启示超过了理论家、分析学家和诠释学家的水平。

他首创泛媒介论和媒介演化史分期理论，是媒介理论的播种者。他应邀讲演，接受访谈，"纵容"大大小小的宣传机器为他"狂欢"。他将传播

---

① ［加］埃里克·麦克卢汉、弗兰克·秦格龙编：《麦克卢汉精粹》，何道宽译，南京大学出版社，2000年，第400页。

② 同上书，第402页。

③ ［加］麦克卢汉：《理解媒介》第一版，何道宽译，四川人民出版社，1992年，自序。

学从书斋和庙堂里解放出来，送进市井，进行媒介启蒙，功莫大焉。他是传播理论的解放者。

他有效地把握了 20 世纪后半叶的生活脉搏。在这一点上，无人能出其右。了解他就是了解那个时代的精神。况且，他的遗产具有持久的意义。世界范围的麦克卢汉学，已经并将继续吸引无数的后继者去诠释和创新。

麦克卢汉是 21 世纪的朋友，未来世界的朋友。他是地球村和互联网的预言家，只要互联网不灭，人们就会怀念他。他是媒介研究的信使，只要媒介演化还在继续，人们对他的研究就不会停止。

2011 年 8 月

第二部

麦克卢汉在中国

难产难啃的《理解媒介》①

马歇尔·麦克卢汉是西方传播学巨匠。本书是他的成名作（1964年），它的问世犹如一场大地震，在整个西方乃至全世界引起了强烈的冲击波和余震。难怪有人称麦克卢汉是"继弗洛伊德和爱因斯坦之后最伟大的思想家"。

我说《理解媒介》是大地震有两层意思：一是这位名不见经传的教书匠（麦克卢汉教英美文学）突然成了新思想新学科的巨人，成了跨学科的奇才；二是他的学说成了最有争议的学说。

我说它是余震也有两层含义：一是它至今震撼着西方；二是它二十多年后传入中国又引起了不小的震动。

麦克卢汉的奇异思想有四条：

1. 地球已成为一个小小的"地球村"（Global Village）。这个词语已成为几十亿人的口碑——虽然绝大多数人对其深刻内涵不甚了了。

2. "媒介即讯息"。一般人认为媒介仅仅是形式，仅是信息、知识、内容的载体，它是空洞的、消极的、静态的。可是麦克卢汉认为媒介对信息、

---

① 本文为《理解媒介》中译本第一版（四川人民出版社，1992年）的译者序。2023年收入《问麦集》时添加这个题名："难产难啃的《理解媒介》"。

知识、内容有强烈的反作用，它是积极的、能动的、对讯息有重大的影响，它决定着信息的清晰度和结构方式。

3. "媒介是人的延伸"。媒介与人的关系是相对独立的，反过来对于人的感知有强烈的影响，不同的媒介对不同的感官起作用。书面媒介影响视觉，使人的感知成线状结构；视听媒介影响觫觉，使人的感知成三维结构。

4. "冷媒介和热媒介"，低清晰度的媒介（如手稿、电话、电视、口语）叫"冷"媒介。因为它们的清晰度低，所以它们要求人深刻参与、深度卷入。因为它们的清晰度低，所以它们为受众填补其中缺失的、模糊的信息提供了机会，留下了广阔的用武之地，调动了人们再创造的能动性。反之，高清晰度的媒介叫"热"媒介，拼音文字、印刷品、广播、电影等就是这样的热媒介。由于它们给受众提供了充分而清晰的信息，所以受众被剥夺了深刻参与的机会，被剥夺了再创造的用武之地。

即以他的第一点思想为例，足以说明麦克卢汉思想之博大精深，他说，今日之世界已成为一个"地球村"，这究竟是什么意思？

如今，有不少人言必称"天下真小""天下越变越小"。可是天下为何会小？日益缩小的天下对人又有何影响呢？且看麦克卢汉的观点：

1. 电子媒介使信息传播瞬息万里，地球上的重大事件借助电子传媒已实现了同步化，空间距离和时间差异不复存在，整个地球在时空范围内已缩小为弹丸之地。

2. 电子媒介的同步化性质，使人类结成了一个密切相互作用、无法静居独处的、紧密的小社区。

3. 人类从远古至今经历了一个部落化——非部落化——重新部落化的过程。游徙不定、采猎为生的洪荒时代，人类感知世界的方式是整体的、直观的把握，人的技艺是全面、多样发展的。那时的人既不会分析事物，也不会只专精一门；用麦克卢汉的话说，那时的人是整体的人，是部落人，而不是被分割肢解的、专干一门的人。由于劳动分工的出现和拼音文字的发明，人学会了分析，同时也使自己成为被分裂切割的、残缺不全的非部落人。机械印刷术和工业化则把人推向了非部落化的极端。电子时代来临之后，人再不能只专精一门，人的感知系统不再只偏重视觉；人们认识世界的方式不再只偏重视觉、文字和线性结构——总之一句话，人不再是分裂切割、残缺不全的人。这就是更高层次上的重新部落化过程。

该书分两部。第一部是理论篇，展开论述了上述四种观点。第二部是应用篇，以第一部的理论为基础分析了从古到今的 26 种媒介。

从宏观的视角看，作者仿佛是凌驾于"地球村"之上的星外来客，所以他能高屋建瓴，气势磅礴地视通万里，跨越古今。他又仿佛是一位精通地球人生活一切层面的太空人，所以从微观的角度说，他能在人类广阔的学科领域中自由驰骋，请看他对一切学问如数家珍、广征博引、信手挥洒皆能成理的本事！

由于他是一位立体型的学者，所以他在涉足的一切学科领域中都能保持超脱的距离和独特的切入角度。正所谓旁观者清，他对媒介的分析常给人一种清晰、震撼的感觉。他常能言他人所不能，见他人所不能见。

麦克卢汉的精髓思想之一，是从一个奇特的角度将人的延伸（即媒介）一分为二；电子媒介是中枢神经系统的延伸，其余一切媒介（尤其是机械媒介）是人体个别器官的延伸。中枢神经系统把人整合成一个统一的有机体，电子媒介亦然。所以电子时代的人再不是分割肢解、残缺不全的人。人类大家庭再不是分割肢解、残缺不全的大家庭。电子时代的人类再不能过小国寡民的生活，而必须密切交往。与此相反，机械媒介（尤其是线性结构的印刷品）使人专精一门、偏重视觉，使人用分析切割的方法去认识世界，所以在过去的机械时代里，人是被分割肢解、残缺不全的畸形人。

只偏重视觉的、机械性的、专门化的谷登堡时代一去不复返了！只重逻辑思维、线性思维的人再也行不通了！电子时代的人应该是感知整合的人，应该是整体思维的人，应该是整体把握世界的人。电子时代的人是

"信息采集人"。

在我看来，麦克卢汉的"中枢神经系统"，类似荣格的"集体无意识"，类似列维－斯特劳斯的"结构"。不过，荣格的"集体无意识"偏重进化和生物遗传，列维－斯特劳斯的"结构"强调神话的结构，而麦克卢汉的"中枢神经系统"即是人类中枢神经系统外化的电子媒介。

人文科学和社会科学的专家，都可以从《理解媒介》中找到奇特的参照系。仅以他对艺术的评价而言就有不少惊人之语。他批评文艺复兴时的透视法是线性结构的产物。他认为苏拉的点画法给人留下想象的空间。他认为漫画是冷媒介，电视受漫画的影响。这些观点颇为新奇。

由于他研究的媒介涉及人类生活的一切领域和一切层面——衣食住行、机械电力、语言文字、娱乐游戏、科学技术、艺术世界，所以，本书对人文科学和社会科学各个领域各个层面的读者都不乏教益和启示价值。

本书的英文版编辑初读书稿时十分震惊，而且对它的前途表示担心。他说："你的材料有 75% 是新的。一本成功的书不能冒险去容纳 10% 以上的新材料。"历史业已证明，这一担心错了，这本书在西方已成为传播学的经典，它对人们认识媒介、历史和文化已经并将继续产生深远的影响。我相信，中译本的问世也能逐渐发挥它的威力。

毋庸讳言，麦克卢汉对作为人造客体的媒介的渗透力和能动性的强调，似有偏激之处，许多人对"媒介即讯息"的命题有保留。然而，功不可没、偏不概全。他的一些思想确有振聋发聩、独辟蹊径之处。他对传播学和人文学科的发展，确实做出了名垂史册的贡献。

本书对一般读者，的确是一块硬骨头，一场挑战，知识精英、莘莘学子，都面临着拓宽视野、立体发展的新任务。我们应该勇敢迎接这一挑战。

中国学界的麦克卢汉情缘 ^①

《新闻记者》公众号导语

  几乎每位研究传播学的中国学者，都受惠于何道宽先生。他多年来勤奋耕耘，用翻译的力量影响了传播学这个西方舶来学科在中国的发展。近日，何道宽教授翻译的麦克卢汉名著《理解媒介》即将推出第四版，他为此专门梳理了中国学界对《理解媒介》一书的研究，以及麦克卢汉传播学思想在中国的传播，交由《新闻记者》微信公众号首发。相信对于研究麦克卢汉来说，本文是比较全面的一篇文献综述，可以给相关学者很多启示。

一、惊喜而不意外

  2017 年 11 月，译林出版社突然来信来电，欲出《理解媒介》第四版，实感意外，因为《理解媒介》（增订评注本）的合约要 2021 年才到期。猜

---

① 本文为《理解媒介》中译本第四版（译林出版社，2019 年）的一篇附录，原名《〈理解媒介〉中译本的传播史》，上海《新闻记者》公众号推送（2018 年 3 月 13 日）时更名为《中国学界的麦克卢汉情缘》，这里保留了《新闻记者》的导语。

其原因，大概有三：①对我译文特别嘉许；②第三版洛阳纸贵，印刷次数已达 17 次，卖疯了！③防堵其他出版社"偷袭"，抢走第四版版权。

我猜想的第三种原因，其实有根据。几乎同时而稍早，中信出版社抢先一步，洽购到尼尔·波斯曼《技术垄断》的中译本版权，希望由我操刀出第二版。如此，《技术垄断》中译本的出版社易主了。试问，哪一家出版社又不想把《理解媒介》的中译本第四版抢到手呢？

二、《理解媒介》的影响

麦克卢汉的《理解媒介》已成为新闻传播学的必读书、学界业界的案头书、研究生论文的依据、学者著书立说的参照，影响之大，尽人皆知。但如何求证呢？

2018 年元旦上午八时，我在中国知网上查《理解媒介》的影响，结果如下：

1. 以"参考文献"+"麦克卢汉"进行检索，得 16486 条；

2. 再以"参考文献"+"麦克卢汉"+"理解媒介"进行检索，得 11486 条；

3. 再以"关键词"+"麦克卢汉"进行检索，得 324 条；

4. 再以"主题"+"麦克卢汉"进行检索，得 1714 条；

同日，再以《中国传播学发展的译者贡献：以"何道宽现象"为例》①为据检索《理解媒介》的影响，结果如下：

1. "中国传播学界学人为发展中国传播学参考借鉴何道宽译作的比例

① 宋晓舟：《中国传播学发展的译者贡献：以"何道宽现象"为例》，福建师范大学博士论文，2017 年 12 月。感谢宋晓舟博士四五年来在职读博期间专注于研究我的学术翻译，感谢她的艰辛付出，感谢她慷慨赠阅刚刚顺利完成答辩的博士论文。

大大超过参考国外原著。"

2. "根据胡翼青对 2000—2011 年中国社会科学引文索引（CSSCI）中新闻传播领域 8 本来源期刊收录的 10965 篇论文进行的引文分析，《理解媒介：论人的延伸》（第二版）在所有被引著作中排名第二，共被引 122 次。"

3. "根据中国知网（CNKI）于 2016 年推出了《中国高被引图书年报》……1949—2009 年信息与新闻出版学科中被引率最高的图书中，何道宽翻译的《理解媒介：论人的延伸》即《理解媒介》（第二版）排名第二。"

4. "根据中国知网（CNKI）于 2016 年推出的《中国高被引图书年报》……《理解媒介》原著三个版本的总被引率仅有 287 次，而汉译的三个版本总被引率为 8893 次，是原著的近 31 倍。"

5. "以'麦克卢汉'为主题词在全国优秀硕博士论文库中进行检索，共得到 414 条结果（博士论文 23 篇，硕士论文 370 篇）……横向分析结果发现：其中共 299 篇论文的学科来源为新闻与传媒学科，其次是戏剧电影与电视艺术学科领域，有 20 篇论文，文艺理论学科领域有 18 篇论文，其他学科的论文有 56 篇……可见麦克卢汉理论在中国的研究面之广。"（第158 页）

回首二十余年来麦克卢汉《理解媒介》的影响，最值得称道的是 2009 年该书第二版（商务印书馆印行）入选"改革开放 30 年最具影响力的 300 本书"。这是唯一入选的新闻传播界学术书。

三、我的麦克卢汉情缘与情结

1980 年，我作为新时期首批外派的交换学者去美国访学，当时选修了"跨文化传播（交际）"这门课。经由这门课，一个全新的天地打开了，我接触到两位大师：马歇尔·麦克卢汉和爱德华·霍尔，决心把他们的著作引进中国。

爱德华·霍尔是跨文化传播研究第一人，他的许多书都被视为跨文化传播的奠基之作和经典。他的书比较好读，也比较好翻译。20 世纪 80 年代后期，我尝试将《无声的语言》和《超越文化》引进国内，然而并不顺利。1987 年，《无声的语言》因北京的一家出版社毁约，未刊布。1990 年，《超越文化》由重庆出版社印行，但译者一栏用的是笔名韩海深，影响未能如愿。所幸的是，在北京大学出版社的支持下，这两本书于 2010 年同时出版。

麦克卢汉是 20 世纪最著名的媒介理论家。20 世纪下半叶以来，整个北美乃至全世界都在阅读、议论和研究他的《理解媒介》。

1981 年年初，我尝试阅读麦克卢汉的 *Understanding Media: The Extensions of Man*，不知所云，令人震撼，但越不懂越想卖。

20 世纪 80 年代后期，国内学界的超前人物频繁提及这本奇书，但只言片语，不得要领。我心有所动，然学界和出版界的条件尚不成熟，译介《理解媒介》难以得到支持。

1986 年 1 月，我参加中国文化书院组织的第一届研究班"中外文化比较研究班"，在十余位授课导师中，北京大学的乐黛云教授讲到麦克卢汉的媒介传播史，引起我的共鸣。讲演结束后，我上台与她交谈，表示想要翻译出版麦克卢汉的《理解媒介》，受到了她的鼓励。

同年 11 月，我参加中国文化书院组织的第三届研究班"文化与未来"，应邀为五位国外学者担任现场口译。他们是：罗马俱乐部的主席、联合国大学教授、国际未来研究会主席、意大利学者玛西妮，罗马俱乐部学者、埃及总统顾问易卜拉辛，国际未来研究会秘书长、夏威夷大学教授戴特，夏威夷大学教授、南海油田顾问克里斯托夫，加拿大未来研究会秘书长、加拿大环球经营管理局主席、中国国务院高技术引进顾问弗兰克·费瑟先生。最后这一场的口译效果很好，受到很高评价，并且促使我下决心尽快翻译麦克卢汉的《理解媒介》。费瑟先生的演讲题目叫《电子高技术文化》。

事前听说他要讲 Electronic Hi-teck culture，我吓了一大跳。Hi-teck 绝对是个新词，不见诸报刊，怪吓人的。一到讲演厅，急忙问他准备讲什么，他却告之：专讲麦克卢汉的媒介理论。我喜出望外。他的讲解深入浅出、痛快淋漓，我的翻译得心应手、应付裕如，听众也酣畅过瘾、踊跃互动。旋即，这五场讲演的录音带作为中国文化书院的函授教材在全国发行，产生了很好的影响。1987—1992 年，我又将这些录音带用作英语研究生和助教进修班的口译课教材，深受学生喜爱。

1987 年春，在四川人民出版社两位校友（译文室主任朱蓉珍和责任编辑颜永先）的支持下，我与该社签下合同，翻译震撼世界的《理解媒介》。经过一年的准备，半年的夙兴夜寐，终于在 1988 年 2 月完成了这个极其艰难的工程。翻译难在何处呢？首先，书名就难。这本书的英文名为 *Understanding Media*，过去中文里哪有什么以"理解"打头的书名啊，谁又听说过"媒介"这样的词汇呀。译稿交出后，我仍然一知半解，出版社的编辑也读不懂。为慎重起见，他们委托四川大学新闻系的老师审读，但审读的人也读不懂。他们很犹豫：如何是好？而且，彼时的学术市场萎缩，学术译著凋零，所以该社不得不将出版时间一拖再拖。一拖就是四年，难产啊，《理解媒介》的译稿几乎胎死腹中，直到 1992 年 1 月才正式出版。况且，这个第一版只印行两千册，影响不大。

四、中国学界的麦克卢汉情缘

1992 年，四川人民出版社逆势而上，印行《理解媒介》。这个版本发行量小，读者面小，但总还是引起了学界和业界先知先觉的重视。

2000 年，《理解媒介》第二版由商务印书馆印行，多次印刷，发行量大，影响也大。

此前，中国学界研究《理解媒介》的著作寥若晨星。论及《理解媒介》

倒是不少，仅以传播学"概论""导论""引论""原理"为名的几十种书为例，这些启蒙书几乎都以施拉姆的《传播学概论》为蓝本。几乎一无例外，它们都论及麦克卢汉及其《理解媒介》，但这些泛论并不是以麦克卢汉研究为基础的，缺乏深度。2000年前，这方面的著作有：戴元光的《传播学原理与应用》，张咏华的《大众传播学》，李彬的《传播学引论》，董天策的《传播学导论》，张国良的《传播学原理》，邵培仁的《传播学导论》。

1998年，国家正式承认传播学的学科地位，该学科成为新闻传播学一级学科下并列的两个二级学科之一。学术市场开始呼唤原汁原味的麦克卢汉了。

于是，许多学报都跟上，发表了麦克卢汉研究的论文二十来篇。兹引述两段评论，因为它们代表了学界对麦克卢汉"热"的呼应和期盼。

1999年中国社科院的徐耀魁撰文指出："随着时光的流逝和时代的变迁，麦克卢汉关于媒介作用的再认识大多为社会实践所证实，因此我们很有必要对麦克卢汉的学说给予重新的认识和评介。"[1]

几乎同时，华中理工大学的屠忠俊也发表了类似的意见："在人们力求对因特网现象进行深思熟虑的分析的时候，麦克卢汉又从'无声无息之中'走了出来，重新扩展、启发着人们的思路。"[2]

笔者在译介麦克卢汉代表作的同时，发表了四篇评论，以期推动国内学界的深度研究。它们是：《麦克卢汉在中国》《麦克卢汉的遗产：超越现代思维定势的后现代思维》《媒介革命与学习革命》《媒介即是文化》。

世纪之交，传播学面临大发展的机遇，我可以倾心研究麦克卢汉、大展身手了。

---

① 许耀魁:《对大众传播的再认识》,《国际新闻界》1999年第1期。

② 屠忠俊:《网络多媒体传播：媒介进化史上新的里程碑》,《新闻大学》1999年春季号。

五、中国出版界的麦克卢汉情缘

1992 年，四川人民出版社在没有市场的情况下，下定决心引进新知，印行了"谁也看不懂"的《理解媒介》。这个版本处境凄凉，尴尬，无奈，不得不变通更名为《人的延伸：媒介通论》，借以摆脱"理解"打头的"怪名"，心存吸引读者的"奢望"。

功夫不负有心人，读者被唤醒了，学界注意了，市场渴望了。2000年，商务印书馆决定出 *Understanding Media* 中译本的第二版，将其纳入"文化与传播"译丛，并将书名还原为《理解媒介》。

1998 年，高层决策赋予传播学正统的地位，传播学随即迅猛发展，《理解媒介》第二版的发行量很大，影响面很广，终于在 2009 年入选"改革开放 30 年最具影响力的 300 本书"。

21 世纪初，中国出版界响应传播学的呼唤，密集出版麦克卢汉的著作，要者有：《麦克卢汉精粹》《麦克卢汉书简》《麦克卢汉如是说》。与此同时，研究麦克卢汉的著作也相继问世：《数字麦克卢汉》《麦克卢汉：媒介及信使》。以上译作均出自我手。

六、麦克卢汉研究的重要路标

世人的麦克卢汉研究经历了三次飞跃。保罗·莱文森的《数字麦克卢汉》完成了第一次飞跃，特伦斯·戈登编辑的《理解媒介》增订评注本完成了第二次飞跃，罗伯特·洛根的《理解新媒介：延伸麦克卢汉》完成了第三次飞跃。洛根的《理解新媒介：延伸麦克卢汉》完成于麦克卢汉百年诞辰前夕，旋即由复旦大学出版社推出中译本。2018 年，该社又推出洛根的新作《被误读的麦克卢汉：如何矫正》。洛根是麦克卢汉思想圈子的核心人物、麦克卢汉的挚友和同事，《误读》是他纪念麦克卢汉百年诞辰前后的研究心得，是麦克卢汉研究第三次飞跃的又一个路标。

2019 年，译林出版社推出中译本《理解媒介》的第四版，这个译本必将进一步推动麦克卢汉研究的第三次飞跃。

2017 年 11 月，译林出版社决定推出《理解媒介》第四版时，我和译林出版社《理解媒介》第三版的合约尚未到期。我想，他们也有很深的麦克卢汉情结吧。

七、中国学界的麦克卢汉研究

迄今为止，中国学界研究麦克卢汉及其学派媒介环境学，成绩斐然。从中国知网检索获悉，这样的专著和博士论文数以十计、优秀硕士论文数以百计。限于篇幅，难以细说。我们只能粗线条地梳理如下。

2000 年，张咏华发表论文《新形势下对麦克卢汉媒介理论的再认识》，探讨以媒介技术的社会作用为研究焦点的麦克卢汉理论。

2002 年，她的《媒介分析：传播技术神话的解读》问世，这是国内第一部从技术哲学视角研究麦克卢汉及其学派的专著。

同年，何道宽率先评论多伦多学派，发表论文《多伦多传播学派的双星：伊尼斯与麦克卢汉》（《深圳大学学报》，2002 年第 5 期）。

2004 年，胡翼青的《传播学：学科危机与范式革命》（首都师范大学出版社）全面考察传播学各学派，满怀忧思，推进学科发展，自然也助推了麦克卢汉研究。

2005 年，国内第一篇研究麦克卢汉及其学派的博士论文问世，题名《媒介形态理论研究》（李明伟）。

2006 年和 2010 年，林文刚主编并撰写的《媒介环境学：思想沿革与多维视野》的简体字版和繁体字版先后问世。

2007—2010 年，何道宽主编并翻译的"媒介环境学译丛"四种由北京大学出版社印行，书名是：《媒介环境学》《口语文化与书面文化》《技术垄断》和《作为变革动因的印刷机》。其中《媒介环境学》和《技术垄断》还出版了繁体字版。

2007 年，胡翼青追踪媒介环境学的源头，出版专著《再度发言：论社会学芝加哥学派传播思想》，提醒学界注意传播学的平衡发展，功莫大焉。

同年，吴予敏主编的《传播与文化研究》刊布了媒介环境学研究专辑，收录了何道宽、陈世敏、胡翼青、李明伟等人的论文。

2008 和 2011 年，范龙从现象学角度研究麦克卢汉及其学派的两部专著先后问世，它们是《媒介的直观：论麦克卢汉传播学研究的现象学方法》和《媒介现象学：麦克卢汉传播思想研究》。

2010 年，国内第一部以"媒介环境学"命名的专著问世。李明伟在博士论文的基础上修订出版了《知媒者生存：媒介环境学纵论》。

2011 年前后，国内学者纪念麦克卢汉百年诞辰，呼应麦克卢汉研究的第二次飞跃和第三次飞跃，发表了大量的成果。要者有：

2011 年，《理解媒介》增订评注本中译本印行，这本书是麦克卢汉研究第二次飞跃的标志。

同年，国内纪念麦克卢汉百年诞辰的几个研讨会召开，数十家媒体刊布了数十篇文章和访谈，影响较大者有《国际新闻界》推出的纪念麦克卢汉专辑，含四篇文章，撰稿人为何道宽、胡翼青、范龙和王晓刚。

同年，紫金网刊布麦克卢汉百年诞辰的"媒介环境学专辑"，含二十余篇论文，供稿者有何道宽、胡翼青、秦州、李明伟、魏武挥等。这个专辑比较全面地反映了国内媒介环境学研究的水平。

2012 年，复旦大学出版社印行了罗伯特·洛根的《字母表效应：拼音文字与西方文明》和《理解新媒介：延伸麦克卢汉》，两者都是媒介环境学的代表作，后者是麦克卢汉研究第三次飞跃的标志。

同年，我发表了麦克卢汉和莱文森的简明评传，各三万字，收入《影响传播学发展的西方学人》，题名分别为《麦克卢汉：媒介理论的播种者和解放者》和《莱文森：数字时代的麦克卢汉，立体型的多面手》。

2017 年，媒介环境学会创会会长兰斯·斯特拉特编著的《麦克卢汉与媒介生态学》中译本问世。

多年来，中国社会科学院文学研究所的金惠敏先生一直进行麦克卢汉、庄子和海德格尔思想的比较研究。2012 年，他发表纪念麦克卢汉百年诞辰的文章《"媒介即信息"与庄子的技术观》。2014 年，他主持麦克卢汉《理解媒介》发表 50 周年纪念专辑共四篇文章。

大中华地区的麦克卢汉研究在世界学林享有一席之地，受人尊敬。

然而，传播学是舶来品，媒介环境学正式登上中国传播学的殿堂，历史不久。任何东渐的西学都有一个消化吸收发展的过程，传播学的本土化，任重而道远，我们正在向这个崇高的目标迈进。

2018 年 3 月

麦克卢汉的遗产：
超越现代思维定式的后现代思维 [①]

　　摘要：麦克卢汉是传播学的巨匠、先知和"圣人"。《理解媒介》是传播学的经典，他提出了许多新的思想和新的术语。这些词语妇孺皆知、世界共享。其中的大多数思想和术语，历经风雨而永葆青春。笔者认为，他所谓重新部落化就是今天时髦的后现代化，也就是超越现代思维的局限，就是超越分析的、线性的、机械的思维，走向整合的思维。这才是麦克卢汉最重要的遗产。

　　1964 年，美国麦格罗－希尔书局出了一本名字非常平实的书，这就是马歇尔·麦克卢汉的《理解媒介》(*Understanding Media*：*The Extensions of Man*)。可是，就是这本貌似平实的书却引起了一场大地震。出版界、学术界、评论界好评如潮。《纽约先驱论坛报》宣告麦克卢汉是"继牛顿、达尔文、弗洛伊德、爱因斯坦和巴甫洛夫之后的最重要的思想家……"，说他是

　　① 本文原载《深圳大学学报》，1999 年第 4 期。中国人民大学复印资料《新闻与传播》2000 年第 2 期转载。有删节。

"电子时代的代言人，革命思想的先知"。

接下来的四五年中，麦克卢汉在各个电视台接受专题采访，在各大公司做巡回演讲，他的人格魅力给听众一次又一次的震撼，使他享有"罗马祭师"和"北方圣人"的崇高地位。这一评价代表了舆论的共识。

如今，这本书早已成为经典，可是它差一点就胎死腹中。难产的原因很简单，这本题名"理解"的书实在是一本难以"理解"的天书。它的编辑初读书稿时难以阅读、难以决断、十分震惊，而且对它的前途表示担心。编辑曾忧心忡忡地说："你的材料有75％是新的。一本成功的书不能冒险去容纳10％以上的新材料。"

历史证明，这一担心虽然有一定道理，但是又大可不必。它至今仍然是一本"天书"，所以编辑的担心确有道理。但是，历史给予它突出的地位，使它至今依然处于学术的前沿，这个担心又证明是大可不必。当初的冒险后来得到了丰厚的回报。今天的读者仍然感谢出版家慧眼识珠。

《理解媒介》已经成为传播学的经典，麦克卢汉已经成为传播学的巨匠和先知。甫一问世，它就在学术界引起强烈震撼，且至今余震未息。

说它引起地震，有两层意思：一是这位名不见经传的教书匠（他教英美文学）突然成了新思想新学科的巨人，成了跨学科的奇才；二是他的学说屡遭诘难、至今仍然有人疑虑未消。

说它是余震也有两层含义：一是在西方它至今余波未息。二是它传入中国后，又引起了震动。

马歇尔·麦克卢汉生于加拿大阿尔伯塔省埃德蒙顿市，求学于曼尼托巴大学和剑桥大学，获剑桥大学英语文学博士学位。先后执教于威斯康星大学、圣路易斯大学、阿桑普星学院、圣米歇尔学院、多伦多大学，后期任多伦多大学文化与技术研究所所长。除本书外，尚有两本专著问世：《机器新娘》和《谷登堡星汉》。

这本奇书难在何处？不外乎四难：新的信息太浓缩，观察角度太奇特，涉及学科太宽广，语言里充满了太多奇特的隐喻。

这本 30 万字的著作内容宏富，但是由于作者惜墨如金，许多东西点到即止，未及展开，未作详细阐释，所以读者难以理解。他考察文化史、传播史、科技史的时候，总是能够反弹琵琶，使用许多新的切入点，推出许多新的视角。可是并非人人都能接受他的"奇谈怪论"，苛刻的读者总是宁可和他拉开距离。书中论述 26 种媒介，涉及 10 余门学科，显示了作者的怪才，但是他毕竟不是全知全能的上帝，他无非是一个有限的"杂家"。一旦超过了熟悉的领地，他就难免笔力不逮，难以说得明白晓畅。作者教了几十年的英语文学，喜欢隐喻和其他文学语言。难改的积习使他的文章有时晦涩难懂，他给读者增加了一些不必要的障碍。

他的许多用语，要花一点时间才能习惯，比如他说："媒介即讯息""文字是视觉的""电视是听觉的和触觉的""电光是单纯的信息""我们正在退出视觉的时代，进入听觉和触觉的时代。""我们是电视屏幕……我们身披全人类，人类就是我们的肌肤。""印刷术的内容是文字表述，书籍的内容是言语，电影的内容是小说。"

本书一开篇就提出许多新的观点，可是作者信手拈来，不作任何说明，仿佛人人已经懂得他的意思。这就增加了阅读难度。

他陶醉于大量的隐喻。这是一把双刃剑，利弊同在。隐喻使艰深的理论和观点形象生动，这是利；又使之晦涩难懂，此为弊。书中讨论的 26 种媒介，构成 26 章，几乎每一章的小标题都用了一个比方。如果不仔细研读琢磨，谁敢说能深得个中三昧？兹将这 26 种媒介及其隐喻列举如下：

1. 口语词：邪恶之花？

2. 书面词：以眼睛代替耳朵

3. 道路与纸路

4. 数字：集群的侧面像

5. 服装：延伸的皮肤

6. 住宅：新的外貌和新的观念

7. 货币：穷人的信用卡

8. 时钟：时间的气味

9. 印刷品：如何理解它？

10. 滑稽漫画：《疯狂》漫画通向电视图像

11. 印刷词：民族主义的建筑师

12. 轮子、自行车和飞机

13. 照片：没有围墙的妓院

14. 报纸：靠透露消息的政治

15. 汽车：机器新娘

16. 广告：使消费者神魂颠倒

17. 游戏：人的延伸

18. 电报：社会激素

19. 打字机：进入钢铁奇想的时代

20. 电话：是发声的铜器还是叮玲作响的符号？

21. 唱机：使国民胸腔缩小的玩具

22. 电影：拷贝盘上的世界

23. 广播电台：部落鼓

24. 电视：羞怯的巨人

25. 武器：形象之战

26. 自动化：学会生存

《理解媒介》是一座绕不开的丰碑，麦克卢汉其人是推不倒的先知和圣人。他的遗产渗入了人类生活和学术的很多领域。他的预言一个个变成现实并不奇怪。奇怪的是，他的梦话变成现实竟然会来得这么快。三十年前，谁敢梦想数字化生存、信息高速公路、网络世界、虚拟世界、赛博空间？只有他！三十年前，谁会大声疾呼全球一体、重新部落化？只有他！

　　奇人怪杰，为人嫉恨、为人不解，古今中外皆然。麦克卢汉思想超前，难免几分神秘色彩。侵犯他人领地，难免使人不快。思想汪洋恣肆，难免受到批评指责。语言晦涩难懂，难免使人垂头丧气、困惑不安。他的名声虽然没有大起大落，但是围绕他的争论却始终不断。

　　不过，所谓争论，仅仅是围绕他一两个次要观点的争论。他的主要论断，经过时间的检验，谁也不敢再提出挑战了。

　　一个争论，是他举例说明的热媒介和冷媒介。诘难他的，也不是全盘否定这个分类思想，而是说他的有些例子未必妥当。他关于媒介的二分观点，他给冷热媒介所下的定义，至今无人能够动摇。按照他的定义，冷媒介清晰度低，需要人们深度卷入、积极参与、填补信息，才能解读。这好理解。可是，他又说冷媒介是触觉的而不是视觉的，这又颇费思量。说电影清晰度高，不需要深度卷入，是"热的"，视觉的；电视清晰度低，需要深度卷入，是"冷的"，触觉的，就不太好理解。把电话说成"冷的"，广播说成"热的"，也不太好理解。也许，高清晰度的电视问世之后，我们有必要修正他对电视性质的界定：四十年前的电视清晰度低，固然可以说是"冷的"，新一代高清晰度电视不再要求受众去填补大量信息，可能就是"热"的了。

　　尽管如此，在电视和广播的冷热划分上，麦克卢汉确有许多精彩绝伦之笔，至今令人神往。关于冷热媒介的适用对象，他有一段神来之笔。他举的一个例子，是1960年尼克松对肯尼迪竞选总统的辩论。当时，听收音机的听众以为尼克松赢定了；然而看电视的观众却认为他输定了。谜底何在？麦克卢汉的解释是这样的：按照他的冷热二分观点，电视是冷媒介，适合低清晰度的形象。因为肯尼迪是新人，他有许多东西不为人知，所以他的清晰度低，因而他适合使用电视。相反，收音机是热媒介，它适合高清晰度的形象。因为尼克松是资深的议员和副总统，他的情况广为人知，所以他的清晰度高，因而适合广播这种媒介。

麦克卢汉给世人留下了丰富的遗产。从宏观的视角看，作者仿佛是凌驾于"地球村"之上的星外来客。他高屋建瓴、气势磅礴、视通万里、跨越古今。他又仿佛是一位能够深入地球人生活一切层面的太空人，所以从微观的角度说，他能在人类广阔的学科领域中自由驰骋。

他是一位立体型的学者，所以在涉足的一切学科领域中，他都能保持超脱的距离和独特的切入角度。正所谓旁观者清，他对媒介的分析常常使各个领域的专家感到新奇、震撼。他常常能言他人所不能言，见他人所不能见。

麦克卢汉是先知，他预见电子时代的来临。1964 年，"电子时代""电子媒介""电子技术"这样的术语还鲜为人知、少有人用。所以在《理解媒介》中，我们几乎看不见它们的踪影，我们看见的，几乎完全是"电力时代""电力媒介""电力技术"。读者须知，他所谓的"电力"，其实就是"电子"。他用一个老的术语预告了一个新时代的来临。

他首创了一个如今习以为常的术语——媒介，同时还首创了一些我们当作训诫的警语，比如"地球村"和"信息时代"（Age of Information）。这些词语已经妇孺皆知、世界共享。谁不知道"媒介""大众传媒""地球村"？

麦克卢汉的大多数思想，早已深入人心、家喻户晓、历经风雨而永葆青春。三十多年来电子技术和信息产业的飞跃发展，使他的思想不证自明。如果说过去尚有人私下咕哝，说他的思想不太讲究实证，那么如今再也不会有人怀疑他的先知先觉了。他的以下思想，似乎没有人再敢公然挑战。

1. 地球村。电子信息瞬息万里，使全球生活同步化；全球经济趋同、整合、游戏规则走向同一；网络生活同一；时空差别不复存在，昔日遥不可及的海角天涯刹那可达。谁不说这就是弹丸之地？

2. 媒介即讯息。十年之前，人们对此也许满腹狐疑，或半信半疑。他把任何一种媒介一分为二：形式与内容。他断言，媒介的形式就是讯息。

从古到今，上述的几十种媒介的形式本身就是信息、讯息，就会引起变革，媒介绝不是消极、被动、苍白无力的空壳。有人不以为然，认为工具、武器、媒介作为形式是不重要的；重要的是工具为谁服务，武器由谁使用和怎么使用；重要的是媒介承载的内容。麦克卢汉坚决彻底地批判了这种陈腐的概念。他认为媒介的形式和内容是互动互用的。每一种媒介既是另一种媒介的形式，又构成另一种媒介的内容。比如，文字是口语的内容，又是印刷术的形式；印刷术是书的形式，书又是文章和作品的形式；电影是小说的形式，又是电光的内容，如此等等。人们习惯的思维定式堵塞了洞悉的目光和创新的思路，许多人对媒介形式本身的革命力量视而不见、听而不闻。其实，四大发明作为媒介——所谓媒介的形式本身——就曾经改变了世界，改写了人类历史。这难道不是千百年的铁证吗？麦克卢汉之后兴起的媒介 VCD、DVD、互联网不是已经并正在继续改变世界，改变人的思维方式、生活习惯吗？新兴高科技不是正在以加速度改变世界和人类自身吗？

3. 电子媒介是中枢神经系统的延伸。此前一切媒介尤其是西方的拼音文字和机械媒介是分裂切割、线性思维、偏重视觉、强调专门化的。这样的人是分割肢解、残缺不全的人。电子媒介使人整合，回到整体思维的前印刷时代。这就叫作重新部落化。这是这个时代的人是在一个更高层次的全面发展的新人。

4. 部落化——非部落化——重新部落化。这是一个著名的公式，他从媒介演化的角度去概括人类的历史，为解读历史提供了一个崭新的视角。窃以为，这个公式可以写作以下几种变体：整合化——分割化——重新整合化；有机化——机械化——重新有机化；前印刷文化——印刷文化——无印刷文化；前现代化——现代化——后现代化。

5. 从这个著名的公式，《理解媒介》的编辑拉潘姆（Lewis H. Lapham）先生，"挖掘"出麦克卢汉一些重要的思想。他根据麦克卢汉的思想归纳出两组两两相对的词语，把印刷文化和电子文化进行对比，认为印刷文化是现代文化，电子文化是后现代文化。这个对比生动、醒目、切中要害，深得麦克卢汉思想精髓。兹摘录如次：

印刷文字	电子媒介
视觉的（visual）	触觉的（tactile）
机械的（mechanical）	有机的（organic）
序列性（sequence）	共时性（simultaneity）
精心创作（composition）	即兴创作（improvisation）
眼目习染（eye）	耳朵习染（ear）
主动性的（active）	反立性的（reactive）
扩张性（expansion）	收缩性（contraction）
完全的（complete）	不完全的（incomplete）
独白（soliloquy）	合唱的（chorus）
分类（classification）	模式识别（pattern）
中心（center）	边缘（margin）
连续的（continuous）	非连续的（discontinuous）
横向组合的（syntax）	马赛克式的（mosaic）
自我表现（self-expression）	群体治疗（group therapy）
文字型的人（Typographic man）	图像型的人（Graphic man）

由此再进一步，拉潘姆先生把这一思想加以发挥，自己提出了两组两两相对的词语，把印刷文化和电子文化加以对比。这一次，他把印刷文化的人称为"市民"，把电子文化的人称为"游牧民"，生动描绘了两个时代的典型特征。简明的图表顶得上千言万语：

市民（Citizen）	游牧民（Nomad）
定居（build）	游徙（wander）
有阅历（experience）	无阅历（innocence）
权威（authority）	权力（power）
幸福（happiness）	快乐（pleasure）
文学（literature）	新闻（journalism）
异性恋（heterosexual）	多形态恋（polymorphous）
文明（civilization）	野蛮（barbarism）
意志（will）	希望（wish）
激情式真理（truth as passion）	真理式激情（passion as truth）
和平（peace）	战争（war）
成就（achievement）	名望（celebrity）
科学（science）	巫术（magic）
怀疑（doubt）	确信（certainty）
戏剧（drama）	色情（pornography）
历史（history）	传说（legend）
争论（argument）	暴力（violence）
妻子（wife）	娼妓（whore）
艺术（art）	梦想（dream）
农业（agriculture）	掳掠（banditry）
政治（politics）	预言（prophecy）

　　世纪之交，人类正在飞快进入数字化时代、网络时代、光子时代、生命科学时代。按照麦克卢汉的观点，任何一种新的发明和技术都是新的媒介，都是人的肢体或中枢神经系统的延伸，都不仅仅是一种简单的形式或包装，而是一种新的"讯息"。用现在比较时兴的话说，任何新的发明和技

术，都是了不起的生产力，都将反过来影响人的生活、思维和历史进程。麦克卢汉的媒介理论使人从麻木自恋中猛然惊醒，从梦游症中猛然惊醒。他的思想仍然振聋发聩。他对几十种媒介的论述使专家们认识到自己的残缺不全，使千千万万人超越自身背景的局限从全新的角度去研究媒介对人类命运和发展进程的影响。

麦克卢汉不是专家，也不当专家。他喜欢侵犯他人领地去发表各种议论，成为一个杂家。他痛恨分裂切割、线性思维、残缺不全的人（可以解读为"现代人"），热望做一个完全的人，做一个重新整合后的"部落人"（可以解读为"后现代人"）。他预告电子时代的来临，他对了。他宣告"现代"思想的破产，"后现代"的来临，他又对了。笔者认为，他所谓的重新部落化就是今天时髦的后现代化，也就是超越现代思维的局限，就是超越分析的、线性的、机械的思维，走向整合的思维。这就是麦克卢汉最重要的遗产，吾人当珍视之。

媒介革命与学习革命：
麦克卢汉媒介思想述评 ^①

提要：麦克卢汉的媒介定义是很宽泛的定义，它包括人体和人脑的一切延伸。他提出的媒介定律四位一体不可分割。它们是：新媒介提升和强化人的官能，新媒介使用或取代旧媒介，媒介能推陈出新，媒介能够逆转。人类历史上爆发过三次伟大的媒介革命：拼音文字、机器印刷和电子媒介。他暗示了第四次媒介革命的来临。他的媒介革命与学习革命的思想令人称奇、发人深省、永葆青春。

一、奇异的媒介观

什么叫媒介？如今这似乎是不成问题的怪问题。可是就在五十年前，这可是一个颇有争议的问题。那时的媒介仅仅是一个生物学术语，把它用来指"传播媒介"的是麦克卢汉。直到今天，依然有人不太习惯他这个概

---

① 本文原载《深圳大学学报》，2000 年第 5 期。有删节。

念。按照一般人的习惯，他给媒介所下的定义实在是太宽泛了。他说："媒介是人的延伸。"就是说，他所谓的媒介绝不是一般人心目中的四大媒体：报纸、电影、广播、电视。他说的媒介包括一切人工制造物，一切技术和文化产品，甚至包括大脑和意识的延伸。从这个宽泛的媒介观派生出了以下思想：

1. 媒介分为两大类：肢体的延伸和大脑的延伸。电子媒介是大脑的延伸，其余的一切媒介是肢体的延伸。

2. 人类历史（或者更确切地说是西方历史）上最重要的媒介有四种：口语、拼音文字、机器印刷和电子媒介。

3. 人类历史上爆发了三次伟大的媒介革命。拼音文字的发明是口语向线性的视觉偏向的西方文化的飞跃；机器印刷是拼音文化向近代机械文化和科学文化的飞跃；电子媒介是机械文明向电子文明的飞跃。

4. 人类社会经历了三个发展阶段：部落化、非部落化和重新部落化。

5. 媒介对人类社会和人的心理产生巨大的影响。他认为，媒介对人和人类进程的作用很大，可是这种影响看不见、摸不着，因为媒介使人自恋和麻木。所以他要向世人大喝一声：该清醒啦！

他喜欢引用两个希腊神话故事。一个是那喀索斯（Narcissus）。这是一位美少年，但是他爱上了自己的延伸——水中倒影，不能自拔，完全麻木。美丽的回声女神厄科爱上了他。但是他不爱美女偏爱自己，爱自己的影子，终于憔悴而死。麦克卢汉的结论是：人对自己的延伸浑然不知，麻木不仁。

第二个是卡德摩斯王（King Cadmus）的故事。这是腓尼基王的儿子，他把腓尼基文字引进希腊，奉阿波罗神谕修建底比斯城，成为底比斯王。建城之前，他战胜凶龙，将龙牙拔下，种在地里。这些龙牙后来长成全副武装的武士。故事的寓意有两点。一是暗示拼音文字的起源，线性排列的拼音字母和龙牙的排列很相似。二是把拼音文字和武士联系在一起。麦克卢汉的结论是：拼音文字和武士都是人的延伸，媒介的力量奇大无比。

我们看看他在《理解媒介》中详细研究的 26 种媒介，就可以知道他的媒介观念有多么"怪"，也可以从中窥见他是多么"杂"。这些媒介几乎涵盖了人类智慧的一切领域。它们是：口语 / 文字 / 道路与纸路 / 数字 / 服装 / 住宅 / 货币 / 时钟 / 印刷品 / 滑稽漫画 / 印刷词 / 轮子、自行车和飞机 / 照片 / 报纸 / 汽车 / 广告 / 游戏 / 电报 / 打字机 / 电话 / 唱机 / 电影 / 广播电台 / 电视 / 武器 / 自动化。

为了说明这些媒介的威力，他给每一种媒介都打了一个比方。他说，报纸是"透露消息的政治"，汽车是"机器新娘"，广告"使消费者神魂颠倒"，电报是"社会激素"，电影是"拷贝盘上的世界"，广播电台是现代的"部落鼓"，电视是"人的肌肤"，电话是"没有围墙的口语"，唱机是"没有围墙的音乐厅"，照片是"没有围墙的博物馆"，等等。

限于篇幅，我们将聚焦于三大媒介革命，仅撷取其中最精彩的论述。按照麦克卢汉的媒介定义，拼音文字是口语的延伸，印刷术是拼音文字的延伸，电子媒介是大脑的延伸。这就是三大媒介的"科学"表述。可是，这样干巴巴的文字告诉我们什么呢？什么也没有。如果麦克卢汉只满足于干巴巴的"科学"语言，那麦克卢汉就不成其为麦克卢汉了。

二、三次媒介革命

麦克卢汉关于媒介革命的思想，盖源于他异乎寻常的研究方法。他的思想"怪"，方法"怪"。他的研究方法和语言风格都是反传统、反科学的。

不少"专家"对他颇有微词。说他是"形而上的巫师""电视机上的教师爷"。他之所以受到攻击和曲解，是因为他的思想难以理解，他把许多精英抛在后面，他侵犯他人的领地。他的思想汪洋恣肆，背离了传统的线性逻辑。他的语言色彩富丽、难以破解，既精警深邃又玄妙如谜。他的隐喻警句枝蔓丛生，文学典故令人却步，历史典故难溯其源。

他为什么与"专家"为敌？因为他痛恨分裂切割、线性思维、残缺不全的"拼音文字人""谷登堡人""机械人""现代人"，他怀念整合一体的"部落人"，热望做一个完全"重新部落化"的"后现代"人。

有人指责他不搞实证和定量研究。但是我们知道，社会现象，尤其是人文现象是不容易（当然并非不可能）实证和定量的。实际上，他的反实证、反定量、反传统的研究方法是有意为之，绝非偶然。他宣告自己的方法反传统："我以崭新的眼光重新考察人的延伸，几乎没有接受传统智慧中看待它们的任何观点。"

他把自己的探索方法叫作开锁匠的方法："我从来没有把探索的结果当作揭示的真理。我没有固定不变的观点，不死守任何一种理论——既不死守我自己的，也不死守别人的……我的工作比较好的一个方面，有点像开保险柜的工匠的工作。我探索、倾听、试验、接受、抛弃。我尝试不同的序列，直到密码锁的制动栓落下来，保险柜的门弹开。"

他不屑于当专家："我认为自己是一个杂家而不是专家。专家圈定一小块研究领地，作为自己的地盘，对其他任何东西却不闻不问。"

他认为需要一种全新的研究方法："我对文学和文化传统有道义上的责任，于是着手研究威胁文化价值的新环境。我很快就发现，这些新东西用道德义愤或虔诚义愤是挥之不去的。研究证明，我们需要一种全新的方法。"

他认为线性分析法不能用来研究媒介环境。他说："一切研究环境的线性路子都没有用处，过去、现在和将来都是如此。科学界已经认识到需要统一场理论。它可以使科学家使用一套连续性的术语，借以把各个学科领域联系起来。"

由此可见，他的研究方法和文风都不是"科学"的。但是，正是从这些奇丽的思想、闪光的文字、生动的比方、隽永的含蓄中，我们才能够放飞自己的幻想和才智。麦克卢汉确实难懂，但是他耐读，值得读。

人类历史上的媒介千千万，但是威力最大的只有三种，已如前述。我们先看看第一次伟大的媒介革命。

拼音文字的发明惊天地，泣鬼神，是一次伟大的人的解放。

一位非洲亲王回忆他在非洲老家首次接触文字时，详细描绘了惊心动魄的识字过程："神父佩里的住宅里有一块拥挤的地方，那就是他排列书架的地方。我渐渐领悟到，书页里的记号是被捕捉住的词汇。任何人都可以学会译解这些符号，并把困在里面的字释放出来，还原成词汇。印书的油墨囚禁了思想。它们不能从书中逃出来，就像野兽逃不出陷阱一样。当我完全意识到这意味着什么时，激动和震惊的激情流遍全身，就和我第一次瞥见科纳克里辉煌的灯火时一样激动不已。我震惊得浑身战栗，强烈渴望自己学会去做这件奇妙无比的事情。"

拼音文字深重的社会影响和心理影响，人们仿佛是浑然不知的。我们看看麦克卢汉的言论是多么惊世骇俗，振聋发聩。

"拼音字母粉碎了令人着迷的圈子和部落世界共鸣的魔力。它好像使人发生爆炸，变成专门化的、心灵贫乏的'个体'。"

"许多世纪以来对会意文字的使用，并没有威胁中国天衣无缝的家族网络和微妙细腻的部落结构。"

"只有拼音文字才使眼睛和耳朵分割，语义与字码分割。因此，只有拼音文字才有力量使人从部落领域转入'文明'领域，才能使人用眼睛代替耳朵。"

"拼音文字是人的听觉经验和视觉经验突然分裂的结果。唯有拼音字母表才将人的经验分裂为这样截然分明的两部分，使使用者以眼睛代替耳朵，使他从宏亮的话语魔力和亲属网络的部落痴迷状态中解脱出来。"

"拼音字母意味着权力、权威，意味着运筹帷幄、决胜千里。字母表和埃及人的莎草纸相结合之后，停滞不前的寺院'官僚'和僧侣对知识和权力的垄断就结束了。"

"拼音字母不光在视觉形象上像牙齿。而且它们在建立大帝国中所发挥的威力，在西方历史中也是一目了然的。"

"使用拼音文字使自由派相信，一切真正的价值是私密的、个人的、个体的。"

再来看第二次媒介革命：印刷术。机械印刷进一步强化了拼音文字养成的分析、线性逻辑和专门化分割的思维习惯，强化了同一性、连续性和一致性，又使人产生个人主义，产生对社会的疏离。

麦克卢汉认为，近代和现代的一切西方文明都是印刷术的产物：民族国家、民主制度、宗教改革、装配线、工业革命、因果观念、笛卡儿和牛顿的宇宙观、艺术中的透视、文学中的叙事排列、心理学中的内省或内部指向，等等。这真是有点神乎其神。让我们撷取他妙论的一鳞半爪，看看他是如何进行"论证"的吧。

近代和现代西方的一切文明，似乎都是印刷术产生的："从社会的角度来说，印刷术这种人的延伸产生了民族主义、工业主义、庞大的市场、普及识字和普及教育。"

首先是产生民族主义和民族国家："印刷术发现了生动逼真的民族疆界，印刷书籍的市场也是由这样的疆界圈定的，至少对早期的印刷商和出版商是这样的情况。而且，能够看见母语穿上可以重复的、相同的技术衣衫，也许在读者的心中产生一种统一而强烈的感情。""民族主义是一项伟大的发明、一场伟大的革命……这场革命的完成，几乎完全靠的是同一性的活字印刷所实现的信息加速。""民族主义是 16 世纪印刷术爆炸的结果。文艺复兴之前的欧洲不存在民族主义。印刷术使人以分析的眼光看待自己的母语，把它看成是规格一致的实体。印刷机大批量生产书籍和其他印刷品，使之传遍欧洲的各个角落，把当时的白话语言区转变成规格一致的民族语言。""谷登堡革命产生了一种视觉的、集中性的新型的国家实体。""印刷术培养了各国的白话，使国家之间的围墙发生膨胀。"

同时又引起工业革命："事实上，活字印刷是一切装配线的祖先。""谷登堡技术为工业革命奠定了基础，二者携手并进。"

还产生了深刻的心理影响："忽视印刷的技术形态对读者心理生活的冲击，那是愚蠢的。忽略这样的冲击，就像忽略音乐的节奏和拍子一样。"

印刷术导致市场经济："拼音字母文化最有力的表现，是我们的统一价格体系，它渗入到遥远的市场，加速了商品的周转。"

印刷术使文学艺术发生变化："印刷术加快了语言的发展，因此它在说唱之间、歌唱和器乐之间，筑起了一些新的隔离墙。印刷术促成了白话诗和低吟诗的诞生，从而完全改变了诗歌的性质。""从心理上说，印刷书籍这种视觉官能的延伸强化了透视法和固定的透视点。"

印刷术强化了个人主义。"使用拼音文字使自由派相信，一切真正的价值是私密的、个人的、个体的。"

第三次媒介革命是电子媒介。麦克卢汉是电子时代的预言家，可惜他去世得太早，未能看到赛博空间、虚拟现实、数字地球、数字化生存、人机共生、人机一体的实现。

1964 年，他出了一本震惊世界的书《理解媒介》。尽管电子时代才刚刚兴起，但是他仿佛把四十年后的东西都看见了。该书最后一章的题名是"自动化：学会生存"，这与尼葛洛庞帝 1995 年的书名《数字化生存》是多么相似啊！尼葛洛庞帝的得意之作在中国的翻译出版，唤醒了千百万普通人的数码意识。

在《理解媒介》的压轴章节中，麦克卢汉已经朦朦胧胧地意识到第四次媒介革命的来临。他憧憬着全球一体、意识延伸的美好未来。他的预言很快就要成为现实了。我们来看看他的生花妙笔：

"我们新的电力技术以拥抱全球的方式使我们的感觉和神经延伸……电能指向意识延伸的道路——在全球范围内的、无须任何言语的道路。"

"计算机可以被用来摹拟意识过程，正如全球电子网络已经开始摹拟我们中枢神经系统的情况一样。"

"电子时代一个主要的侧面是，它确立的全球网络颇具中枢神经系统的性质。我们的中枢神经系统不仅是一种电子网络，它还构成了一个统一的经验场。"

"人的生存似乎要依赖把意识延伸为一种环境。由于电脑的问世，意识的延伸已经开始。"

"电子时代实在是开启心智的时代。"

"自动化使学习本身成为一种主要的生产和消费。"

让我们把这两位大师的言论两两对比，看看他们有何相似之处：

表 1　麦克卢汉与尼葛洛庞帝观点比较

麦克卢汉（电子时代的代言人）	尼葛洛庞帝（数字革命的传教士）
以电力来说，它储存和运输的并不是物质实体，而是知觉和信息。	信息高速公路的含义就是以光速在全世界传输没有重量的比特。
电力技术结束了陈旧的二分观念，即文化与技术、艺术与商务、工作与闲暇的二分观念。	技术与人文科学、科学与艺术、右脑和左脑之间，都有着公认的明显差异……刚刚萌芽的多媒体很可能……在这些领域之间架起桥梁。

但是，他们又迥然不同。毕竟他们生活两个不同的时代。在本文的最后一节里，我们还要对他们的不同之处进行比较。

三、媒介四定律

麦克卢汉的媒介理论中，最受人忽视的是他的"媒介四定律"。为什么？是因为太难太玄而不能为之，还是因为认识不足而不欲为之？也许二者兼而有之。我们能够从他的一段话中找到一点原因。他说人们忘记了"严密地观察和追踪"媒介。而他却想找出一些规律性的东西："一种感官的延伸，往往会干扰其他的感官和官能。然而，经过感官延伸的试验之后，人一直忘记了要严密地观察和追踪这些延伸。"

他提出媒介定律，并非白手起家。至少他继承了霍尔（Edward T. Hall）和汉斯·哈斯（Hans Hass）的一些思想，从中得到了一些启示。他说：

"霍尔让我们注意一切人工制造物都是人的延伸。在这个问题上，他是当代第一人。他在《无声的语言》里写道：'今天，人实际上在他过去用身体所做的一切事情中，都完成了自身的延伸。武器的演进开始于牙齿和拳头，终止于原子弹。衣服和住宅是人的生物学温度控制机制的延伸。家具取代了蹲在地上或席地而坐的姿势。电动工具、眼镜、电视和书籍使人的声音跨越时间和空间，这是物质延伸的例子。货币是将劳动延伸和储存的方式。今天的运输系统完成我们昔日用脚和背所做的事情。事实上，一切人造物都可以被视为人的延伸，都是我们曾经用身体所做的东西的延伸，或者是我们肢体的某一种专门化的延伸。'"

哈斯在《人这个动物》（The Human Animal）中说，人的延伸有五大好处：可以节省能源；可以抛弃、储存，但不需要运输；可以交换，使人专精一门并扮演许多角色；可以集体共享；可以由"专家"制造。

麦克卢汉不贪大求全。他的媒介定律只谈一个问题：媒介的心理影响和社会影响。这四条定律就像驷马一车，不可分割，是"一组同步的定律"，贯穿媒介的整个生命过程，并互相补充。

现将麦克卢汉的媒介四定律抄录如下：

1. 这个人工制造物使什么得到提升或强化（enhance or intensify）？或者使什么成为可能？或者使什么得以加速？这个问题可以用来研究一只废纸篓、一幅画、一台压路机或一条拉链，也可以用来研究一条欧几里得定理或物理定律。还可以用来研究任何语言的任何语词。

2. 如果情景中的某个方面增大或提升（enlarged or enhanced），原有的条件或未被提升的情景就会被取代。在此，新的"器官"使什么东西靠边或过时呢？

3. 新的形式使过去的什么行动或服务再现或再用（recurrence or retrieval）？

什么曾经过时的、老的基础得到恢复，而且成为新形式固有的东西？

4. 新形式被推向潜能（另一个互补的行动）的极限之后，它原有的特征会发生逆转（reversal）。新形式的逆转潜能是什么？

这段文字佶屈聱牙，需要我们做一些翻译。

第一条说的是新媒介的诞生和强化。第二条说的是新媒介取代旧媒介并使之过时。这两条定律是相互补充的。正如麦克卢汉所言，一般人对媒介的规律不甚了了，即使意识到了，他们也就此止步，而麦克卢汉却向前迈进了一大步，他发现并论述了另外的两条规律。我们把这后两条规律翻译如下：第三条：媒介的推陈出新；第四条：媒介的逆转。

前两条规律的互补性，可以引用他的两段话予以说明：

"提升和过时显然是两种互补的作用。任何新的技术、思想或工具，都能够让使用者进行一套新的活动。与此同时，它们又把人们做事的老办法推向边缘的位置。货币加速交换，使统一的价格系统兴起，使讨价还价和以物易物过时，使人与商品的许多关系都发生了变化。汽车提升了个人的机动性，把城市的古老组织形式搁置一边，有利于郊区的兴起。"

"谷登堡技术使中世纪的缮写室和烦琐哲学过时，但是他又使整个的古代世界得到恢复。"他这里所谓古代世界当然主要指的是古希腊罗马的学术。

关于第三条规律"媒介的推陈出新"，他用了一个最好的比方："从陈词到原型"。他不厌其烦地引用诗人蒲伯（Alexander Pope）、叶芝（W. B. Yeats）和心理学家荣格的话。他用旧瓶装新醋，借用他人的思想说明媒介推陈出新的原理。他在古代的语言、神话和文学作品中"寻找"到许多原型的例子。限于篇幅，引文从略。

关于媒介的逆转，他有大量极其生动的论述：

"中国的《道德经》里，有许多例子说明紧随过热的媒介之后接踵而至的突变和逆转：'企者不立，跨者不行，自见者不明，自是者不彰。'"

"道路越过了断裂界限，把城市变成道路，马路本身也带上了都市的性质。另一个典型的逆转是……乡村不再是工作的中心，城市不再是闲暇的中心。实际上，大大改善的道路和运输使古老的模式发生了逆转，城市变成了工作的中心，乡村变成了闲暇和娱乐的场所。"

"一切事物在其发展过程中表现出来的形式，与其最终呈现的形式截然相反，这条原理是一条古老的原理。人们对事物演化过程中逆转能力的兴趣，在各种各样的观察——庄重的和戏谑的观察——中，都是显而易见的。蒲伯有诗为证：丑恶乃魔鬼／面目可怕／无论何人见／均要痛恨／可常见常睹／便习以为常／见怪不怪／先对它容忍／继对之怜悯／终至于拥抱。"

"实在的世界转换成科学幻想，与此相联系的是另一个飞速展开的逆转。由于这一逆转，西方世界正在走向东方，同时东方世界也在走向西方。乔伊斯把这一相互逆转的过程写入了他两句神秘的诗歌之中：'幸福将使东方惊醒／可你也会把晚间当作早晨'。"

"电的作用不是集中化，而是非集中化。这种区别就像铁路系统和输电网络系统的区别。铁路系统需要铁路终端和大都会中心。而电力可以一视同仁地输往农舍和办公楼，所以它容许任何地方成为中心，并不需要大规模的集中。"

四、指点江山，旁观者清

麦克卢汉就像一位凌驾于"地球村"之上的星外来客，所以他能高屋建瓴，气势磅礴地视通万里，跨越古今。他又仿佛是一位非凡的万事通和杂家。他涉足了许多他并不精通的学科领域，可是由于他超脱的距离和独特的视角，他对媒介的分析常使人震撼。他常能言他人所不能，见他人所不能见。

他告诫人们不要当"媒介盲"："你必须熟悉各种媒介，否则你如今就不是真正意义上的'有文化'的人。"让我们珠海拾贝，撷取一些发人深省的论述吧。

他说媒介即是语言："假如说语言是人们创造和使用的大众传媒的话，那就可以说，任何一种新媒介就是某种意义上的语言，就是集体经验的编码。""广告、漫画和电影在北美不是代码，而是基础的语言。我们还没有掌握传授它们的语法。"

又说电脑是意识的延伸："电脑技术使我们的意识延伸，成为一种普世一体的环境。人们有一种感觉，我们受到电力技术信息的包围，这种环境就是我们意识的延伸。""回归同步性之后，我们进入了部落和听觉的世界。这是一个全球一体的世界。"

关于媒介的形式与内容，他说："除了光这个例外，其余一切媒介都是成双结对的。一个媒介是另一个媒介的'内容'。""小汽车装在火车上运输时，它是在使用铁路，于是它就成为铁路的'内容'。同理，用货柜车装运时，它使用的就是公路。依此类推，印刷术使用手稿、电视使用电影、电影使用剧场、文字作品使用声音等，都是这样的情况。杂交也好，母体承载子体也好，都要产生新的化合物，像有声电影或'无马拉的车'一样。"

然而麦克卢汉不可能是全知全能的"上帝"。他的论断既有许多光彩照人的洞见，又有许多令人困惑的"呓语"。之所以有人称他为"形而上的巫师"，实在是因为他的许多话难以"破译"。但是，随着时间的推移，技术的见证和历史的实践似乎证明，即使是在侵犯他人领域时，他也表现出"旁观者清"的智慧。让我们看看他对几大媒体的论述吧。

"如果说电报缩短了句子，那么电台就缩短了新闻的篇幅，电视就给新闻工作注入了疑问的语气。"

"报纸是一种马赛克式的、参与性的组织，是自己动手的一种世界。"

"电台复活了部落敏感性，复活了血亲网络那种排他性的参与活动。相反，报纸造成的却是一种视象的、介入不太深的统一。这种统一有利于包容许多部落，有利于个人观点的多样化。"

"电台不仅是唤醒古老的记忆、力量和仇恨的媒介，而且是一种非部落化的、多元化的力量。这实在是一切电力和电力媒介的功能。"

"广告的作用与洗脑程序完全一致。洗脑这种猛攻无意识的深刻原理，大概就是广告能够起作用的原因。"

"广告艺术令人惊叹地完成了早期人类学的定义：人类学是'研究人拥抱女人的科学'。"

"收音机的来临使广告公然转向歌唱式广告的符咒术。"

"电影来临之后，美国生活的整个格局作为一则连续不断的广告被搬上了银屏。"

"电影把上述机制推向机械世界的极端，甚至超越了这一极限，使之进入梦幻的写实主义，这是能用金钱买到的梦境。"

"深究起来，电影技术实在是发端于印刷，因为正如我们已经看到的，活字印刷的谷登堡技术，对任何工业或电影流程都完全是必不可少的。"

"电视给美国的汽车工业以沉重打击。汽车和装配线是谷登堡技术的终极表现形式。换言之，它们是同一和可重复的过程用于工作和生活各方面的最高表现形式。电视带来的是一种疑问，是对于同一性和标准化的一切机械假设的疑问，是对一切消费价值观念的疑问。"

"电视图像是低强度、低清晰度的图像，因此它与电影不同，它不提供物象的详细信息。"

"对于尼克松这样高清晰度的形象来说，电视必然是一场灾难。而对于肯尼迪这样模糊不清的形象来说。电视必然是天赐之物。"

五、媒介革命就是学习革命

1997 年，有两本舶来书震动华夏：《学习的革命》和《数字化生存》。在两本书有一个共同的主题：技术革命呼唤学习的革命、生存方式的革命。

在这两本书震撼的余波里，我们来重温麦克卢汉 1964 年的远见卓识，是不无教益的。

"电力自动化将生产、消费和学习整合为一体，使之成为一个密不可分的过程。"

"自动化是信息。它不仅结束了劳动中的职业分工，而且结束了学习中的专业分化。"

"工作的前途在于如何在自动化时代学会生存。"

这两本书的论述，与麦克卢汉有异曲同工之妙。《学习的革命》断言："我们需要一场与信息革命并行的终身学习革命，让所有人分享巨大潜力时代的果实。"

《数字化生存》断言："长期以来，大家热衷于从工业时代到后工业时代或信息时代的转变，以至于一直没有注意到我们已经进入了后信息时代。""在后信息时代中，大众传播的受众往往只是单独一个人。"由此看来，第四次媒介革命正在兴起。这是不同于电脑时代的网络时代。

扫描了麦克卢汉和尼葛洛庞帝的相似之处以后，让我们再把两位大师的研究领域和重点两两对比，看看他们有何不同之处：

表 2　麦克卢汉与尼葛洛庞帝研究领域与重点比较

麦克卢汉（电子时代的代言人）	尼葛洛庞帝（数字革命的传教士）
提出"信息时代"	提出"后信息时代"
"媒介即讯息"（媒介的形式本身就具有革命的威力）	"媒介不再是讯息"（同样的信息DNA可以用多种媒介来表达和实现）
研究媒介和大众传播	研究信息DNA和"真正的个人化"传播
实践跨学科研究	主张科学和人文、科学和艺术的融合
研究杂交媒介	研究多媒体、多机一体、网络世界
憧憬虚拟现实	实现虚拟现实
"电脑是意识的延伸"	电脑与人"人机共生、人机交流"

　　三十年一代人。无论麦克卢汉多么先知先觉，他也不可能梦想，只隔三十年，这个世界就会面目全非。先知的预言毕竟有限。尼葛洛庞帝说得好："预测未来的最好办法就是把它创造出来。"。我们还可以说，创造的最好办法就是学习，学习生存，学习如何学习，学习如何发现。最重要的研究方法就是发现的方法。

媒介即是文化：麦克卢汉媒介思想述评 ①

　　媒介即是文化。文明史就是媒介史。西方文化经历了三次媒介革命：拼音文字、机器印刷和电子媒介。人类社会经历了部落化和非部落化两个阶段，正在进入重新部落化的第三个阶段。拼音文字是视觉的延伸，产生了线性、逻辑、"理性"、分析、专门化的西方文化。印刷术产生了残缺不全的"谷登堡人"。电子媒介是意识的延伸，人类正在进入一个地球村。这是一个多元化的重新部落化的全球一体的美好新世界。麦克卢汉奇怪的媒介说终于得到认可。他反常的研究方法终于得以承认。

　　麦克卢汉是西方传播学巨人。他在加拿大和美国大学里执教英美文学，默默无闻凡二十年，直到 1964 年，因《理解媒介》的出版才一举成名，成为传媒追捧的风云人物。自此，他完全转向媒介、传播和大众文化研究。他的研究宏观上观察人类文明史和传播史，微观上透视大众文化、商业文化、娱乐文化、教育和政治制度的各个侧面。同时，他又用比较文化的镜

---

　　① 本文初载《现代传播》，2000 年第 6 期。有删节。

子观照东西方文明和欧洲各国文化。

麦克卢汉的声誉沉浮颇具戏剧性。三十年前，学术界对他的评价分为对立的两极。毁誉之声，别若天壤。20世纪90年代，他的声誉重新崛起。他的《理解媒介》已经成为经典。

历史证明，麦克卢汉是信息社会、电子世界的先知，20世纪的思想巨人。今天，他的预言一个个都实现了。他关于"地球村""重新部落化""意识延伸"的论述，无人能出其右。

有人说，"批评家要花三十年的时间去理解麦克卢汉"。中国人知道他快二十年了，可是我们对他的研究几乎还没有开始。本文撷取一鳞半爪，评介他的媒介理论。但是，由于他的思想植根于人类文明的宏观背景之中，文章就离不开全景式的扫描。管窥不忘全豹，蠡测不忘大海，让我们纵身跳入人类文明的汪洋大海，去看看他的媒介史观和传播史观。

一、奇特的媒介观

麦克卢汉首创了"媒介"这个词。他说的媒介"很怪"。一般所谓媒介指的是报纸、杂志、电影、广播、电视等几大媒体。这就是狭义的媒介，他说的却是广义的媒介，泛指一切人工制造物和一切技术。这使他有别于常人，也有别于其他的学者。仅举一例，就可以说明他的"媒介"是多么的宽泛无边、稀奇古怪。

他在《理解媒介》中列举细说了26种媒介，每一种媒介自成一章，且都用了一个奇妙的比喻。

我们介绍他的文化观，必须要从他的研究方法、历史观和媒介观说起。

麦克卢汉在英美文学的园地里耕耘三十余年，研究的是精英文化。但是，从20世纪的40年代中期开始，他就逐步转向媒介、传播学和大众文化。这一转向既是出于他个人的爱好，也是因为社会的客观要求。美国是大众文化、商业文化和大众传播的沃土。在教学生涯的初期，他难以理解学生中流行的大众文化。为了了解学生、吸引学生，他逐渐移情于斯，同情、钟情、献身、探索、发现。经过二十年的苦心经营，终于在西方学界卓然成为大家。

二、从研究方法说起

麦克卢汉有一句经典名言："媒介即讯息"。套用这一警语，似乎可以说："媒介即是文化"。他诸如此类的论断和表述比比皆是、令人费解，既晦涩难懂，又隽永深刻。他的语言风格汪洋恣肆，他的研究路子放荡不羁，确实引起很大的争议。

"媒介即是文化"，这是他想说而没有点破的命题。为了证明这个命题，让我们先说他的研究方法，说它有何独特、为何独特、有何价值，又为何受到批评。他的方法和西方科学研究、经验研究、实证研究的传统背道而驰。在这一点上，他遭人误解、批评和攻击。

批评家对麦克卢汉的指责，集中指向两点。一是他无所不包的媒介定义，二是他反实证、反经验的研究方法。

他反常的研究方法，可以概括为：探索而不做结论，并置而不做分析，铺陈而不做归纳，发现而不做判断，定性而不做定量，形而上而不做实证。他的叙述方法也一反常态，可以概括为：偏爱格言警语，不求明白如话；只用"艺术"语言，不求科学严密；只推出马赛克图像，不搞量化描摹。

读者最不习惯的，是他滥用警语、格言、典故、暗喻，还有莫名其妙的"麦克卢汉式"的语言。于是英语和法语里增加了一个词："麦克卢汉式"。这个戏说之词是法国人发明的，但是它很快不胫而走，在西方学界流行开来。

麦克卢汉对文化史的研究，综合了人类学、经济学、社会学、史学和文学的研究路子。他把社会史和文化史简约为传播史。他的历史尺度和跨度太大，难免大而无当，但是他毫不在乎。他喜欢信马由缰、天马行空，在广阔的历史时空中驰骋。他举起"杂家"的旗帜，公开批评"专家"。他不屑于当专家，因为他认为专家是畸形人。他讴歌整合一体的"部落人"，悲叹分割肢解的"拼音文字人""谷登堡人"和"机械人"。他呼唤"重新部落化"的人。他希望研究人类的"集体无意识""意识的延伸"和"地球村"。

由此可见，虽然他对西方文化隐隐约约有一些批评，但是他真正关心的并不是臧否任何一种文化。他既不当卫道士，也不当吹鼓手；既不当掘墓人，也不当陪葬品；既不当法官，也不当辩护律师。他只当探索者，把自己发现的东西陈列在世人面前，由他们自己去做出判断。

三、麦克卢汉文明史观

"媒介是人的延伸。"按照麦克卢汉这个定义，弓箭是手臂的延伸，轮子是腿脚的延伸，衣服是皮肤的延伸，口语是思想的延伸，文字是口语的延伸，拼音文字是视觉的延伸，印刷术是文字的延伸，近代机械文明、民主政治和个人主义等是印刷术的延伸，电子媒介是大脑的延伸，网络是大脑的延伸，如此等等。

这就是麦克卢汉的媒介史观，也就是他的文明史观。在他看来，文明史就是传播史，就是媒介演进史。

如是观之，人类文明经历的三次飞跃，也就是媒介的三次飞跃：拼音文字、印刷术和电子媒介。第一次飞跃是口语向拼音文字的飞跃，发生在两千多年前。这里所指的文字专指拼音文字，其他的文字不入此列。第二次飞跃是手写文字向机械印刷的飞跃，发生在16世纪。因为印刷机是谷登堡发明的，所以这一次技术变革叫作谷登堡革命。第三次革命发轫于19世纪的电报，形成于 20 世纪 60 年代的微电脑，起飞于 90 年代的网络世界。

麦克卢汉的媒介传播期见表 3。

表 3　麦克卢汉媒介传播四期说

口耳传播	拼音文字传播	机器印刷传播	电子媒介传播
距今两三千年	迄于16世纪	起于16世纪	起于20世纪60年代

有趣的是，英雄所见略同。1953 年，当时美国顶尖的人类学家拉尔夫·林顿（Ralph Linton），在《文化树》（*The Tree of Culture*）中提出"文化突变"的思想。用这个思想来考察世界文化史，他提出了三个文化突变期：第一个突变期的标志是火的使用、工具的制造和语言的起源；第二个突变期是农牧业的兴起；第三个突变期肇始于工业革命。而且，他还抓住初露端倪的核技术和空间技术，预告第四个突变期的来临。可惜他死于1953 年，来不及看到空间时代和电子时代的来临。1980 年，美国未来学家阿尔文·托夫勒（Alvin Toffler）把人类文明史概括为三次浪潮，他的这个思想在中国走红，影响了整整一代人。他在《第三次浪潮》中从产业更替的角度来观察文明史。他认为，第一次浪潮是农业社会，滥觞于一万年前。第二次浪潮是工业革命，爆发于 18 世纪。第三次浪潮是信息社会，兴起于20 世纪 50 年代。

四、独特的社会史观

与上述传播史观相配合，麦克卢汉提出了独特的社会史观。他认为，人类社会经历了部落化、非部落化和重新部落化三个时期。社会发展史与媒介传播史大致的对应关系见表 4。

表4　麦克卢汉媒介传播史和社会发展史

口耳传播期	拼音文字传播期	机器印刷传播期	电子媒介传播期
距今两三千年	迄于16世纪	起于16世纪	起于20世纪60年代
部落化时期	非部落化时期	非部落化时期	重新部落化时期

在部落世界里，只有口语，没有文字，文化只能靠口耳相传，人们只能面对面交流。部落人口头交流时，感官是平衡的。眼耳口鼻舌身全部调动，全身心投入，感官没有分割。此时的口语具有至高无上的权威和魔力，它不仅用来传递信息，而且用来支配世界，祈祷，诅咒，施行巫术。部落人的感情世界和心理活动是非常丰富的。他们和部落融为一体，和外部世界融为一体。部落圈子里的生活，形成一个的无形网络之中。口语是"伟大的、持久不变的大众媒介"，是"一切媒介之中最通俗的媒介"，又是"人类创造出来的最伟大的艺术杰作"。"我们的母语，是我们全身心投入的东西。"

部落人生活在听觉空间和声觉空间之中。听觉空间没有中心和边缘的区别。它是有机的、不可分割的。它是由眼耳口鼻舌身同步互动而产生和感觉到的空间。耳朵不能聚焦，不能分析分割。口语不能视象化，只能形成一个立体的声觉空间，不能像文字那样形成视觉空间。面对面口头交流时，人不能只突出一种感官，而是要调动一切感官。这个声觉－听觉空间是同步的、整合的、通感的。部落人只能靠口语获取信息，所以他们被拉进一张无形的部落网络。口语比文字承载的情感更丰富，因为语调能够传达喜怒哀乐愁。部落人的听觉－触觉世界是集体无意识的、充满魔力的、不可分割的。这是由神话和仪式高度程式化了的世界，其价值是神圣的、不受任何挑战。

读者务必注意，麦克卢汉所谓的文字，特指西方发明和使用的拼音文字，其他文字不在此列，因为西方的拼音文字与其他的文字有本质区别，切不可混为一谈。他认为，"印刷会意文字和印刷拼音文字是完全不同的两码事，因为会意文字是同时调动所有感官的复杂的格式塔完形，比埃及的圣书文字有过之而无不及。会意文字不让形声义分割，而这种分割正是拼音文字的关键所在。"

拼音文字要打破感官平衡、心理和谐和社会和谐。他说："拼音文字与圣书文字和象形文字是根本不同的。埃及、巴比伦、玛雅和中国文化确实是感官的延伸。但是这个延伸是下面这个意义上的延伸：它们用图形表现现实，他们要用许多符号来涵盖范围很广的知识。这一点和拼音文字迥然不同。拼音文字用没有意义的字母去对应没有意义的语音，它可以用少量的字母去包容所有的意义和所有的语言。这个成就要求词语的形态和语音从它们的语言意义和戏剧性意义中分离出来，目的是要使实际的语音成为看得见的东西……感官系统的平衡、心理和谐和社会和谐都要被打破。视觉功能就会发展过头。其他的文字没有这样的情况。"

拼音文字造成人、社会和知识的分割。使用拼音文字的人"开始用序列、线性的方式推理。又开始对数据资料进行分门别类。由于知识是以拼音字母的形式延伸的，知识就发生局域定位，分割成专门的类别，造成功能、社会阶级、民族和知识的分割"。

拼音文字如何粉碎神圣的部落世界呢？

拼音文字是空间的线形展开。它和口语的根本区别是脱离听觉世界，粉碎听觉场，分离视觉，突出视觉，形成文字的视觉空间。它打破了感官平衡的声觉 – 听觉空间。文字是目光的延伸和强化。它成为可以看得见、摸得着的外在客体。此后，它就可以分割肢解、抽象分析了。人们可以摆弄、操纵、利用这个工具。于是艺术和科学应运而生，编年记事、计时器和建筑物相继产生，歌舞音乐和说话发生分离，和声与肢体表演发生分离，哲学、逻辑、修辞和几何也逐步产生了。

口语和拼音文字的主要差别见表5。

表5　口语和拼音文字的对比

口语传播	拼音文字传播
声觉-听觉空间，一切感官外化	视觉空间，只有视觉外化
感官平衡，通感，感官同步互动	目光延伸，视觉突出，感官失去平衡
不能聚焦，无中心-边缘分别	线形展开，可以聚焦
有机的、不可分割的	强烈分析分割的、线性的
用语调承载丰富的情感	不能用非言语手段表达丰富的感情
网络生活，人际关系密切	个人主义突出，人际关系疏离
口语魔力，集体无意识，神话，仪式	文字魔力，"理性"，一致，序列，连续
前科学，前艺术，不专精一门，百科全书	科学，艺术，逻辑，知识/工作分割/人也分裂

麦克卢汉就口语和拼音文字所做的对比脍炙人口。还是听听他侃侃而谈吧。他说拼音文字是西方"文明人"的标记：

"拼音文字发明之前，人生活在感官平衡和同步的世界之中。这是一个具有部落深度和共鸣的封闭社会。这是一个受听觉生活支配，由听觉生活决定结构的口头文化的社会。耳朵与冷静和中性的眼睛相对，它的官能是强烈而深刻的，审美力强、无所不包的。它给部落亲属关系和相互依存编织了一张天衣无缝的网络。全体部落人和谐相处。首要的交流手段是言语。看不出有谁比其他人知道得多一些或少一些。这就是说，几乎没有什么个人主义或专门分工。个人主义和专门分工是西方'文明人'的标记。直到今天，部落文化仍然根本无法理解个体的观念或独立公民的观念。"

口语和拼音文字的区别是听觉空间和视觉空间的区别。他说："听觉空间是没有中心也没有边缘的空间。它不像严格意义上的视觉空间，视觉空间是目光的延伸和强化。声觉空间是有机的、不可分割的，是通过各种感官的同步互动而感觉到的空间。与此相反，'理性的'或图形的空间是一致的、序列的、连续的，他造成一个封闭的世界，没有任何一点部落回音世界的共鸣。我们西方世界的时空观念是从拼音文字产生的环境中派生出来的。西方文明的整个观念也是从拼音文字派生出来的。部落世界的人过的是一种复杂的、万花筒式的生活，因为耳朵和眼睛不同，它无法聚焦，它只能是通感的，而不能是分析的、线性的。言语是要发出声音的，更准确地说，它是我们一切感官的同步外化……无文字民族的生活方式是隐而不显、同步和连续的，而且也比有文字的民族的生活方式要丰富得多。由于要依靠口语词获取信息，人们被拉进一张部落网。因为口语词比书面词承载着更丰富的情感——用语调传达喜怒哀乐愁等丰富的感情，所以部落人更加自然，更富于激情的起伏。听觉－触觉的部落人参与集体无意识，生活在魔幻的、不可分割的世界之中。这是由神话、仪式模式化了的世界，其价值是神圣的、没有受到任何挑战的。与此相反，文字人或视觉人创造的一个环境是强烈分割的、个人主义的、显豁的、逻辑的、专门化的，疏离的。"

拼音文字使感官分割："只有拼音文字才使眼睛和耳朵分割，语义与字码分割。因此，只有拼音文字才有力量使人从部落领域转入'文明'领域，才能使人用眼睛代替耳朵。"

拼音文字加速了从部落人到"文明"人疏离的过程。他说："在部落社会中，由于非常实际的原因，触觉、味觉、听觉和嗅觉都非常发达，比严格意义上的视觉要发达得多。突然，拼音文字像炸弹一样降落到部落社会中，把视觉放到感官系统最高的等级。文字把人推出部落社会，让他用眼睛代替耳朵，用线性的视觉价值和分割意识取代整体、深刻、公共的互动。拼音文字是视觉功能的强化和放大，它削弱听觉、触觉、味觉和嗅觉，渗透到部落人非连续的文化中，把他的有机和谐、复杂通感转换成一致、连续和视觉的感知方式。直到今天，我们仍然把这种感知方式当作'理性'生活的标准。整合的人变成了分割的人。拼音字母粉碎了令人着迷的圈子和部落世界共鸣的魔力。它好像使人发生爆炸，变成专门化的、心灵贫乏的'个体'或单位，在一个线性时间和欧几里得空间的世界里运转的单位。"

他说拼音文字把部落人变为视觉人："拼音文字把复杂的部落文化转换成简单的视觉形式，使部落文化的丰富多样性中性化。请注意，让我们疏离的只有视觉。其他的感官使我们卷入，但是拼音文字培育的疏离却使人脱离卷入，使人非部落化。人脱离部落之后，其首要特征是成为视觉人。"

拼音文字祸福相倚："有许多证据显示，人们为专门的技术和价值的新环境付出的代价也许是太高了。精神分裂和异化也许就是拼音文化的必然后果。"

五、谷登堡人的分裂

印刷术把西方人撕得粉碎。谷登堡人是分裂的人。如果说，拼音文字是精神分裂和异化的重要诱因，那么机器印刷使这个倾向大大加重。它使文人孤栖书房，使人追求隐私而脱离社会。它培养了雄心勃勃的个体，使个人主义变本加厉。他说："印刷术是人的急剧的延伸。"

他认为印刷术直接产生了"宗教改革、装配线及其后代、工业革命、整个因果关系的观念、笛卡儿和牛顿的宇宙观、艺术中的透视、文学中的叙事排列、心理学中的内省或内部指向。这一切都大大地强化了个人主义和专门化的倾向，这两种倾向是两千多年前的拼音文字产生的。于是，思想和行动的分裂变成了体制。于是，分割的人——首先被拼音文字分割——最后被印刷术剁成了字钉一样的东西。从那时起，西方人就成了谷登堡人。"

总之，印刷术的产物包括西方文化的一切方面：这似乎把印刷术吹得神乎其神。但是，如果静下心来听听他的说明，他的想法其实是非常有趣、颇有道理的。麦克卢汉认为，印刷术产生了强烈的民族主义、引起了工业革命、导致了市场经济、强化了个人主义，此番言论揭示了他出人意表的洞见。

六、电子媒介是中枢神经系统的延伸

根据麦克卢汉的思想，三次媒介革命是人的三次延伸。拼音文字是从听觉空间向视觉空间的延伸，电子技术是从肢体延伸走向大脑的延伸。他的宏论处处闪光、字字珠玑：

"在机械化时代，我们实现了自身的空间延伸。如今，在经历了一个多世纪的电子技术的发展之后，我们已在全球范围内使中枢神经系统得到延伸，在全球球范围内消除了时空差别。目前我们正在快速地接近人的延伸的最后阶段——意识的技术模拟阶段。在这个阶段，知识的创造性过程将被集体地、共同地延伸至整个人类社会，如同我们已通过各种媒介使感官和神经系统延伸一样。"

"今天的电子媒介终于使我们从催眠术中苏醒过来。谷登堡星汉被马可尼星座遮蔽了光辉。"

"电力媒介使我们的整个中枢神经系统提高和外化……电报的嘀嗒声敲响了印刷时代的讣告。西方拼音文字价值观的丧钟敲响了。电话、广播、电影、电视和电脑的发展进一步给它的棺材敲上了钉子。电视用最终埋葬拼音文字的讯息塑造人的感知系统。"

"由于电脑的问世，意识的延伸已经开始。我们对超感官知觉和神秘意识的痴迷，就已经预示了意识的延伸。"

"电脑问世之后，意识本身要延伸的可能性大大增加了。如果要完成意识的延伸，依靠现存的理性观念是办不到的。"

"我们已经延伸了中枢神经系统，使之转换成了电磁技术，把意识迁移到电脑世界了。"

"假如'大脑移植'的时代就在前方，也许就可以给每一代新人提供'大脑的复制品'，直接对那个时代的思想精英的大脑进行活体复制。人们不再买莎士比亚或伊拉斯谟的著作，很可能会用脑电图扫描的办法，把莎士比亚和伊拉斯谟的感知和博学植入自己的大脑。于是，书籍就可以绕开了。"

七、地球村里的新"部落人"

麦克卢汉创造一批令人惊叹、永载史册的新词，"地球村"就是其中之一。他认为，电子媒介使人类结为一体，人类要"重新部落化"，电子时代就是新"部落人"的时代。他说："电力媒介造成的重新部落化，正在使这颗行星变成一个环球村落。"

他所谓的"地球村"是一个比今天的西方社会更加美好的社会："地球村是一个丰富的、富有创造性的混合体。这里实际上有更多的余地，让人们发挥富有创造力的多样性。在这一点上，地球村比西方人同质化的、大规模的都市社会要略胜一筹。"

这是一个多元化的社会，而不是一个大一统的社会。他说："电子信息运动的瞬时性质不是放大人类大家庭，而是非集中化，使之进入多样性部落生存的新型状态之中。"

他相当详尽地描绘了这个新奇的世界："这将是一个完全重新部落化的深度卷入的世界。通过广播、电视和电脑，我们正在进入一个环球舞台，当今世界是一场正在演出的戏剧。我们整个的文化栖息场，过去仅仅被认为是一个容器，如今它正在被这些媒介和空间卫星转换成一个活生生的有机体。它自身又包容在一个全新的宏观宇宙之中，或曰一场超地球的婚姻之中。个体的、隐私的、分割知识的、应用知识的、'观点的'、专门化目标的时代，已经被一个马赛克世界的全局意识所取代。在这个世界里，空间和时间的差异在电视、喷气式飞机和电脑的作用下已经不复存在。这是一个同步的、'瞬息传播'的世界。此间的一切东西都像电力场中的东西一样互相共鸣在这个世界中。"

他用神来之笔反问到："为什么不可以把世界意识联入一台世界电脑呢？凭借电脑，从逻辑上说，我们可以……求得一种与柏格森预见的集体无意识相似的、不可分割的宇宙无意识……这种状况可以把人类大家庭结为一体，开创永恒的和谐与和平。"

他惯用简约幽默的故事，说明复杂而抽象的构想。他的"地球村"和"新部落"其实是这样的简单："一个二年级小学生做出的反应就是这样。第一颗人造地球卫星送入轨道时，老师叫她写一首儿歌。她是这样写的：'星星这么大 / 地球这么小 / 待在原地吧 / 别跟它飞走。'她是这个新型部落社会的一员，生活在一个复杂无比的世界之中，广袤、永恒。"

多伦多传播学派的双星：伊尼斯与麦克卢汉^①

　　麦克卢汉是西方传播学巨匠，电子时代的"圣人""先知"和"先驱"，20世纪的思想巨人。世人把他的思想称为"媒介决定论"。但是，首先扛起这面帅旗的，是伊尼斯。麦克卢汉以其媒介"延伸论""迅息论"和"冷热论"著称。伊尼斯以其"偏向论"和"帝国论"闻名。本文介绍两位巨人的贡献，比较两人治学方法的异同。

　　20世纪下半叶，多伦多大学升起两颗学术明星：麦克卢汉和伊尼斯。他们背景殊异，情趣相同，共同建立了传播学的一个学派：媒介决定论学派。

　　麦克卢汉传世的传播学著作，包括独著与合著的，共十来部。影响最大的当数《理解媒介》《机器新娘》《谷登堡星汉》。伊尼斯给世人留下了两部经典：《帝国与传播》《传播的偏向》。

　　这两位奇才本来并不搞传播学。伊尼斯教政治经济学，任多伦多大学研究生院院长。早期专攻加拿大经济史，20世纪40年代后期转攻传播史。麦克卢汉教英美文学，任多伦多大学圣迈克学院文学教授，40年代后期开

---

① 本文原载《深圳大学学报（人文社会科学版）》，2002年第5期。有删节。

108

转向，研究大众文化。

与伊尼斯同时代但略晚的麦克卢汉，继承并发扬光大了这个学派，成为 20 世纪最具原创性，又最富有争议的媒介理论家。加拿大人文社会科学这一对双星，继续照耀着 21 世纪的媒介研究和传播研究。

关于伊尼斯和麦克卢汉的先驱和继承关系，2000 年《澳大利亚国际传媒》春季特刊号"重温麦克卢汉"，做了简洁明快的论述。现摘录其中的一段，予以说明：

"要认识麦克卢汉，有一个问题至关重要，那就是要了解走在他前面的伊尼斯。伊尼斯确定了媒介的属性：媒介在时间和空间上对社会组织产生决定性的影响。他的研究给麦克卢汉提供了灵感。"

一、何谓媒介、传播、偏向与帝国?

近年来，中国读者对麦克卢汉有所耳闻，对伊尼斯却比较陌生。我们就先说一说伊尼斯吧。

伊尼斯《帝国与传播》和《传播的偏向》问世，已经五十余年，至今仍奉为圭臬。作者伊尼斯去世已经整整五十年，但是迄今为人称颂。奥妙何在呢？因为他开启了一个新的传播学派，即"媒介决定论"，他就是这个学派的开山祖师。

麦克卢汉认为，伊尼斯是芝加哥学派最杰出的代表。他在芝加哥大学师从西方社会学巨匠帕克，青出于蓝而胜于蓝。麦克卢汉说："芝加哥学派研究的是地方性社区。在挑选大型主题上，伊尼斯属于欧洲学派，而不是美国学派。实际上，伊尼斯发挥这些思想时比帕克还要走得远。他应该是以帕克为首的芝加哥学派的最杰出的代表。"

麦克卢汉推崇伊尼斯，他说："我乐意把自己的《谷登堡星汉》看成是伊尼斯观点的注脚。"

《帝国与传播》和《传播的偏向》，纵横数千年、驰骋数万里。在文明研究和传播研究中，这两本书构成最佳的互补参照。麦克卢汉推崇这两本书，欣然为之作序。

在这两篇序中，麦克卢汉谦称自己是伊尼斯的"注脚"，肯定他的历史地位，推崇他的研究路子，指出他的研究特征：构拟"宏大模式"，从内部深挖"历史运行机制"，推出"总体场论"等。我们从中撷取几句，看看他为什么钦佩伊尼斯。

伊尼斯研究历史的宏大模式。他要"把历史当作一台戏，整个世界就是剧组……他揭示帝国要务的宏大模式。"他又说，"我不打算专注于不列颠帝国某些时期或地区的微观研究，虽然这样的微观研究，对了解其历史，具有意义重大。我也不会把兴趣局限在不列颠帝国，把它作为特有的现象……相反，我要集中研究西方历史上的其他帝国，同时与东方帝国参照，以期抽离出可资比较的重要因素。"

他创造的方法论叫"总体场论"。麦克卢汉说："伊尼斯正在推出一个'因'果关系的总体场论（total field-theory），"又说其研究方法是"界面"的方法："伊尼斯对历史进程的认识，并没有成为其他历史学家的共识。他特立独行，首先运用模式识别的方法，去研究我们这个信息超载的、电路连接的行星。""他的研究方法为之一变，他从'观点'出发的方法转到'界面'的方法，以生成洞见。"这是一种从叙述转向阐释的研究方法。

他称伊尼斯是"最好的老师"，说伊尼斯的"每一句话都是一篇浓缩的专论。他的每一页书都包含了一个小小的藏书室，常常还有一个参考文献库。如果说，老师的职责是节省学生的时间，那么伊尼斯就是记录在案的最好的老师。"

《帝国与传播》和《传播的偏向》都是"小"书，各 18 万字。前者是一部讲稿，共 6 章，成书出版时，加上一篇绪论。后者是论文集，共 8 篇。作者以如椽之笔，四两拨千斤，轻松驾驭非常宏大的主题，至今为人称颂。

伊尼斯在多伦多大学教"帝国经济史"，经济史是他的老本行，可是经济史拘束不了他的聪明才智。在《帝国与传播》里，他说过这样一句话："我这些讲稿有一个总的题目，叫《帝国与传播》，说的是帝国经济史。从这个题目一望而知，在我们的文明中，我们不仅关怀各种文明，而且还关怀各种帝国。"不过，只需略微翻检一下，就可以看出，《帝国与传播》实在是"挂羊头卖狗肉"，并没有认真讲经济史。他从经济史到传播学的转向，很值得庆幸。如果他囿于经济史，顶多成为一个二流的专家。这一次的"背叛"，成就了一位传播学大家，可喜可贺。

伊尼斯这两本书，有三个关键词：传播、偏向、帝国。这三个"小"词，看似简单，其实不简单，且颇费思量。他不做界定，就不简单，且很值得玩味。就说"传播"吧，他研究的传播，是媒介的发轫、流布、变异、互动、特质、偏向。至于"偏向"，那是传播媒介的时间偏向和空间偏向。可是这两个"偏向"就难以琢磨。至于"帝国"，那既是常人心目中的帝国，又不是常规意义上的帝国。我们要多费一点笔墨。

先说定义吧。可惜他本人不下定义，我们只能从他的文字中加以演绎。

他所谓传播，既是宏观意义上的文明演进，又是微观意义上的信息传播。

他所谓偏向，就是传播媒介特质的时间偏向和空间偏向。

他笔下的帝国，有两个意思，一是作为政体的大型国家，二是泛指大型的政治组织。本书提到的"帝国"共三十余个。从时间跨度来看，有五六千年，从空间上来看，分布在欧亚非三大洲，从规模上来看，既有跨几大洲的庞然大物，也有袖珍的小国。既有读者可能比较熟悉的远古的帝国，如埃及、苏美尔、阿卡德、亚述、巴比伦、赫梯、叙利亚、安息、萨珊、波斯、希克索斯，也有大家比较熟悉的、非常规意义上的帝国，比如米诺斯、迈锡尼、雅典、斯巴达，亦有世人意见一致的庞大帝国，比如中华帝国、不列颠帝国、法兰西帝国、马其顿帝国、希腊化帝国、罗马帝国、拜占庭帝国、德意志帝国、神圣罗马帝国、阿拉伯帝国、沙俄帝国。此外，还有不太为人熟知的庞大帝国，比如塞尔柱突厥汗国、查理曼帝国、奥斯曼帝国。

再说"帝国"的分类。伊尼斯把他所谓的帝国分为两大类：政治帝国和宗教帝国。政治性帝国倚重空间的控制，大肆扩张，攻城略地。宗教性帝国倚重时间的传承，比较能够经受改朝换代的折腾和帝王更替的沧桑。

接着说他心目中"理想"的帝国。他认为，一个帝国成功的关键，是要解决时间问题和空间问题。他理想的帝国，是希腊帝国，希腊比较好地解决了这两个方面的问题。他说："我偏向于口头传统，尤其是希腊文明中反映出来的口头传统。我认为有必要重新把握其神韵……我们就应该弄懂，希腊文明有什么贡献。"

为什么这个理想的帝国会衰落呢？他说：

"文字开始摧毁希腊生活的纽带。公元前470年，雅典还没有一个读者群。然而到了公元前430年，希罗多德却发现，把他吟诵的历史写成书，反而更加方便了。"

"希腊人最终使自己的文字传统上升，压倒口头传统，把自己的贵族政治转变成了摊子很大的东方官僚体制。"

"文字的广泛传播加深了城邦之间的鸿沟，促进了希腊文明的瓦解。"

接下来该说一说"媒介"。

什么叫媒介？如今这似乎是不成问题的怪问题。可是五十年前，这可是一个颇有争议的问题。那时的媒介仅仅是一个生物学术语，把它用来指"传播媒介"的是麦克卢汉。

直到今天，依然有人不太习惯他这个概念。按照一般人的习惯，他给媒介所下的定义实在是太宽泛了。他说："媒介是人的延伸。"就是说，他所谓的媒介绝不是一般人心目中的四大媒体：报纸、电影、广播、电视。他说的媒介包括一切人工制造物，一切技术和文化产品，甚至包括大脑和意识的延伸。从这个宽泛的媒介观派生出了以下一些思想：

1. 媒介分为两大类：肢体的延伸和大脑的延伸。电子媒介是大脑的延伸，其余的一切媒介是肢体的延伸。

2. 人类历史（或者更确切地说是西方历史）上最重要的媒介有四种：口语、拼音文字、机器印刷和电子媒介。

3. 人类历史上爆发了三次伟大的媒介革命。拼音文字的发明是口语向线性的视觉偏向的西方文化的飞跃；机器印刷是拼音文化向近代机械文化和科学文化的飞跃；电子媒介是机械文明向电子文明的飞跃。

4. 人类社会经历了三个发展阶段：部落化、非部落化和重新部落化。

5. 媒介对人类社会和人的心理产生巨大的影响。他认为，媒介对人和人类进程的作用很大，可是这种也许看不见、摸不着，因为媒介使人自恋和麻木。所以他要向世人大喝一声：该清醒啦！

二、理论贡献

伊尼斯的理论贡献，主要有以下几点。

1. 马克思主义历史观

他指出西方文明的危机和局限性。"我的许多东西都带有马克思主义的味道。不过，我努力尝试的，是用马克思主义的解说来解释马克思。我并没有系统而严密地把马克思主义的结论推向极端，也没有苦心孤诣地把它推向极端，以显示它的局限性。"

2. 以媒介做文明分期

汤因比的文明划分标准，主要是历史、地缘和宗教。麦克卢汉的划分标准，虽然也是媒介，但是比较粗。伊尼斯的分期却比较细，一共分成九个时期：①埃及文明（莎草纸和圣书文字）；②希腊－罗马文明（拼音字母）；③中世纪时期（羊皮纸和抄本）；④中国纸笔时期；⑤印刷术初期；

⑥启蒙时期（报纸的诞生）；⑦机器印刷时期（印刷机、铸字机、铅版、机制纸等）；⑧电影时期；⑨广播时期。

这样的分期似乎烦琐，请读者不要望而却步，因为伊尼斯有一个简化的版本："为求方便，我们可以把西方历史分为文字和印刷两个时期。"

3. "媒介决定论"

伊尼斯认为，媒介对社会形态、社会心理都产生深重的影响。在这一点上，他和麦克卢汉异曲同工。所以他断言："一种新媒介的长处，将导致一种新文明的产生。"

4. 传播偏向论

伊尼斯认为，媒介对社会形态、社会心理都产生深重的影响。在这一点上，他和麦克卢汉所见略同。所以他说，一种新媒介的长处将导致一种新文明的产生。

他认为，传播和媒介都有偏向，大体上分为：口头传播的偏向与书面传播的偏向，时间的偏向与空间的偏向。下面这段话，痛快淋漓地阐明伊尼斯"传播偏向论"的意旨、要害，说明媒介的性质和偏向，并且说明为何有这些偏向。他说："倚重时间的媒介，其性质耐久，羊皮纸、黏土和石头即为其例……倚重空间的媒介，耐久性比较逊色，质地比较轻。后者适合广袤地区的治理和贸易……倚重空间的材料，有利于集中化……我们考虑大规模的政治组织，比如帝国时，必须立足在空间和时间两个方面。我们要克服媒介的偏向，既不过分倚重时间，也不过分倚重空间。"

他进一步强调媒介偏向、时间偏向和空间偏向的关系，指出媒介与国家官僚体制的关系，媒介与宗教的关系。他说："一个成功的帝国必须充分认识到空间问题，空间问题既是军事问题，也是政治问题；它还要认识到时间问题，时间问题既是朝代问题和人生寿限问题，也是宗教问题。"又说："国家的官僚体制倚重空间，忽略时间。相反，宗教却倚重时间，忽略空间。"

他把媒介分为两大类。为了便于读者理解媒介的性质，便于比较，现将他的思想做一番钩沉，两两相对，列表如下，以明其要。

表 6 倚重时间与倚重空间的媒介比较

倚重时间的媒介	倚重空间的媒介
笨重	轻便
耐久	难以保存
非集中化	集中化
有利于宗教的传承	有利于帝国的扩张
倚重视觉	倚重听觉
倚重口头传统	倚重书面传统
石刻象形文字	原始拼音文字
泥版楔形文字	原始拼音文字
汉字	机器印刷的拼音文字
羊皮纸	莎草纸
书籍	电报、广播

我们的对比清单只能罗列到这里。伊尼斯于 1952 年去世，未能目睹后现代传媒和数字时代传媒。

再让我们举几条引语，给上面的列表加上一点血肉，以明其详。

首先看看他对媒介性质、特征的论述。"传播媒介的性质往往在文明中产生一种偏向，这种偏向或者有利于时间观念，或者有利于空间观念。""根据传播媒介的特征，某种媒介可能更加适合知识在时间上的纵向传播，而不适合知识在空间中的横向传播，尤其是该媒介笨重而耐久，不适合运输的时候；它也可能更加适合知识在空间中的横向传播，而不适合知识在时间上的纵向传播，尤其是该媒介轻巧而便于运输的时候。所谓媒介或倚重时间或倚重空间，其含义是：对于它所在的文化，它的重要性有这样或那样的偏向。"

口耳传播和文字传播都有局限。麦克卢汉告诉我们，伊尼斯"列举了历史上的许多例子，说明开头和耳朵的传播受到时间的束缚，眼睛和耳朵的传播受到空间的束缚。"

他推崇口头传统，尤其是希腊的口头传统，对希腊文明做了极高的评价，认为它是西方文化的基础。

"希腊文明丰富的口头传统成就卓著，它成为西方文化的基础。希腊文化的力量能够唤醒各个民族潜在的特殊力量。凡是借用了希腊文化的民族，都可以开发出自己特别的文化形态。各家对此已做过描写，并且以罗马为证。沉睡的国力释放出来，通过对本土文化成分和希腊文化成分的诠释，构成了一个新的文化。"

像麦克卢汉一样，他认为"西方文明从拼音文字开始到广播媒介为止，走了一段弯路。这段弯路就是专门化，就是"太过"。他推崇希腊文明的"不过"："'万事不过'（Nothing over-much）是希腊人的至理箴言，其暗示意义是不信赖专门化的技艺，在一切文化生活领域都是如此。到公元前 5 世纪末后半叶，由于文字和个人主义的发展，希腊文化被毁了。"

我们再看看伊尼斯对一些媒介的论述。

"黏土这种媒介本身就要求从象形文字简化为的楔形文字。图画和文字之间的鸿沟因此而填平。"

"从倚重石头转向倚重莎草纸，政治制度和宗教制度也发生变化。"

"广播电台给西方文明史引进了一个新阶段，它倚重的是集中化，它需要关注的是连续性。"

"喇叭和广播的使用促成了希特勒的上台。……在利用民族主义方面，口语提供了一个新的基础，它可以诉诸更多的人，是一个更加有效的工具。文盲状况不再是严重的障碍。"

"纸引起了极端重要的……一场革命，没有纸，就不会有这么多的人去从事写作的艺术，印刷术对人类的贡献也将大大逊色……纸使我们能够用一种普世的物质去代替昔日传递思想的昂贵材料，它促进了人类思想成果的传播。"

"纸这个媒介把希腊科学、阿拉伯数字和更有效率的计算方法传到欧洲。"

"纸的引进和文字的普及，加速了本土语言的成长和拉丁文的衰落。"

他将一把解读技术的钥匙交给我们。凭借这把钥匙，媒介的心理影响和社会影响，就容易读懂了。此外，他给我们留下了一场挑战：媒介评估和文明的评估。他说：

"一种基本媒介对其所在文明有何意义，这是难以评估的，因为评估的手段本身受到媒介的影响……一种文明理解另一种文明并不容易……评估的困难显而易见，考虑时间因素时，尤其是如此。""是否有能力开发一套行政体制，使之能够制衡传播的偏向，并评估空间和时间的意义，仍然是一个帝国（体制）的问题，也是西方世界面对的问题。"

现在我们看看麦克卢汉的理论贡献。麦克卢汉的大多数思想，早已深入人心、家喻户晓、不可动摇。三十年来电子技术和信息产业的飞跃发展，使他的思想不证自明。摘要概括如下：

1. 地球村。这个词语已成为几十亿人的口碑——虽然绝大多数人对其深刻内涵不甚了了。电子信息瞬息万里，使全球生活同步化；全球经济趋同、整合、游戏规则走向同一；网络生活同一，世界结为一体；时空差别不复存在，昔日遥不可及的海角天涯刹那可达。谁不说这就是弹丸之地？

2. 媒介。根据他隐而不显的媒介观念，我们可以推导出一个最为宽泛、无所不包的定义：媒介是人的一切外化、延伸、产出，一句话，媒介是人的一切文化。由于他研究的媒介涉及人类生活的一切领域和一切层面——衣食住行、机械电力、语言文字、娱乐游戏、科学技术、艺术世界，所以，《理解媒介》对人文科学和社会科学各个领域各个层面的读者都不乏教益和启示价值。

3. 媒介即讯息。20世纪90年代之前，人们对此也许半信半疑。一般人认为媒介仅仅是形式，仅仅是信息、知识、内容的载体，它是空洞的、消极的、静态的。可是他认为媒介对信息、知识、内容有强烈的反作用，它是积极的、能动的、对讯息有重大的影响，它决定着信息的清晰度和结构方式。有人不以为然，认为媒介仅仅承载内容的形式和外壳。习惯的思维定式堵塞了洞悉的目光、创新的思路，人们对媒介形式的革命力量视而不见、听而不闻。其实，四大发明作为媒介——所谓媒介的形式本身——就曾经改变了世界，改写了人类历史。这难道不是几百年的铁证吗？麦克卢汉之后兴起的新兴媒介VCD、DVD、互联网不是已经并正在继续改变世界，改变人的思维方式、生活习惯吗？新兴高科技不是正在以加速度改变世界和人类自身吗？

4. 电子媒介。麦克卢汉奇异的思想之一，是从一个奇特的角度将人的延伸（即媒介）一分为二：电子媒介是中枢神经系统的延伸，其余一切媒介（尤其是机械媒介）是人体个别器官的延伸，印刷媒介是视觉的延伸。中枢神经系统把人整合成一个统一的有机体，电子媒介亦然。其他的媒介则延伸人的一部分感官，使人的感官失去平衡，使人支离破碎、单向发展。电子时代的人再不是分割肢解、残缺不全的人。人类大家庭再不是分割肢解、残缺不全的大家庭。电子时代的人类再不能过小国寡民的生活，而必须密切交往。与此相反，机械媒介（尤其是线性结构的印刷品）使人专精一门、偏重视觉，使人用分析切割的方法去认识世界，所以在过去的机械时代里，人是被分割肢解、残缺不全的畸形人。

5. "冷媒介和热媒介"。低清晰度的媒介（如手稿、漫画、电话、电视、口语）叫"冷"媒介。因为它们的清晰度低，所以它们要求人深刻参与、深度卷入。因为它们的清晰度低，所以它们为受众填补其中缺失的、模糊的信息提供了机会，留下了广阔的用武之地，调动了人们再创造的能动性。

反之，高清晰度的媒介叫"热"媒介，拼音文字、印刷品、广播、电影等就是这样的热媒介。由于它们给受众提供了充分而清晰的信息，所以受众被剥夺了深刻参与的机会，被剥夺了再创造的用武之地。要言之，冷媒介邀请人深度参与，因此它"兼收并蓄"；热媒介剥夺人深度参与的机会，因此它"排斥异己"。

6. 西方文化的局限性。"理性的"西方文化是机械的、分割肢解的、线性的、分析的、偏重文字、视觉的、左脑的、抽象的文化。他欢呼电子文化的来临，因为它使西方人能够从传统文化中解放出来，重新整合成为完全的"部落人"。他认为，只偏重视觉的、机械的、专门化的谷登堡时代一去不复返，只注重逻辑思维、线性思维的人再也行不通，电子时代的人应该是感知整合的人、整体思维的人、整体把握世界的人。要言之，电子时代的人是"信息采集人"。

7. 部落化——非部落化——重新部落化。这是一个著名的公式，他从媒介演化历史的角度去概括人类的历史，为解读历史提供了一个崭新的视角。他认为，人类历史上一共有三种基本的技术革新。其一是拼音文字的发明，他打破了部落人眼耳口鼻舌身的平衡，突出了眼睛的视觉。其二是16世纪机械印刷的推广，这就进一步加快了感官失衡的进程。其三是1844年发明的电报，他预告了电子革命的来临。电子革命将要恢复人的感官平衡态，使人重新部落化。

三、多伦多的双星

20世纪50年代初，伊尼斯和麦克卢汉在多伦多大学共事。伊尼斯教经济史，任研究生院院长。麦克卢汉教英语文学，是安大略省少数的文学批评家之一。可是，这两个教书匠不甘作茧自缚，守自己那一摊，也不抱门户之见，抵制另类之异见。二人都成为跨学科的奇才。

麦克卢汉 1946 年来到多伦多大学，二人共事和交友的时间不过 5 年。可是学者的惺惺相惜使他结下了深厚的友谊。伊尼斯的两部传播学经典，都由麦克卢汉作序。在《传播的偏向》的序文里，麦克卢汉谦恭地称自己是伊尼斯的"注脚"。惺惺相惜的纽带，是共同的情趣和追求。可是这两人的研究方法和文风，是多么不同啊！现将两人异同之处作一番梳理，列表如下。

表 7　伊尼斯与麦克卢汉研究方法异同

异同	伊尼斯	麦克卢汉
同	媒介的社会影响和心理影响	
	媒介史	
	宏大主题	
异	注解不胜其烦	几乎无一注解
	语言平实严谨	语不惊人死不休
	谨守严谨学理	勇于大胆创新

二人的情趣交相辉映，辉耀"媒介决定论"的旗帜。他们都善于驾驭宏大的主题，纵横数万里（甚至是超出数万里！），上下几千年，把人类文明史和媒介史概括成几个简明的模式。二人的行文风格相反相成，暗合他们不同的学科背景。二人的研究方法，迥然不同。

伊尼斯是经济史家，善于考证，喜欢考证。注释不胜其烦、不厌其详。仅以《理解媒介》为例，区区 18 万字，注释之篇幅，竟然超过全书篇幅的 1/5！全书注释竟然达到 554 条。有趣的是，该书 1950 年问世时，注释只有 277 条。然而，从该书 1950 年问世到作者去世的一年之间，他居然加上了 257 条旁注！这些眉批旁注经过他夫人的整理，在后来的版本中，才得以和读者见面。

与此相反，麦克卢汉是文学家，善于修辞不求严谨，且不作一注。读

120

者读他，更加叫苦不迭。

关于研究方法，二人也表现出强烈的反差。麦克卢汉认为，伊尼斯对历史叙述和比较。在这一点上，他和汤因比一致。可是他不止于此，他更加进一步对历史和历史模式做出解释。这把解释的钥匙就是媒介的偏向、传播的偏向、时间的偏向、空间的偏向、政治组织的偏向和宗教组织的偏向。然而麦克卢汉只探索，不解释，并且把自己的研究方法比喻为开锁匠的方法，只等水到渠成，只等读者去做结论。要言之，伊尼斯的研究方法是比较传统的考据之学，麦克卢汉的研究方法是天马行空、无拘无束。这种反常的研究方法，可以概括为：探索而不做结论，并置而不做分析，铺陈而不做归纳，发现而不做判断，定性而不做定量，形而上而不做实证。

二人的语言风格也构成对立的两极。伊尼斯的叙述和阐释，没有任何文学语言。麦克卢汉却偏爱格言警语，不求明白如话；只用"艺术"语言，不求科学严密；滥用警语、格言、典故、暗喻，还喜欢用一些莫名其妙的"麦克卢汉式"的语言。

麦克卢汉的大胆创新，使他成为 20 世纪最负盛名且最富争议的媒介理论家。他扛起了"媒介决定论"的帅旗。可是这一面帅旗的旗墩却是由伊尼斯夯实的。没有旗墩或旗手，这面帅旗都不能飘扬。

今天，使这面帅旗高高飘扬的，是一批杰出的学者。其中成就最著者，当数美国人莱文森。他以《数字麦克卢汉》成名，又被誉为"数字时代的麦克卢汉"。

天书能读：麦克卢汉的现代诠释 [1]

　　本文从五个部分全面、立体、多侧面、多层次剖析麦克卢汉的思想、人格和遗产，力求对他有一个超越前人的比较公允的评价和把握。旨在说明，只要多读，这本"天书"定能读懂；过去读不懂他，那是受时代的局限，或受我们个人知识结构的局限。数字时代来临之后，他的书翻译过来之后，他就比较容易读了。

　　几年之前，许多中国学者对麦克卢汉还持比较否定的立场，简单地把他斥之为"媒介决定论"。迄今为止，学界多半仅知其"老三论"。一般的读者对他更说不上了解，只知道"地球村"是他的发明。偶尔读到他的书的人，抱怨他是读不懂的"天书"。那么，怎么样才能够读懂他呢？

　　这篇文章，仅用我近年研究麦克卢汉的心得，抽象、演绎、概括而成。

　　经我之手，译介到国内的麦克卢汉著作和传记，已经有四种。我写的文章，已经刊发五篇。

　　有了五篇文章之后，为什么还要写这第六篇呢？简单地说，这本"天

---

① 本文原载《四川外语学院学报》，2003 年第 1 期。有删改。

书"确实难，还需要我们去破译。麦克卢汉是开掘不完的金矿，只要愿挖，必有收获。而且，国际的麦克卢汉学蔚然成风，而我们的研究只能说是刚刚起步。虽然已经有了将近二十篇文章散见于各个学报，但是总体上、多侧面、多层次研究他的文章，似乎不多。本文就在这方面做一点尝试。

这篇文章的合理性，大约有以下几点：

1. 麦克卢汉是 20 世纪传播学大师，对他的研究不嫌其多，只怕其少。

2. 麦克卢汉是一本天书。他的著作打破一般的学术规范和散文规范，许多读者望而却步。必须要对他的文风做出说明。

3. 麦克卢汉思想和人格，矛盾重重，要揭开这个斯芬克司之谜，还要对他做全面、多面、立体的观照。

本文拟用比较长的篇幅，剖析他的奇思怪想。一共分五个部分：毁誉参半、两次热潮、奇才怪杰、分裂人格和思想遗产。

一、毁誉参半

1964 年，一本奇书横空出世，在西方世界引起一场大地震。书名叫《理解媒介》，它的作者却是名不见经传的英美文学的教书匠。可是，就是这样一位"小人物"，突然成为风靡全球的媒介理论家。他的名字叫马歇尔·麦克卢汉。他是保守的天主教徒，在多伦多大学执教。

当时，麦克卢汉在人们心目中的形象，真可谓别若天壤。可以说，他是 20 世纪最富有争议的思想家之一。褒之者宣告他是"继牛顿、达尔文、弗洛伊德、爱因斯坦和巴甫洛夫之后的最重要的思想家"，是"电子时代的代言人，革命思想的先知"。1964 年 12 月 28 日的《国家》杂志，把麦克卢汉列为风云人物；1965 年的《读者指南》列出四篇有关他的文章，分别刊载于《评论》《纽约人》和《哈泼斯》月刊。一时间，麦克卢汉"热"风靡美国，他的著作也成为畅销书。1966—1967 年，这"热"潮达到顶峰，美国最著名的几十种报刊如《幸福》《新闻周刊》《生活》《老爷》《全国评论》《党派评论》《纽约人》《新墨西哥季刊》《周末评论》《花花公子》等，都刊登了有关麦克卢汉的文章。他还不时应邀在电视上演讲，真可谓出尽了风头。

然而，宣传机器并不等于学术体制。在五十年前的学术界，麦克卢汉像是一个"幽灵"，一个独战风车的堂吉诃德。他独自孵化出了一种全新的思想：媒介的社会影响和心理影响。他潜心研究传播、电脑和刚刚露头的技术文化。他成为新技术媒介的教师爷，又是技术革命的传教士。

学者最忌讳的是"明星"形象，他为此付出了沉重的代价。贬之者给他取了许多诨名："通俗文化的江湖术士""电视机上的教师爷""攻击理性的暴君""走火入魔的形而上巫师""波普思想的高级祭司，在历史决定论的祭坛前为半拉子艺术家做黑弥撒的教士"。攻击他"出尽风头，自我陶醉，赶时髦，追风潮，迎合新潮。可是他错了"。宣判他的文字"刻意反逻辑、巡回论证、同义反复、绝对、滥用格言、荒谬绝伦"。

当时学界对他的诟病，以 20 世纪 60 年代《存在主义杂志》的一篇文章为代表。里面有一段非常辛辣的讥讽："一位加拿大小地方名不见经传的英语教授，居然玩弄了这样一场大骗局。一切迹象表明，这将成为一场国际性的思想丑闻。"这一段话，说出了大学校园和文化杂志里大批人的心里话，他们要诋毁麦克卢汉的声誉。这种批评的要害，可以归结为三点：①他的文风令人悲叹；②有的时候，他强不知以为知，涉足其他学科，不依据事实，而依据"探索"；③和左派知识分子、"后现代"知识分子相反，他对 60 年代的社会不公和动荡漠然置之。

当时的社会史家，仅仅把他当作 20 世纪 60 年代的过眼烟云，反叛青年的教师爷而已。许多严肃的学者和知识分子甚至于把他一笔勾销，说他卖狗皮膏药，思想怪诞，胡说八道。不过历史证明，和那些自称教师爷的人相比，他才是真正的英雄，他的智慧放射出永久的光辉。

他是真正的思想大师，令一代又一代的后人不得不用他指出的方式去感知世界。到了 21 世纪，人们突然发现，他的许多"预言"，比如"地球村""意识延伸"已然成为事实。他的确是 20 世纪"鬼聪明"的怪杰之一。

二、两次热潮

世界范围的麦克卢汉热，一共有两次。第一次是 20 世纪 60 年代，时间不长。目前的麦克卢汉热，开始于 90 年代中后期。麦克卢汉多年的沉寂，终于被互联网打破。这是理性的回归，也是历史的必然。历史是公正的，在学术殿堂里给他留下了神圣的一席。学界是清醒的，纠正了过去对他的误读。

20 世纪 60 年代，尽管有这么多人批评他，北美庞大的宣传机器还是开足马力为他效力，使他不但红遍整个美洲大陆，而且闻名全球。他太有名了。欧洲语言里居然出现了几个以他命名的词汇：McLuhanism（麦克卢汉主义），McLuhanist（麦克卢汉主义者）。居然出现所谓的"麦克卢汉学"。60 年代以来，出现了各种牌号的麦克卢汉主义。然而他绝对不与诸如此类的主义为伍。他的思想复杂而深刻。相反，所谓的麦克卢汉主义却是简单而浅薄的。

但是，批判他的"高论"，在扑面而来的网络时代中，很快就不攻自破了。于是就掀起了第二次麦克卢汉热。近四十年的历史证明，麦克卢汉不愧是西方传播学巨匠，信息社会、电子世界的先知，20 世纪的思想巨人，电子时代的"圣人""先驱"和"先知"。他的遗产渗入了人类生活和学术研究的一切领域。他对电子时代和赛博空间的憧憬和预言一个个变成了现实。他关于"地球村""重新部落化""意识延伸"的论述，无人能出其右。他的思想种子长成了信息网络，"在线"一族供奉他为祖师爷和开山祖，虽然他并不懂技术。

这第二次热潮，不仅范围广、势头猛、评著多，而且已然经过历史的考验和汰洗。信息高速公路崛起，知识经济到来，虚拟现实的出现，才使人们恍然大悟：原来他是对的。可以说，他所谓的意识延伸就是赛博空间，他所谓的地球村就是全球网络！他的确是电子时代的先驱和预言家！20世纪60年代读不懂的天书，看上去胡说八道的东西，等到如今，都明白如话了。

这一次的热，可以用亚马逊网上书店的书目为证。这个书店可供出售的有关麦克卢汉的著作和他本人的著作一共有数十种。托夫勒、奈斯比特、亨廷顿、福柯、萨义德这些在中国红得不能再红的大牌人物，书目总数却远远不能和前者相提并论。

这一次的热，不仅席卷西方的传统学术中心，而且震荡到了它的边缘澳大利亚和新西兰。1998年《加拿大传播学季刊》夏季号，刊登了两篇麦克卢汉专论，题为《麦克卢汉：自何而来？去了何方？》和《麦克卢汉：渊源及遗产》。2000年春季，《澳大利亚国际媒介》推出一个麦克卢汉专号，含八篇批评文章。兹将其题目抄录于此，以管窥西方"学术边缘"的麦克卢汉热。①重温麦克卢汉；②麦克卢汉是何许人？有何作为？；③媒介即讯息：这是麦克卢汉给数字时代的遗产吗？；④麦克卢汉式的社会预测和社会理论：几点思考；⑤匹夫参政开始露头：冲破麦克卢汉所谓听觉空间；⑥"媒介即讯息"的再思考：麦克卢汉笔下的中介和技术；⑦麦克卢汉，你在干吗？；⑧梳理麦克卢汉。

20世纪90年代以后，麦克卢汉批评蔚然成风。现将几种颇有代表性的大部头列举如下：《数字麦克卢汉》《麦克卢汉精粹》《麦克卢汉何许人也？》《麦克卢汉传：媒介及信使》《虚拟麦克卢汉》。

麦克卢汉的复兴，给最近的几次学术会提供了灵感。1998年，他曾经执教的福德姆大学主持研讨会，向他致敬。多伦多大学的麦克卢汉研究所也发起类似的会议，使他的学说发扬光大、后继有人。1999年，澳大利亚－新西兰传播学会召开年会，他也成为热门人物。这个会议组织了专门的麦克卢汉分会场，产生了一批很有分量的批评文章。这些会议的结果使人大开眼界，如沐春风。

中国人对第一次的麦克卢汉热浑然不觉。我们在"内战"中排斥外国文化。奇怪的是，20世纪80年代等他陷入低谷时，我们却把他引进来了。我们多么如饥似渴地吸收一切人类文明成果啊！二十年来，新闻传播的教科书里，都有专门的章节介绍他的思想。一些零零星星的奇特警语，我们多半已经耳熟能详："地球村""媒介是人的延伸""媒介即讯息""电子媒介是中枢神经系统的延伸""媒介使人自恋和麻木""我们正在回到重新部落化的世界""西方文明的整个观念是从拼音文字派生出来的"……这些观点似是而非，似非而是。既使人似懂非懂，半信半疑，又令人如痴如醉，心驰神往。既使人震惊迷惑，又令人耳目一新。不过，总体上说，我们对他还是一知半解。对他的批评多于对他的研究。

令人欣慰的是，中国人研究他的条件，终于瓜熟蒂落。这里需要两个条件：一是要进入信息时代、网络空间；二是要有他的书读。中国的亿万"网民"几乎挤爆了"赛博空间"，如饥似渴地憧憬未来时代，努力弄懂它的奥秘，许多人等待读懂麦克卢汉。我们翘首企盼的麦克卢汉终于走进中国读者。有利于给他正名，给他赋予以应有的地位。

新千年之际，国内学界的麦克卢汉研究，终于开始了。出版社和大学学报都在紧紧跟上。《深圳大学学报》和国内传播界的各种学报，都陆续推出了有关麦克卢汉的论文，总数将近二十篇。《理解媒介》《麦克卢汉精粹》和《数字麦克卢汉》已经问世。《理解媒介》是他的成名作，成为商务印书馆的常备书。《麦克卢汉精粹》是他的选集，由他的儿子参与编定，译本成为南京大学的精品书。《数字麦克卢汉》成为社会科学文献出版社的品牌书。今年，中国人民大学出版社又决定出版笔者翻译的《麦克卢汉传：媒介及信使》。这是他的著作第一次大批量地与我国学者见面。呼唤、期盼、等待了二十年，我们终于可以聆听他本人的天鹅绝唱了。我们终于可以读到原汁原味的麦克卢汉，而不是别人一知半解的转述甚至歪曲了。这些中译本的相继面世，有利于给他正名，有助于揭开他的神秘面纱。

三、奇才怪杰

人们常说，麦克卢汉是一本天书，难以理解，是司芬克斯之谜。究其原因，一是他的思想超前。他的《理解媒介》几乎胎死腹中。编辑发现书中大约有 70% 的新东西，几乎拒绝给它出生证。二是他的风格晦涩。他用文学语言去"论述"社会科学题材，用典艰深，征引庞杂。他似乎全然不顾一般读者的语文水平。三是他人格分裂，让人怀疑他出风头。

他这个英美文学的教书匠，怎么能够成为 20 世纪著名的思想家呢？他虽然生于加拿大一个偏僻小镇，但是他一生拿过五个学位，早期攻读工科，后来负笈英伦，获剑桥大学英语文学博士学位。在北美几所大学执教以后，对古典文化和流行文化均有研究。他与当代欧美许多文化泰斗过从甚密。20 世纪 50 年代，他是启动跨学科研究的先驱之一。他创办跨学科刊物《探索》。他的师友群星璀璨，他与许多学科心有灵犀。他能够信马由缰地纵横驰骋，从古典文学到当代电影，从教育史到技术史，从莎士比亚到乔伊斯，从控制论和到传播学，从神学争论到弥尔顿的撒旦，从丁尼生的山水诗到吉迪恩的现代建筑空间理论，从谷登堡到"机器新娘"，从机器文明到大脑的延伸，从"部落鼓"到"地球村"，从拼音文字到民主政治。可以毫不夸张地说，人文社科的大多数领域，他都想一试身手。

他用滑稽喜剧的手法来玩弄自己的表述。他的"媒介即讯息"（The medium is the message）摇身几变，其戏剧效果一望而知。他把 message（媒介）变成 massage（按摩），变成 mass age（大众时代），变成 mess age（混乱世代）。于是就弄出了"媒介即按摩""媒介即大众时代"和"媒介即混乱世代”这样的文字游戏。

他在学海中跳动不羁。他使用独创的语言，并加上许多当代行话的调料。他常常故意自我矛盾。他的每一个断语都可能有误。他常常变换立场——从文学转向通俗文化的内容，转向媒介内容赖以栖居的形式，从批评家的道德义愤转向文化史家的道德中立。

麦克卢汉走在法国一些大牌理论家的前面。在过去的三十年里，他们在北美思想界占据支配的地位。他们是罗兰·巴特（Roland Barthes）、德里达（Jacques Derrida）、鲍德里亚（Jean Baudrillard）、维利里奥（Paul Virilio）。其所以如此，那是因为他和这些人有共同的兴趣：象征派诗歌、现代派艺术和乔伊斯。

他那多元复合的修养尤其具有强大的威力。在探索他这个多面体时，我们应该看到，他是一位知识分子，一位讥讽的、“社会科学”（姑以他的界说为准）的诗人。他是当代渊博而狂放的文化解剖的倡导者。在研究他的过程中，我们要考虑他的主题所具有的特殊意义。我们需要考虑的还包括如下一些领域：分散在书简中的丰富思想；他的《媒介四定律》表现出来的新诗学；他透过人工制造物来阐释文化时所扮演的角色；他那种公众人物的自我形象；他痴迷技术力量在学术研究中的思想作用和工具作用；他对神秘主义的执着；作为早期后现代主义者，他走在法国理论界的前头，并且为后现代在北美的反叛铺垫了环境；他的艺术观和他与艺术家的关系；他沦为激进而先锋的现代派的俘虏，又对之持批评态度；他探讨博学、狂欢的讽刺传统，其高潮表现在他对当代媒介、技术和文化的讽刺之中；他对数字时代的影响，尽管他不懂信息技术；他对东方和中国的肯定，尽管那是一知半解。所有这些领域，我们的研究还没有开始。

麦克卢汉有效地把握了 20 世纪后半叶的生活脉搏。在这一点上，无人能出其右。他不仅是现代主义和后现代主义的圣贤，而且给我们留下了象征其心跳的诗学。了解他就是了解这个时代的精神。这个时代精神打破了技术和艺术、高雅文化和通俗文化之间的壁垒。他总是在思想和美学的接口上下功夫。他的成果成为可供人们利用的资源。他的遗产具有持久的意义。

他像独行侠一样独步天下、傲视学究。同时他又很谦虚。他表面上张狂，实际上是冷静的。他曾经这样袒露心扉、自我解剖：

"你瞧，我不是十字军……我绝不会试图去变革我的世界，无论是变好变坏。因此，我观察媒介对人的创伤性影响时，绝不会从中得到任何乐趣，虽然我在把握它们的运作方式中感到满意。这种理解的固有属性是冷静，因为它是同时卷入和超脱的。这一立场是研究媒介时必须采取的姿态……不能张皇失措躲到墙角去哀叹媒介对人的影响，而是要冲锋陷阵，猛击电力媒介的要害。对这样坚决的猛打猛冲，它们会做出美好的反应，并很快成为我们的奴仆，而不是主人……"

他只求探索，不提理论。"我没有提出什么理论。我只进行观察，我的办法是发现轮廓、力线和压力。我始终用讽刺的调子说话。我那些夸张的表述和实在的事情比较，实在不是什么夸大其词。"他说，他的方法是象征主义的。他把自己的讽刺和现代派艺术挂上钩："我那些油画似的东西是超现实主义的。如果说它们是理论，那就是失之千里，那就完全脱离了我讽刺的意图。"

"我认为自己是一个杂家而不是专家。专家圈定一小块研究领地，作为自己的地盘，对其他任何东西却不闻不问。实际上，我的工作是一种有深度的运作，这是大多数学科接受的惯例，从精神治疗到冶金学再到结构分析，都是如此。有效的媒介研究不仅是要处理媒介的内容，而且要对付媒介本身及其发挥作用的这个文化环境。只有站在现象的旁边对它进行全局的观察，你才能发现它的运作原理和力线。这样的研究实在没有什么固有的令人惊讶或极端的东西——只是由于这样那样的原因，很少有人具有这样的眼光来进行这一研究而已。"

他只求探索，不求产品。"我的书只构成探索的过程，而不是终极的发现产品。我的目的是把事实作为探针，作为洞察的手段和模式的识别，而不是把事实作为传统的、枯燥的分类数据、范畴和容器来运用。我想为新的领域绘制地图，而不绘制旧的路标。"

他的方法是开锁匠的方法。"我从来没有把探索结果当作揭示的真理。我没有固定不变的观点，不死守任何一种理论——既不死守我自己的，也不死守别人的。事实上，如果后来的发展并不能证明我的观点，如果我发现自己的言论并不能有助于对问题的了解，我随时准备抛弃我就任何课题发表过的任何言论。我的工作比较好的一个方面，有点像开保险柜的工匠的工作。我探索、倾听、试验、接受、抛弃。我尝试不同的序列，直到制动栓下落保险柜门弹开。"

用他自己的话说，他的目标不是宣示什么理论，也不是妄下什么断语。他公开说，他没有提出什么理论，只是进行观察而已。他又说，他的方法是象征主义的，说不上有什么理论。

他那喜剧性机敏和他的文字游戏非常般配。这两种特征使人难以给他贴上固定的标签。实际上，正如其他的现代派诗人一样，他把复杂和晦涩的文风变成了自己的优点。这使他的许多话成为耐人寻味的经典名句。

他的口才，几乎打遍天下无敌手。与其说他擅长写作，不如说他擅长辩论。实际上，他最光辉的思想都是在不经意间说出来的。

他最闪光的思想，往往不是在他的著作中，而是在他的访谈录和"闲聊"中。1969年《花花公子》3月号推出了上万字的"麦克卢汉访谈录"。在此，他的奇思妙想挥洒自如、登峰造极。他的很多著作，都是录音整理而成。他在办公室里的写作，完全通过口授，然后由秘书马格丽特打字完成。他在家里的写作，常常口授给夫人科琳，由她打字代劳。他录下来的话，就是完美的文章。他的说话能力无与伦比。直到他晚年中风失去语言能力之前，麦克卢汉始终能够发表即兴的讲演，而且他的语言流畅、条理清晰、语法正确，真正达到了完美的境界。

就他本人来说，探索任何课题的最佳办法就是谈话。他曾对记者说：我动笔之前必须进行无休止的对话，就一个题目反反复复地谈话。他谈话时总是最高兴的。对他而言，聊天比写作更有活力、更加好玩、更加富有戏剧性。他源源不绝的灵感在聊天中喷涌而出。他宣称，他的许多研究工作是在和别人谈话中进行的。他在谈话中摸索探路，而不是宣示什么结论，大多数人把说话作为思想的结果，他却把谈话作为思考的过程。

一般地说，麦克卢汉只听人家说 30 秒钟，就禁不住要插话。但是，如果这个人有新意，他就会耐心听人家把话说完。他是插话还是耐心听，很大程度上要看这个说话人的水平。

四、分裂人格

上述《花花公子》刊载的《麦克卢汉访谈录》，用了一个极富魅力的副标题：流行崇拜中的高级祭司和媒介形而上学家袒露心扉。我们对他分裂人格的解读，就从这个副标题开始。这里的四个关键词真是神来之笔，勾勒出一幅绝妙的漫画。"崇拜"说明他的地位如日中天。"高级祭司"说明他的魅力近乎神灵。"形而上"形容他的一贯风格晦涩难懂。"袒露心扉"锁定他的谈话风格：使他一反写作常态，使他的谈话朴实无华。

以上的描述，不仅可以给茶余饭后的谈话助兴，而且可以解开麦克卢汉之谜。我们可以由此窥见他思想深处看待世界的分裂方法。

印刷术把西方人撕得粉碎。谷登堡人是分裂的人。如果说，拼音文字是精神分裂和异化的重要诱因，那么机器印刷使这个倾向大大加重。它使文人孤栖书房，使人追求隐私而脱离社会。它培养了雄心勃勃的个体，使个人主义变本加厉。他说："印刷术是人的急剧的延伸。"他认为，拼音文字之前的"部落人"是感官完整、没有分割的"听觉人"；拼音文字之后的"非部落人"是感官肢解分割的"视觉人"。现代西方人不能尽享文明社会的技术成果，反而成为技术奴隶，成为浑然不觉的麻木的"那喀索斯"，身处险境而自我陶醉，成为行尸走肉一般的梦游者。

他强调技术媒介对人类社会和心理的深刻影响，所以人们说他是"媒介决定论者"。

然而，就是这个"媒介决定论者"，居然天生害怕技术。非但不信赖技术，甚至还鄙视技术。20 世纪 50 年代，人人都有汽车，他偏没有；家家有吸尘器，他偏没有；地毯除尘，挂在绳上敲打，也不嫌脏。后来有了汽车，他也尽量不开，终身如此，要开也找不到路。他不用打字机，而是用手写一点便条之类的东西。他几乎不自己动手写书，而是口授，由秘书和夫人帮忙。每当新技术出现时，他总是拒之于千里之外。他每天做弥撒，家里张贴宗教语录和学习心得，让孩子耳濡目染、纯洁心灵。他与学生定期讨论神学问题，喜欢班门弄斧，与同事中的神甫争论神学问题，而且往往要占上风。奇怪的是，就是这个人，这个虔诚的天主教徒，这个比神甫还要神甫的人，这个校内不太看好的学者"明星"居然成为 20 世纪的技术先知、网络时代的先师圣贤。

麦克卢汉率先把"媒介"作为研究客体。他 1951 年出版的《机器新娘》指出大众文化的异化成分。这种异化的基础是整齐划一、消费主义和意识形态对媒介的操纵。这本著作，是世界上第一部研究广告的学术专著。从此以后，他就走上技术影响和大众文化的研究道路，无怨无悔，永不回头。在这一点上，他不但走在了欧美学者的前头，而且卓然成为大家。这个校内不太看好的学者"明星"，居然给加拿大留下了一笔丰硕而永恒的遗产。

分裂的麦克卢汉面对的，是分裂的技术文化和高雅文化。他既是虔诚而传统的天主教徒，又痴迷尼采的深渊警示，既钟情于温德姆·刘易斯和庞德的反向诗学，又倾心于乔伊斯调侃戏谑、叛逆、狂欢、"讨厌"、"色情"

的幽默风趣。他是天主教的卫道士，积极反对堕胎，甚至主张禁止对儿童进行性教育。但是，他又欣赏乔伊斯作品中的黑弥撒。

20 世纪的人，掉进了情与思的分裂陷阱，成为分裂的人。麦克卢汉看待世界的方法就是这种典型的分裂方法，只不过他表现得特别突出而已。人们为技术新环境付出的代价，也许是太高了。精神分裂和异化也许就是拼音文字文化的必然后果吧。

他走在了批判学派（含德国法兰克福学派和英国的文化批评学派）的前头。

五、思想遗产

麦克卢汉身上分裂的种子，来自于父母的基因。他的宗教虔诚是父亲的遗产。非凡绝伦的口才是母亲的嫡传。他的母亲周游全国、巡回讲演，成为出类拔萃的演员和演说家。他从小身经百战，在厨房里、餐桌旁和母亲辩论，而不分伯仲。他很快就发现自己这个危险的才能：无论什么问题，他都可以从两个方面去构建自己的辩论——越是难题，他越是感到兴奋。进了大学以后，他的辩才进一步得到磨砺。他在生活中学习，在与同学、同事的辩论中学习，向苏格拉底的辩证法学习，向希腊的智者派学习。他辗转执教于多所大学，到欧美各地讲演。每到一地执教，他都要牵头组织辩论队。直到他中风失语之后，他那咄咄逼人的辩才才随之而去。1979 年第二次中风之后，他再也不能说一句话。对这个打遍天下无敌手的辩手来说，这是最致命的打击，加速了他的死亡。几个月之后，1980 年前夕，他再也不用像婴儿那样学习了。

从思想上说，他接受了两种学术传统。一是文学和美学，可以追溯到 20 世纪 30 年代的剑桥。后来到了多伦多之后，他才涉足技术理论，尤其是伊尼斯的技术理论。然而，剑桥的求学经历，才是决定性的因素。他的两位导师，理查兹（I. A. Richards）和利维斯（F. R. Leavis），是新批评的旗手，推翻了传统的文学研究。他们讲授的文学课程偏重认知、美学和社会学，这感染了麦克卢汉。他学会成为桥梁，把人文学科中的文化艺术产业（音乐、绘画、电影和多媒体）连接起来，把社会科学中的主干学科（传播、教育、修辞和技术）的连接起来，把文学文化和科学文化两大"对立"的文化连接起来。

麦克卢汉是一种社会现象，而不仅仅是一位作者或文人。他不号称理论家，却成为影响深重的思想巨人。他张扬大众文化的角色，他对传播学的开拓，给我们的日常世界提供了启示，给数字时代的生活，提供了指南，他的启示超过了理论家、分析学家和诠释学家的水平。世界范围的麦克卢汉学，已经并继续吸引无数的后继者去诠释、去创新。

对学术界而言，他把传播学变成学科之王，使学术界的注意力发生转移。学术界的注意力从书斋中解放出来，从如何摆弄媒介本身，转向研究媒介的角色和影响。在此，他得罪了传统的学术界，却开辟学术研究的新土地。

他高举"媒介决定论"的帅旗，张扬技术的决定性影响。他要唤醒西方人的危机意识，认识媒介对认知、人格和社会的巨大影响。

数字时代继承了麦克卢汉的丰富遗产。《连线》杂志从创刊号起，就称他为"先师圣贤"。

他留下的麦克卢汉研究所，成为许多人朝觐的学术殿堂。他的儿子、同事、学生和无数后继的学者，在大众文化、数字文化的研究中，不断从他那里寻求灵感。

他晚年随身带着自己描绘的左右脑分工图，普及了很多未必"科学"的知识。直到今天，他的幽灵仍然出入于认知科学，虽然这个领域里的人并没有注意到他的作用。实际上，他这个外行普及了神经学的知识，把感知、艺术和媒介联系起来。这却是内行人难以做到的。简言之，他成为这门大脑新兴学科出色的公关先生，虽然他没有弄懂认知科学的细腻和严谨。

"地球村"的预言正在实现。卫星和互联网使世界结为一体，使地球成为他所谓的"艺术品"。全世界又谈起了地球村，而且正在实现地球村的梦想。在这一点上，他的贡献并不亚于 IT 行业的技术专家。

他在文化研究领域的影响，也显而易见。他率先使通俗文化研究成为合理的学术研究。从研究受众接受理论来讲，他牢牢占据着传统的一席之地。他对介入和参与的关注，是接受理论的实质所在，在传播研究和文学研究中都是如此。

麦克卢汉的足迹，还可以到当前的两个学派中去寻觅。不过，这是两个互相矛盾的学派。一是社区共享运动（communitarian movement），它表现出麦克卢汉对家庭生活、社交生活和纯朴生活的渴望。在这样的生活中，口头传播及其技术变异占据着支配的地位。这就是麦克卢汉所谓"理想的言语情景"，这是没有哈贝马斯式理性的那种生活情景。当然我们还得加上一句话，这也是没有麦克卢汉武断说教的生活情景。另一个学派是后现代主义。后现代主义设定两种互相疏离的文化社区。麦克卢汉却是把这两个文化社区结合起来的桥梁。

国内的学者总结麦克卢汉的遗产，过去都只提"老三论"："延伸论""冷热论"和"讯息论"。那是因为我们不知道他的理论远远不只"三论"。

"数字时代的麦克卢汉"厘清了麦克卢汉的"十四论"。这个人叫保罗·莱文森。他对麦克卢汉的思想的把握，全面而深刻，无人能出其右。他卓尔不群，被誉为"数字时代的麦克卢汉"。他的《数字麦克卢汉》，把传主的思想梳理为 14 个专题，如数家珍，逐一批评、扬弃和发展。这 14 条珍贵的遗产，见诸 14 章的标题。

各章之首，他又加上一条麦克卢汉语录，以此破题。这 14 条语录，中国读者听说过的，大概还不到 1/3，中国学者归纳过的，也就是那"老三条"。所以有必要在这里宣传一下。这些"奇谈怪论",许多都是神来之笔,具有强大的冲击力,吊人胃口、发人深省,它们是:"媒介即讯息"/"声觉空间"/"无形无象之人"/"地球村"/"处处皆中心,无处是边缘"/"光透射媒介对光照射媒介"/"冷媒介与热媒介"/"人人都出书"/"电子冲浪"/"机器把自然变成艺术形式"/"我们没有艺术,我们把一切事情都干好"/"后视镜"/"媒介定律"。

这些遗产,在《数字麦克卢汉》的长篇"译者序言"中,我已经做了评析,此地不赘。容我只说两点。

1.麦克卢汉的"中枢神经系统",类似荣格的"集体无意识",类似列维－斯特劳斯的"结构"。不过,荣格的"集体无意识"偏重进化和生物遗传,列维－斯特劳斯的"结构",强调神话的结构,而麦克卢汉的"中枢神经系统"却是人类中枢神经系统外化的电子媒介。今天,这个"中枢神经系统"和"人脑的延伸"互联网结合之后,人类社会进入了一个崭新的"地球村"时代。

2.麦克卢汉"部落化——非部落化——重新部落化"的公式,为我们解读媒介演化史社会史,提供了一个崭新的视角。他认为,人类历史上一共有三种基本的技术革新。其一是拼音文字的发明,它打破了部落人眼耳口鼻舌身的平衡,突出了眼睛的视觉。其二是16世纪机械印刷技术,这进一步加快了感官失衡的进程。其三是1844年电报的发明开始的电子革命进程,它正在恢复人的感官平衡态,使人重新部落化。

电子媒介使人整合,回归整体思维的前印刷时代。这就叫作重新部落化的过程。这是一个更高层次的全面发展的人。窃以为,这个公式可以写作以下几种变体:整合化——分割化——重新整合化;有机化——机械化——重新有机化;前印刷文化——印刷文化——无印刷文化;前现代化——现代化——后现代化。依我看来,这就是麦克卢汉最重要的遗产。

回过头来反省,我发现,他绝对不是鼓吹技术决定论的人,他是要我们回归身心一体、主客一体的理想境界。麦克卢汉不仅是当代人的朋友，而且是子孙后代的朋友。他是一个面向未来的人、预言希望的人。有他的话为证：

"为什么不可以实现思想的前馈（feed-forward）呢？就是说，为什么不可以把世界意识联入世界电脑（a world consciousness links into a world computer）呢？凭借电脑，从逻辑上说，我们可以从翻译语言过渡到完全绕开语言，去求得一种与柏格森预见的集体无意识相似的、不可分割的宇宙无意识（cosmic unconsciousness）。因此，电脑预示了这样一个前景：技术产生的普世理解和同一，对宇宙理性的浓厚兴趣。这种状况可以把人类大家庭结为一体，开创永恒的和谐与和平。"

"我展望未来时心潮激荡，充满信心。我觉得，我们站在一个使人解放和振奋的世界的门槛上。在这个世界里，人类部落实实在在会成为一个大家庭，人的意识会从机械世界的枷锁中解放出来，到宇宙中去遨游。我深信人成长和学习的潜力，深信他深入开发自己的潜力和学习宇宙奥妙旋律的潜力……任重道远，宇宙星星就是我们的驿站。我们的长征刚刚开始。生活在这个时代真是上帝宝贵的恩赐。仅仅是因为人类命运这本书的许多篇幅读不到，我也会为自己终将来临的死亡而扼腕叹息，恋恋不舍。"

麦克卢汉的学术转向 ①

　　麦克卢汉从一个默默无闻的英美文学教书匠成为 20 世纪最负盛名的媒介理论家。这个书斋型的学者，完成了一次又一次重大的学术转向：从文本批评转向文化批评、从文学批评转向社会批评、从文学转向传播学、从精英文化转向大众文化。这些转向是如何完成的？本文试图从这几个转向破解麦克卢汉成功之谜。

　　众所周知，麦克卢汉原来是英语教授和文学批评家，也知道他后来成了 20 世纪最负盛名的媒介理论家之一。可是他如何完成这个重大的学术转变，国内外都缺乏深入的研究，笔者本人过去也不甚了了，近来译完《麦克卢汉传：媒介及信使》和《麦克卢汉书简》，又有不少新的发现。本文试图对我过去的研究做一点补充和修正，借以把麦克卢汉研究引向深入。

　　首先，我想修正自己过去表述不太准确的一句话。1988 年 2 月，我在《人的延伸——媒介通论》的序文里说：1964 年，"说它引起地震，有两层

　　①　本文原载《杭州师范学院学报》，2005 年第 2 期。有删节。

意思：一是这位名不见经传的教书匠（他教英美文学）突然成了新思想新学科的巨人，成了跨学科的奇才……"其实，麦克卢汉在此之前已经有相当的名气。如果没有十年寒窗、三十年的积累，世界知名的学者是很难产生的。这就是本文要透露第一条的信息。

其次，我想介绍麦克卢汉重大的学术转向。和千千万万普通的大学老师一样，麦克卢汉起初也是一位书斋型的学者，他怎么一步步从文本批评转向文化批评，又如何走向社会批评的呢？他怎么完成从文学到传播学的转向、从精英文化到大众文化的转向呢？我的文章《天书能读：麦克卢汉的现代诠释》，已经就此做了初步的尝试。本文准备继续做一点挖掘的工作，以试图破解麦克卢汉成功之谜。

一、金山探宝

麦克卢汉共有十余部著作传世，其中的代表作有三部，分别是：1951年的《机器新娘》，讲工业人和广告；1962年的《谷登堡星汉》，讲印刷人；1964年的《理解媒介》，讲电子人。他批判工业人、悲叹印刷人、欢呼电子人，完成了走出书斋、进入社会批评和大众文化的研究领域。诚然，他的世界声誉的确是在1964年的《理解媒介》之后形成的；但是早在20世纪50年代后期，他就已经在北美大陆广为人知。传播他名声的，有一本小型的跨学科研究杂志《探索》（1953—1959年），他是其主编之一。1953年，他组建了北美最早的跨学科研究队伍，由福特基金会赞助了研究小组近五万美元的启动经费。1958年，他应邀在全美广播电视教育工作者协会的年会上做主题讲演，提出"媒介即讯息"的断语，从此以后，这句话就成了他的标签。同年，他成为《新闻周刊》的封面人物。1959年，他应邀参加华盛顿当代艺术研究院主办的"文化领袖代表大会"，这是他声誉显赫的迹象。这一次"高峰会"使他能够与许多欧美著名学者聚首切磋，使他成为来自加拿大的"文化领袖"。同年，他完成全美广播电视教育工作者协会委托的项目，出版"理解新媒介项目报告书"，为他五年后名震全球的《理解媒介》一书奠定了继承。由此可见，1964 之前的麦克卢汉，并非默默无闻之辈。

20 世纪 60 年代后期，尤其是在 1966 年和 1967 年，麦克卢汉的声誉达到顶峰。北美的一切媒体都调动起来为他服务。他的文章、访谈录和别人介绍他的文字打入了几十种报纸杂志，包括高雅的和通俗的。他频频在广播电视上亮相。请他讲演的邀请应接不暇，他俨然成为一位学术"明星"。

然而不幸的事接踵而至，使他的名气在 70 年代几乎一落千丈。主要的打击有：①他以杂家的身份进入别人的研究领地，引起专家不快，于是批评之声不绝于耳；②他俨然成为学术"明星"之后，遭到不宽容学人的严厉抨击；③不入流的媒体帮倒忙，掀起盲目的崇拜之风，形成"麦克卢汉学"；④最严重的打击是他脑肿瘤摘除术。1967 年 11 月 25 日的手术虽然成功，但后果依然十分严重：麦克卢汉记忆被抹掉，读过的书忘记得一干二净，许多东西必须从头学起。从此以后，他大脑缺氧，多次中风。庞大的写作计划就力不从心、难以如期完成了。

麦克卢汉从一位英美文学的教书匠一跃而成 20 世纪最富有原创性的传播理论家，并且继续对 21 世纪的传播学产生重大影响，并不是偶然的。下文说一说他人生最重大的学术转向和最富有特色的治学方法。

二、学术转向

在这一节里，我们首先回顾麦克卢汉的学术转向，然后简要说明转向的意义及深层原因。他一生拿了五个学位，这给他打下了博大精深的基础，使他能够完成一次又一次的学术转向，使他从"专家"转而成为"杂家"，从文艺批评家和修辞学家转而成为文化批评家和媒介理论家。1933—1934年，他在家乡的曼尼托巴大学相继拿到学士和硕士两个学位，1934—1936年他又在剑桥大学拿到学士学位和硕士学位，最后于1943年获剑桥大学博士学位。此外，他被授予将近一打的名誉博士学位。这些学位和狂热的治学精神使他能够在许多学科领域纵横驰骋。

他的学术转向，实际上从学生时代就已经开始。1928年，他进入曼尼托巴大学学工程，一年以后就转向文科，专攻英文和哲学。1934年进入剑桥大学后，他从传统的文学转向新批评、哲学和修辞。1936回到北美大学执教后，他从精英文化转向大众文化。20世纪50年代初，他又从文学批评转向社会批评、从文学转向传播学、从单一学科研究转向跨学科研究。

1929年，他进入家乡的曼尼托巴大学。由于他喜欢摆弄帆船和矿石收音机，麦克卢汉开始学工程。可是刚上了一年大学，他发现工程并非自己所长，就决定转向文学。这是一个明智的转向，因为文学是他从小练就的强项。他的母亲是演员和演说家，在全国各地巡回演出。在母亲的影响下，他从小练就了非凡的口才和辩才，而且比同龄人多读了许多文学作品。转入英语专业之后，他发现自己实际上更加喜欢哲学。1933年和1934年，他以优秀毕业生身份连续获得英文和哲学领域的学士学位和硕士学位。1934—1936年，他在剑桥大学又连续拿到两个学位。当时的剑桥大学是新批评的重镇。他直接受业于新批评的主帅理查兹、燕卜荪和利维斯，得到其真传，而且把新批评带回北美大陆，成为小有名气的文学批评家。可是，新批评并不能满足他强烈的求知欲。他用心最多的实际上还是哲学和文化批评。他最推崇的几个学者是利维斯、切斯特顿和纳什。利维斯既搞新批评又超越新批评，是进入文化批评和社会批评的先驱。他的名著《文化与环境》对麦克卢汉产生了持久的影响。切斯特顿提倡分产主义，是社会批评家和改良家。麦克卢汉终身的社会关怀，和切斯特顿的影响密不可分。纳什是跨越16世纪和17世纪的作家，以修辞学和中世纪的三学科见长，以风格讥讽、擅长新闻、善于雄辩著称。麦克卢汉的博士论文主题就是他，论文题为《托马斯·纳什在他那个时代学术中的地位》。这篇论文写的是古典修辞和中世纪三学科。2004年，这篇论文以专著的形式由美国金科出版社出版。

1936回到北美大学执教后，麦克卢汉逐渐偏离常规的修辞和文学批评，转向社会批评和大众文化研究。促使他转向的原因内外皆有。内因是从利维斯、切斯特顿和纳什学到的社会关怀。外因是来自教学工作的压力。在教学生涯的第一年即1936年，他到美国威斯康星大学教书时，发觉自己无法与学生交流，因为他不懂学生关心的大众文化；反过来，学生对他的新批评和修辞也不太关心。为了了解学生、推动教学，他就开始研究广告等通俗文化现象。他回忆道："1936年，我到威斯康星大学教书时，面对一年级的学生，突然意识到，我不懂学生，觉得迫切需要研究通俗文化：广告、游戏、电影……我教学的策略是站在他们的立场上：站在通俗文化的世界中。广告是一个非常方便的研究方法。'

1939年，他准备重返剑桥大学攻读博士学位。圣路易斯大学的同事海伦·怀特教授的推荐信对他做出很高的评价："他给我留下了很深的印象，才华横溢、兴趣广泛、接触面宽，不仅追踪英国剑桥的学术前沿，而且了解美国国内的学术动态。毫无疑问，他充分利用了在剑桥的求学岁月，到此地来工作之后，他工作热情高涨，资源丰厚，乐意与同事分享他不同寻常的背景。他热情待人，努力工作。我相信，他完全能够圆满完成博士论文。特此大力推荐之。"

1946年，他回到多伦多大学圣麦克学院执教，直至去世。此后的前十年，他的两种学术关怀齐头并进。他继续发表大量的文学批评论文，成为安大略省最著名的文学批评家。到了20世纪50年代，他逐渐向传播学偏移。他与同事卡彭特等人主办《探索》丛刊，这是北美最早、最有影响的多学科研究刊物之一。于是，他的名声逐渐向美国渗透。这段时间，特鲁多在蒙特利尔编辑的《自由城》和麦克卢汉等人在多伦多编辑的《探索》，是加拿大最有影响的两种思想杂志。这也是麦克卢汉和特鲁多惺惺相惜、长期通信、互相支持的重要原因。

20世纪30—40年代，麦克卢汉的论文已经横跨文学批评和文化批评，代表作有：《作为诗人和戏剧性小说家的梅瑞迪斯》《切斯特顿：难解之谜》《评〈城市文化〉》《评〈艺术与审慎〉》《评〈诗歌与现代社会〉》《评〈美国文艺复兴〉》《济慈诗歌的审美模式》《托马斯·纳什在他那个时代学术中的地位》《达格伍德的美国》《爱伦·坡的传统》《诗学诠释与修辞诠释》《另一种审美窥视》《古人与现代美国的争吵》《南方气质》《布莱克与好莱坞》《美国广告》《BBC英语的种族偏见》《艾略特的历史规范》等。

20世纪40—50年代，他成为小有名气的文学批评家和社会批评家，代表作有：《庞德的批判散文》《略论各家的艾略特评传》《乔伊斯、阿奎纳与诗学》《帕索斯：技巧对情感》《神奇的广告》《评〈凯纳论庞德诗歌〉》《给加拿大文化解冻》《技术与政治变迁》《山水诗赏析》《从艾略特到塞内加》《漫画与文化》《乔伊斯：三艺和四艺》《麦克卢汉文学批评论集》《广告的年代》《伊尼斯后期的思想》《没有文字的文化》《乔伊斯、马拉梅与报纸》《作为艺术形式的媒介》《作为政治形式的新媒介》《空间、时间与诗歌》《传播媒介的教育效应》《印刷书籍对16世纪语言的影响》《没有围墙的教室》《爵士乐与现代文学》《我们的电子文化》《神话与大众媒介》等。

从20世纪40年代起，麦克卢汉完成一次又一次重大的学术转向。这些转向是稳步的、坚定的，其重要路标是：

1946年完成《机器新娘》，主要精力转向通俗文化研究。这本书风格异常、思想超前、几乎夭折，经过六年的阵痛才在1951年问世。这是世界上第一部研究广告的学术专著，也是一本有深度的文化批评专著。有人认为，它和罗兰·巴特的《神话》一样，是20世纪中叶研究大众媒介和通俗文化的上乘之作。对于搞文化研究的人来说，《机器新娘》毫无疑问是值得认真研读的书。如今，它依然是传播学和文化研究的经典之作。在这本书里，麦克卢汉找到了通俗文化、现代派艺术和新兴的电气－机械化技术的契合之处。

20世纪40年代末，他与本校的政治经济学教授哈罗德·伊尼斯开始交往。此间，伊尼斯完成了重大的学术转向。他从研究加拿大经济史转向研究文明史和媒介影响。伊尼斯的研究启发并激励麦克卢汉加快学术转向的步伐。他也开始研究文明史的宏大模式和媒介的影响。两人的媒介思想略有差别：伊尼斯认为，媒介在时间和空间上对社会组织产生决定性的影响；麦克卢汉认为，媒介的技术形态在决定社会关系中的作用，超过了媒介的文化内容。他欣然为伊尼斯的《传播的偏向》作序，并谦称自己的杰作《谷登堡星汉》是伊尼斯的注脚。

1953—1959年，他参与编辑丛刊《探索：文化与传播研究》，这是研究人类传播、影响颇深的跨学科研究杂志和论坛，是他以杂家身份亮相的舞台。十年之后，他的许多思想在《谷登堡星汉》和《理解媒介》中浮现出来。

1953—1955年，麦克卢汉获福特基金会慷慨赞助，担任该基金会"文化与传播"研究项目主持人。他网罗了一批同好，建立了北美最早的跨学科研究机构。一个麦克卢汉思想圈子开始形成。

1958年，他在全美广播电视教育工作者协会做主题讲演，使他以"媒介即讯息"的断语名扬四海。同时，该协会委托他做的研究项目为传世杰作《理解媒介》奠定基础。

1959年，华盛顿当代艺术研究院主办的第一届"文化领袖代表大会"是他成为"文化领袖"的舞台。

1962年，《谷登堡星汉》出版，这本书讲印刷人，重写文明史，是整个西方历史的重新表述。稍后，福柯《事物的秩序》（1966法文版、1973

英文版）使英美学界为之倾倒。这本研究话语历史的书，或者与《谷登堡星汉》相似，或者与其相同。他那根基不明的权力观念，与麦克卢汉对电子媒介的理解，不无相似之处。

1963年，多伦多大学校长克劳德·比塞尔支持他组建"文化与技术研究所"。这是为麦克卢汉量身定制的研究所，唯一的目的就是把他留在加拿大，因为许多美国大学不惜出几倍的高薪把他挖走。他毫不犹豫地留在多伦多大学，直至去世。幸好有校长的理解和挽留，多亏他强烈的民族感情，加拿大才有幸产生这样一位世界级的大学者。

1967年，麦克卢汉名满天下，更多的大学想挖走他。纽约福德姆大学的首位"施韦策讲座教授"是他，其年薪高出一般教授好几倍。

1968—1970年，其儿子埃里克·麦克卢汉协助他创办杂志《远程预警通讯》。这个刊物的读者对象是政界人物和企业高层主管。麦克卢汉的影响进一步超越学术圈子。

1969年，他在一篇重要的对谈中，概括了印刷术对西方文明的深远影响。他的视野已经大大超越了文学批评、文化批评，进入了上下数百年纵横数万里的历史构架之中："印刷术是人的一种急剧的延伸。它塑造和改造了人的整个环境——心理的和社会的环境。它直接导致了一系列根本不同的、而且似乎是不可比的现象的兴起：宗教改革、装配线、工业革命、因果关系的观念、笛卡儿和牛顿的宇宙观、艺术中的透视、文学中的叙事排列、心理学中的内省或内部指向。这一切都大大地强化了个人主义和专门化的倾向。"

整个20世纪60年代，他的名气持续飙升，他的著作以惊人的速度喷涌而出。其重要标志有：

1966年以后，讲演邀请函堆积如山、应接不暇，有时忙得不得不请助手代劳。

从1966年开始，他同时写六七本书，忙得昏天黑地。他似乎至少可以配备六位秘书。为了加快写作进程，他用口授的办法写作，由专职秘书马格丽特·斯图尔特用打字机记录，甚至是由他的妻子记录。

此间，他的文章如潮水喷涌而出，他给各种刊物撰稿，或接受其采访。宣传他的报刊多达数十家。他在 BBC、CBS 等电视网上频频亮相。《花花公子》1969 年 3 月号以超乎寻常的篇幅发表了几万字的《麦克卢汉访谈录》。

几年之内，他完成了七部著作，但多半是与人合作。麦克卢汉之大名，召唤捉刀人主动上门代劳。有两本书就是别人根据他的言论整理而成并请他审查签名的。可惜，这样的著作虽然声名远扬，写作方式却引起争议。

到 20 世纪 60 年代，他的著作已经译成二十余种文字。世界各地都有他的崇拜者，"麦克卢汉学"兴起，日本人几乎翻译了他所有的著作。

总之，他的学术转向经历了三个高峰：他率先研究商业广告，达到 20 世纪通俗文化研究的顶峰。他率先研究印刷革命，留下一部经典《谷登堡星汉》。这本书与福柯的《事物的秩序》有异曲同工之妙。他率先研究电视的性质和影响，超越了褒贬新兴技术的道德判断。他把传播学变成学科之王，不仅完成自己的学术转向，而且使学术界的注意力发生转移：传播学从课堂中解放出来，进入了千百万人的日常生活。

麦克卢汉对文化史的研究，综合了人类学、经济学、社会学、史学和文学的研究路子。他把社会史和文化史简约为传播史。他的历史尺度和跨度太大，难免大而无当，但是他毫不在乎。他喜欢信马由缰，在广阔的历史时空中驰骋。他举起"杂家"的旗帜，公开批评"专家"。他不屑于当专家，因为他认为专家是畸形人。他讴歌整合一体的"部落人"，悲叹分割肢解的"拼音文字人""谷登堡人"和"机械人"。他呼唤"重新部落化"的人。他希望研究人类的"集体无意识""意识的延伸"和"地球村"。

他的涉足面很宽、很复杂；他横跨许多学科，成为把文化艺术产业连接起来的桥梁，把传播、教育、修辞和技术连接起来的桥梁，他得到视野广阔的诗意洞见，登上了媒介、文化和传播研究的巅峰。

他有效地把握了 20 世纪后半叶的生活脉搏。在这一点上，无人能与之匹敌。他不仅是现代主义盛期和后现代主义时期的圣贤，他还给我们留下了象征其心跳的诗学《媒介定律》。了解他就是了解这个时代的精神，这个时代精神打破了技术和艺术之间、高雅文化和通俗文化之间的壁垒。

从象牙塔进入大众文化，那是需要勇气的。从驾轻就熟的文学进入美学、文化研究、媒介研究，那也是需要本事的。他义无反顾地完成一次次的转向，那是因为他强烈的社会责任感，那是因为他能够超越技术媒介和大众文化的道德判断。他自己说："有许多年，直到我写《机器新娘》，我对一切新环境都抱着极端的道德判断的态度。我讨厌机器，厌恶城市，把工业革命与原罪画上等号，把大众传媒与堕落画上等号。简言之，我几乎拒斥现代生活的一切成分，赞成卢梭式的乌托邦。但是我逐渐感觉到这种态度是多么的无益无用。我开始意识到 20 世纪的艺术家——济慈、庞德、乔伊斯、艾略特等人——发现了一种迥然不同的方法。……我不再担任卫道士，而是成了小学生。因为我对文学和文化传统承担责任，我开始研究威胁文化价值的新环境。我很快就发现，这些新东西用道德义愤或虔诚是挥之不去的。研究证明，我们需要一种全新的方法。"

他的保守观念反而成为他研究媒介的动力："电视和所有的电力媒介都在拆散我们社会的整个肌体结构。作为被迫生活在这个社会中的人，我不喜欢这个社会土崩瓦解。"

他给别人画的像实际上是他自己的写照："对那些最缺乏思想准备去改变自己的价值结构的人来说，新技术环境带来的痛苦是最为深重的。文人学士觉得新技术环境造成的威胁，远远超过不把识文断字当作生活方式的人。当一个人或社会群体觉得，其整个身份受到社会变革或心理变化的危害时，自然的反应是以进为守、怒火万丈、大加挞伐。但是无可奈何徒叹息，革命业已发生了。"

三、治学方法

麦克卢汉的广阔视野和学术转向，扎根于他的读书狂热、读书方法和切磋方法。

在负笈英伦的日子里，他的涉猎远远超越了文学和哲学，他几乎见书就读。1936 年回到北美教书时，他家里的藏书已经超过千册。他在圣路易斯教书的遗憾之一，就是不能够把多伦多家里的上千册书搬到身边。

按最保守的估计，他一生读过的书远远超过万卷。他的读书方法很古怪、令人生疑，但是他的确又能够一目十行、过目不忘，他阅读效果之明显，使人不得不惊叹佩服。西方人把这种记忆力叫作"照相式记忆力"。"在日程典型的一周中，他大约浏览 35 本书，这还不包括助手给他提供的读书摘要。为了判断书的价值，他一般翻到第 69 页看一看，再看看靠近目录的那几页。假如作者在第 69 页没有传达什么有出息的洞见或可贵的信息，他就推断，那本书大概不值得阅读。一旦确定某本书值得读，他也只读书的右半边。他说，这样的读法并不会失去多少信息，因为大多数的书都有大量冗余的信息。"

他的阅读速度和吸收能力，简直就是奇迹。怎么解释呢？我想这就是所谓高屋建瓴、触类旁通、学富五车吧；就是基于雄厚知识储备的厚积薄发吧。他独具只眼的"期待视野"，使他能够清中三五分甚至七八分作者想要传达的内容，因此他可以不必逐字逐句地慢慢磨蹭。更加惊人的是，这种丢三落四的读书方法，居然不妨碍他把握弓中的精髓；他得到的信息甚至可以胜过别人细嚼慢咽得到的信息。

他有一个不太好却得到朋友宽容的习惯：凌晨打电话交换读书心得、告知思想上的洞见和研究上的突破。他晚间睡眠不多，最多睡三五个小时，常常半夜起来读书。奇怪的是，晚上睡眠少并不妨碍他白天的工作。原来他有一个补偿的妙法：打盹。每天在办公室打几次盹。每次打盹几分钟、十来分钟，就可以使他恢复活力。他几乎没有娱乐、很少看电影，即使看也常常中途退场，或者在电影院里打盹。有一次和朋友进电影院，几分钟后他就酣然入睡。奇怪的是，走出电影院时，他居然可以将情节说个八九不离十，而且能够做出评价。

他一生都喜欢对话而不是写作。他最闪光的思想和洞见，常常是诞生在凌晨与朋友的电话交谈中，诞生在茶余饭后的闲聊中，诞生在数十年如一日的每周一晚上主持的研讨会中，诞生在午餐桌上和同事的争论中，诞生在媒体的访谈录中。他的口才无与伦比，辩才所向披靡。除了他那三部代表作之外，其余的绝大多数著作、书信、文章都是由他口授，让秘书或夫人打字完成，或者由合作者动笔完成的。

1967 年 3 月 18 日的《周末杂志》记录他的话说："……我的很多工作，是在交谈中完成的。我在交谈之中完善自己的思想。"在 1966 年 2 月 26 日《生活》杂志的访谈录中，他说："会话的活力超过了书本的活力，交谈更加富有乐趣，更加富有戏剧性。"

几千年来，许多伟大的哲人都擅长口述，有的甚至拒绝使用文字。耶稣不遗一文，苏格拉底不留一字，孔子述而不作，老子无奈之下才被迫写下《道德经》五千文。麦克卢汉写了几百万字，但是他的许多最精彩的思想却是在访谈、讲演或日常的闲聊中奔腾而出的。不少好事者整理了麦克卢汉的语录，这些智慧珠玑照亮了他一次又一次的学术转向。

第三部

麦克卢汉研究：蔚为壮观

世纪之交，读麦与传播学齐飞^①

又是一个与麦克卢汉神交的春节。两年前这个时候，我正修订《理解媒介》，交商务印书馆出第二版。一年前的春节，我忙于翻译他的选集《麦克卢汉精粹》。现在，阳光明媚的春天又要迎来域外的一朵奇葩。怎能不令人兴奋？

《数字麦克卢汉》是数字时代的一朵报春花。作者莱文森不愧是数字时代的麦克卢汉。他送给我们一面宝贵的镜子。我们在此看见的，不仅有麦克卢汉的光辉理论，而且有作者本人的闪光思想。借助这面镜子，我们可以认识历史和未来，认识媒介、人生和艺术，认识神奇的互联网及虚拟世界，可以幻想虚拟世界以后的世界。

去年5月，我在《麦克卢汉精粹》的后记里写下这样一句话："有了《麦克卢汉精粹》，难以理解的《理解媒介》就比较容易理解了。"今天我要说，有了《数字麦克卢汉》以后，麦克卢汉就更容易理解了。

前年的3月，我在《理解媒介》的译后记中说："1964年，这本惊世之作问世时，人类还徘徊在电子时代的门槛之外。"今天我们看到，数以

---

① 本文为《数字麦克卢汉》第一版（社会科学文献出版社，2001年）的译后记。题名"世纪之交，读麦与传播学齐飞"是新加的。

千万计的中国人已经进入数字时代了。

1980 年，我在美国初涉麦克卢汉的《理解媒介》，深深为他的博大精深震撼，憧憬研究麦克卢汉的机会早日到来。可是这个机会却姗姗来迟。

两年前，我在《理解媒介》第二版的后记中，还不敢梦想更没有预见到这个机会竟然会来得怎么快，这么早。当时我只能表达一种期盼："传播学经过二十年的引进、消化、吸收、徘徊之后，即将进入一个大发展时期。但愿这个新译本在新学科大厦的构建过程中，能起到一砖一瓦一沙一石的铺垫作用。"

就在这两年中，麦克卢汉研究已经蔚为壮观，各界学者、大学学报和出版社密集推出译著、专论和文章。中国的麦克卢汉热，只比国外晚了几年。我相信，中国学者能够建立自己的"麦克卢汉学"学派。我呼唤这一天早日到来。

麦克卢汉的昨天、今天和明天：

纪念麦克卢汉百年诞辰 ^①

本文试图介绍麦克卢汉百年诞辰的纪念活动，勾勒麦克卢汉热的三次高潮，描绘媒介环境学的崛起，建议拓展麦克卢汉及其学派研究的几条路径，思考传播学的均衡发展和本土化。

2011年7月21日是马歇尔·麦克卢汉的百年诞辰，世界各地纷纷举办高端学术论坛纪念他。他为何享此殊荣？本文尽力解此谜团，重点讲述全球的三次麦克卢汉热，阐述他的主要思想，介绍发扬光大其思想的媒介环境学派以及传播学本土化的成就。

一、麦克卢汉热的三次高潮

第一波的麦克卢汉热兴起于20世纪60年代，遍及全球；因其1964年的代表作《理解媒介》的出版而起，又因其思想的超前而短命。麦克卢汉像一颗巨星，以其独特的媒介理论照亮传播学晦暗的一隅，他又像一颗短

---

① 本文原载《国际新闻界》，2011年第7期封面文章。有删节。

命的彗星，在 20 世纪 70 年代黯然消逝。

第二波的麦克卢汉热兴起于 20 世纪 90 年代，因互联网而起。

第三波的麦克卢汉热兴起于 2010 年前后，因互联网的第二代媒介即"新新媒介"而起，又借其百年诞辰的东风而势头更猛。

2000 年，我曾论及前两次热潮："世界范围的麦克卢汉热，一共有两次。第一次是 20 世纪 60 年代，时间不长。目前的麦克卢汉热，开始于 90 年代中后期。这是理性的回归，也是历史的必然。历史是公正的，在学术殿堂里给他留下了神圣的一席。学界是清醒的，纠正了过去对他的误读。"

2011 年，我在《理解媒介》（增订评注本）译者序里说："欧美几十个地方纷纷举办高端学术论坛予以纪念。我们借第三个译本缅怀这位大师，并推进中国的麦克卢汉研究。"

第一波的麦克卢汉热令人震撼，标志很多，难以尽述。择其要者有：1966—1967 年，北美的全部宣传机器似乎都开足马力为他鼓吹；主流的和通俗的媒体发表了数以百计的评论、报道和访谈录；《理解媒介》的封面赫然印出《纽约先驱论坛报》的评论文字，宣告麦克卢汉是"继牛顿、达尔文、弗洛伊德、爱因斯坦和巴甫洛夫之后的最重要的思想家……"；《花花公子》1969 年 3 月号以超乎寻常的篇幅发表了几万字的《麦克卢汉访谈录》，称他为"高级祭司""北方圣人"；各界的要求应接不暇；几所大学想用诱人的高薪挖走他，纽约的福德姆大学以首位"施韦策讲座教授"特聘他工作一年，其年薪高出一般教授好几倍；欧洲的麦克卢汉迷创造了 McLuhanism（麦克卢汉主义），McLuhanist（麦克卢汉主义者）等词汇；日本人几乎翻译了麦克卢汉的全部著作，所谓"麦克卢汉学"随之而起。

20 世纪 90 年代，第二波麦克卢汉热兴起。全球化、信息化、网络化、数字化的加速使人赫然顿悟：原来麦克卢汉是对的！

新媒体的喉舌《连线》在创刊号的刊头上封他为"先师圣贤"（patron saint），表露了新一代电子人的心声，创办者坦承麦克卢汉是《连线》的助产士。20世纪60年代读不懂的天书，看上去胡说八道的东西，到了90年代末，都明白如话了。

这一次的热，可以用亚马逊网上书店的书目为证。这个书店的麦克卢汉著作和有关他的著作一共有数十种。托夫勒、奈斯比特、亨廷顿、福柯、萨义德这些在中国红得不能再红的大牌人物，书目的总数却远远不能与他的著作和有关他的著作的数目相比。

这一次的热，以1994年麻省理工学院版的《理解媒介》为标志，这就是我翻译的第二版《理解媒介》。推动这次热潮的还有专著、专刊、专题研讨会和麦克卢汉传记。

研究麦克卢汉的专著有《数字麦克卢汉》和《虚拟现实与麦克卢汉》。

这一阶段的麦克卢汉传记有十来种，单就我收藏和涉猎的，至少有七八种，如《用后视镜看未来》（ *Forward Through the Rearview Mirror: Reflections On and By Marshall McLuhan* ）、《麦克卢汉：轻轻松松读懂他》（ *Marshall MaLuhan: Escape into Understanding* ）、《麦克卢汉入门》（ *McLuhan for Beginners* ）、《谁是麦克卢汉？》（ *Who Was Marshall McLuhan?* ）、《麦克卢汉：其人其讯息》（ *Marshall McLuhan: The Man and His Message* ）、《媒介是后视镜：理解麦克卢汉》（ *The Medium Is the Rear View Mirror: Understanding McLuhan* ）、《虚拟麦克卢汉》（ *The Virtual Marshall McLuhan* ）；《麦克卢汉传：媒介及信使》（ *Marshall McLuhan: the Medium and the Messenger* ）。

专刊有1998年《加拿大传播学季刊》夏季号的两篇专论，题为：《麦克卢汉：自何而来？去了何方？》，《麦克卢汉：渊源及遗产》。

还有2000年春季号的《澳大利亚国际媒介》专刊，含八篇文章，撰稿者都是西方研究麦克卢汉的大腕，文章题为：《重温麦克卢汉》《麦克卢汉是何许人？有何作为？》《媒介即讯息：这是麦克卢汉给数字时代的遗产吗？》《麦克卢汉式的社会预测和社会理论：几点思考》《匹夫参政开始露头：冲破麦克卢汉所谓听觉空间》《"媒介即讯息"的再思考：麦克卢汉笔下的中介和技术》《麦克卢汉，你在干吗？》《梳理麦克卢汉》。值得注意的是，过去对麦克卢汉不太恭维的詹姆斯·凯利也赞不绝口："在我们对文化、媒介和传播的理解中，他是一个关键人物。"最值得注意的是，大腕们众口一词，交口称赞，几无批评。麦克卢汉'复活'啦！

第三波的麦克卢汉热兴起于 2010 年前后，以麦克卢汉百年诞辰的纪念活动为高潮。国外的主要成果首推林文刚编辑并撰写的《媒介环境学：思想沿革与多维视野》。这本书是媒介环境学的小百科全书，以纪传体的方式介绍了该学派的十余位代表人物，是该学派划时代的成就。媒介环境学派已经进入自觉反思、系统总结、清理遗产、推陈出新、问鼎主流的新阶段。

在这个阶段，媒介环境学人研究麦克卢汉的其他成就有：会长兰斯·斯特拉特（Lance Strate）编辑的《麦克卢汉的遗产》（*The Legacy of McLuhan*）和《呼应与反思：媒介环境学论集》（*Echoes and Reflections: On Media Ecology as a Field of Study*）；科里·安东（Corey Anton）编辑的《价值评定与媒介环境学》（*Valuation and Media Ecology: Ethics, Morals, and Laws*）；保罗·格罗斯韦勒（Paul Grosswiler）编辑的《麦克卢汉的重新定位：文化、批判和后现代视角》（*Transforming McLuhan: Cultural, Critical, and Postmodern Perspectives*）；道格拉斯·库普兰（Douglas Coupland）为麦克卢汉作的传记《麦克卢汉说：你对我的著作一无所知！》（*Marshall McLuhan: You Know Nothing of My Work!*）。

特别值得注意的两本书是：特伦斯·戈登编辑的《理解媒介》（增订评注本，中译本已出）与罗伯特·洛根（Robert K. Logan）的专著《理解新媒介：延伸麦克卢汉》（*Understanding New Media: Extending Marshall McLuhan*）。洛根是麦克卢汉思想圈子在世不多的权威人士之一，这本书是对麦克卢汉思想的权威解读和最新发展。

二、中国大陆的麦克卢汉研究

令人高兴的是，我国本土学者赶上了第二波和第三波的麦克卢汉热。他的代表作《理解媒介》已经由我出了三个译本，只是名字略有不同。三者相距大约都在十年，第一本名《人的延伸——媒介通论》，第二本为《理解媒介——论人的延伸》，第三本叫《理解媒介》（增订评注本）。

国内第一批十余种传播学教材均用大篇幅介绍麦克卢汉的媒介理论，要者有戴元光等著的《传播学原理与应用》、张咏华著的《大众传播学》、李彬著《传播学引论》、董天策著《传播学导论》、张国良主编的《传播学原理》、邵培仁著《传播学导论》。

在第二波的麦克卢汉热中，大陆学者的成果数以十计，择其要者有：大学学报和其他刊物数以十计的论文，出版社出版的麦克卢汉著作、传记、讲演录和研究麦克卢汉著作达十余种。

以我个人为例，我主持、参与或主译的"大师经典译丛"（中国人民大学出版社）、"麦克卢汉研究书系"（中国人民大学出版社）、"媒介环境学译丛"（北京大学出版社）等相继问世。《机器新娘》《理解媒介》《麦克卢汉精粹》《数字麦克卢汉》《麦克卢汉如是说》《麦克卢汉书简》《麦克卢汉：媒介及信使》等相继出版。此外，与麦克卢汉研究相关的其他译作有：《传播的偏向》《帝国与传播》《手机：挡不住的呼唤》《真实空间：飞天梦解析》《莱文森精粹》《新新媒介》和《软利器》。

我发表的麦克卢汉研究论文有：《麦克卢汉的遗产：超越现代思维定势的后现代思维》《麦克卢汉在中国》《媒介革命与学习革命》《媒介即是文化》《硕果永存——麦克卢汉媒介理论述评》《多伦多传播学派的双星》《天书能读：麦克卢汉的现代诠释》《麦克卢汉的学术转向》等。我评介以麦克卢汉为代表的"媒介环境学派"的论文详见下文。

更可喜的是，国内学者研究麦克卢汉及其学派的专著问世了，已知的有四种：《媒介分析：传播技术神话的解读》（张咏华）、《媒介的直观：论麦克卢汉传播学研究的现象学方法》（范龙）、《知媒者生存：媒介环境学纵论》（李明伟）、《媒介现象学：麦克卢汉传播思想研究》（范龙）。张咏华是国内研究麦克卢汉学派的先驱，李明伟的书是全面论述媒介环境学的第一部专著，范龙的两本书是将麦克卢汉与现象学嫁接的可贵尝试。张咏华的书是国内第二波麦克卢汉热的重要成果，后面这三本书为国内的第三波麦克卢汉热推波助澜。

胡翼青的《再度发言：论社会学芝加哥学派传播思想》和《传播学：学科危机与范式革命》提醒学界注意传播学的平衡发展，追溯了媒介环境学的芝加哥社会学派源头。

在第三波的麦克卢汉热中，我译介了保罗·莱文森论媒介演化史的姐妹篇《新新媒介》和《软利器》，这两本书进入了"复旦新闻与传播学译库"的启动篇。《新新媒介》介绍互联网上的第二代媒介，包括硬件（黑莓手机、iPhone 手机、iPad 平板电脑等）和软件（博客网、维基网、"第二人生"、YouTube 和推特等）。《软利器》是媒介演化史最权威的著作之一，论述人类从古到今波澜壮阔的媒介演化，始于最古老的口语，终于 20 世纪末的互联网。《新新媒介》是《软利器》的后续篇。

三、媒介环境学的思想谱系

1968 年，尼尔·波斯曼首次公开使用媒介环境学这个术语。1970 年，他接受麦克卢汉的建议，在纽约大学创建媒介环境学的博士点。

任何学派的创生都必须同时具备三个条件：领军人物、原创思想和制度构建。媒介环境学的创建满足了这三个条件。

媒介环境学派的正名和定名经历了一个漫长的过程。它问鼎北美传播学核心和主流的征途也历经磨难。

该学派滥觞于 20 世纪初，却定名于 20 世纪后半叶。1998 年 8 月 4 日媒介环境学会才正式成立。该学派命途多舛，姑不论其萌芽和滥觞，即使从伊尼斯算起，也经历了几十年的坎坷。

媒介环境学经过了三代人的生命历程。

先驱人物有帕特里克·格迪斯、刘易斯·芒福德、本杰明·李·沃尔夫、苏珊·朗格等人。格迪斯是百科全书式人物，芒福德是城市生态学的创始人，沃尔夫主张语言相对论，强调语言对思维的影响，朗格是符号论美学代表人物。

第一代的代表人物有伊尼斯和麦克卢汉，他们是该学派的奠基人和旗手，他们的学问在 20 世纪 50 年代以后走向成熟。

第二代的代表人物在 20 世纪 70 年代登场。其中的代表人物尼尔·波斯曼、沃尔特·翁、詹姆斯·凯利国内学界也相当熟悉了。

跨越第二代和第三代的核心人物罗伯特·洛根，其著作非常值得我们注意和研究。

第三代的代表人物有保罗·莱文森、约书亚·梅罗维茨、林文刚、德里克·德克霍夫、兰斯·斯特拉特、埃里克·麦克卢汉，他们多半在 20 世纪 90 年代以后登场，目前活跃在世界各地。前四位的著作已陆续引进国内。

媒介环境学派的两个中心是多伦多和纽约。伊尼斯（惜过早去世）和麦克卢汉是多伦多学派的双星，麦克卢汉是其精神领袖，"文化与技术研究所"是其制度保证，《探索》和《预警线通讯》是主要的学术阵地。这里形成了一个跨学科研究的麦克卢汉圈子。

纽约学派和多伦多学派有明显的承继关系。1967 年，麦克卢汉成为福德姆大学的特聘教授，他播下了媒介环境学的种子，约翰·卡尔金在此培育种子，莱文森在这里耕耘，经过三代人的努力，媒介环境学春华秋实，蔚为壮观。

尼尔·波斯曼是纽约学派的精神领袖和旗手。1970 年，他在纽约大学创建媒介环境学博士点，培养了一百多位博士生、四百多位硕士生。他的诸多学生已经成为媒介环境学会的领导骨干。

媒介环境学的思想源头之一是芝加哥社会学派，胡翼青的专著和论文已对此进行论述，参见下文。

四、媒介环境学在中国

中国大陆的媒介环境学研究分为两个阶段，以 2006 年为界，此前的研究多半"见树不见林"，是对学派个别人物比如麦克卢汉和伊尼斯的研究，此后才转向对整个学派的研究。

分界点的标志之一是论文《异军突起的第三学派：媒介环境学评论之一》。

这篇论文有三个助产士。一是林文刚教授的编著《媒介环境学：思想沿革与多维视野》。2006 年，他以媒介环境学会副会长的身份访问深圳大学，委托我翻译这本书。二是李明伟的博士论文《媒介形态理论研究》，其"形态理论"就是北美的"媒介环境学"，后经他改写为专著《知媒者生存：媒介环境学纵论》。三是胡翼青博士的专著《传播学：学科危机与范式革命》，他论述的传播学三大学派（经验学派、批判学派和技术学派）与我异曲同工，他笔下的"技术学派"就是我所论的"媒介环境学派"。他的《传播学：学科危机与范式革命》启动了传播学界反思与前瞻的讨论。

国内"反思与前瞻"的学术氛围推动了媒介环境学的介绍和研究。仅以 2007 年的几个重要会议为例，5 月在南京大学召开的"新闻传播学前沿课题研讨会"、8 月在江西师范大学召开的"中国传播学高端学术研讨会"、12 月在深圳大学召开的"中国传播研究之未来"等会议的核心课题都是"反思与前瞻"，着重从宏观上研究学科危机、范式和发展、学派的梳理等问题。国人的研究不再局限于以施拉姆（Wilbur Lang Schramm）等人为代表的经验学派、德国法兰克福学派、英国文化研究学派和政治经济学派、法国结构主义学派，美国的批判学派、北美的媒介环境学派都纳入了我们的视野。

推动传播学"反思与前瞻"的主要成果有：陈卫星的论文《麦克卢汉的传播思想》和专著《传播的观念》；胡翼青的两部专著《传播学：学科危机与范式革命》和《再度发言——论社会学芝加哥学派传播思想》；陈力丹为胡翼青专著《传播学：学科危机与范式革命》所做的笔记。

从麦克卢汉研究转向整个学派研究的其他标志有：胡翼青的专著《再度发言》以及他的论文《媒介环境学的发端：从芝加哥学派到波斯曼》《媒介环境学的思想谱系：从芝加哥到波斯曼》；李明伟的专著《纵论》以及他的论文《媒介环境学派与技术决定论》《印刷传播与印刷时代的社会化》和《作为一个研究范式的媒介环境学派》。

一批新秀崭露头角。胡翼青唤起国内传播界的危机意识，追溯了北美传播学的主要源头"芝加哥社会学派"，难能可贵。李明伟以其博士论文、专著和系列论文为媒介环境学研究做出了特殊贡献。范龙博士将麦克卢汉研究与现象学嫁接，开辟跨学科研究的新视野，引人注目。刘海龙博士的教材《大众传播理论：范式与流派》"不追求面面俱到的传统教科书的叙述方式"，最后一章专讲麦克卢汉及其学派，相当公允。他认为，用技术决定论"这样一种简单的方式来评价麦克卢汉的理论并不公平。"

2006—2007年，我发表了评介媒介环境学的五篇论文，除上文提到的《异军突起的第三学派》外，其余四篇是：《媒介环境学辨析：媒介环境学评论之二》；《媒介环境学的思想谱系：媒介环境学评论之三》；《三代学人的薪火传承：媒介环境学评论之四》；《媒介环境学派的理论命题、源流与阐释：媒介环境学评论之五》。

2007年到2010年，由我操刀的北大"媒介环境学译丛"出了四种：

《媒介环境学：思想沿革与多维视野》《技术垄断》《口语文化与书面文化》《作为变革动因的印刷机：早期近代欧洲的传播与文化变革》，其中的前两种在我国台湾地区出了繁体字版（《技术垄断》更名为《科技奴隶》）。《作为变革动因的印刷机》是跨学科的奇书，许多学科争夺的宝贵资源。这套书为大中华媒介环境学研究提供了丰富而坚实的文献基础，也为传播史、神话研究、口语文化、科技史、技术哲学史、印刷史、欧洲近代史等学科提供了新的素材。

紫竹（秦州）撰《与女儿谈麦克卢汉》（长篇连载，紫金网，2009），对麦克卢汉及其学说做了详尽的普及。魏武挥撰长篇博客，逐章逐节为林文刚的《媒介环境学：思想沿革与多维视野》做详细笔记，并注入了自己的思考。他们二人扎扎实实的工作推进了媒介环境学的普及。秦州先生还率先开设了媒介环境学的专业课程。东北师范大学等学校也开设了类似的课程。麦克卢汉及其学派的思想和学说在中国进一步拓宽了。

五、海外的纪念热潮

麦克卢汉遗产管委会（The Estate of Corinne & Marshall McLuhan）推出纪念"麦克卢汉百年诞辰"的官方网站（MMXI, Commemorate 100 Years of McLuhan），排出了一个日程，简单介绍全球各地的四十余场论坛、讲演等纪念活动。

这仅仅是纪念活动的信息源头之一。其他值得重视的源头是多伦多大学的"麦克卢汉计划"，参与计划的出版社有加拿大的多伦多大学出版社和斯多达特出版社（Stoddart Publishing），美国的金科出版社（Gingko Press）和汉普顿出版社（Hampton Press）和德国的彼得·朗出版社（Peter Lang Publishing）。

兹将麦克卢汉遗产管委会提供的信息摘要介绍如下。

在 10 月下旬布鲁塞尔的"麦克卢汉的媒介哲学"研讨会上，主题讲演人有麦克卢汉的儿子埃里克·麦克卢汉（Eric McLuhan）、罗伯特·洛根、保罗·莱文森、格雷厄姆·哈尔曼（Graham Harman）和彼得 – 保罗·维比克（Peter-Paul Verbeek）。这将是一场跨学科的思想碰撞会。

其他值得注意的研讨会有：斯洛伐克 3 月份的"媒介大趋势"（Megatrends & Media: From Classroom to Global Village），布达佩斯三四月间的"麦克卢汉在匈牙利"（McLuhan in Hungary Workshops），奥斯陆 4 月间的"重访麦克卢汉"（Marshall McLuhan Revisited），多伦多 5 月间的"数字时代的外观—背景迁移"（Figure-Ground Shifts in the Digital Age），德国玛堡 5 月中旬的"地球村的今天：媒介与讯息的跨洋对话"（McLuhan's Global Village Today: Transatlantic Perspectives on Medium and Message），罗马五六月间的"理解今天的媒介"（Understanding Media Today），渥太华 7—10 月的"媒介融合"论坛（Media Mix: Communications in the Age of McLuhan），多伦多 11—12 月的"麦克卢汉的昨天，今天和明天"论坛（McLuhan: Then, Now, Next），等等。

六、如何深化麦克卢汉研究

我在此提出一些不成熟的建议，供同仁参考。

1. 扬弃"技术决定论"一说，采用林文刚教授的"文化/技术共生论"，既不接受"硬"技术决定论，又有条件地接受"软"技术决定论。

关于技术与文化的关系，过去常有人用"技术决定论"的帽子来贬低麦克卢汉。

粗线条地说，在这个关系上，媒介环境学派内部有三种倾向：麦克卢汉偏向"硬"决定论，莱文森偏向"软"决定论，林文刚主张"文化 / 技术共生论"。现在看来，林文刚的主张比较合理、更加成熟。

1978 年，麦克卢汉的私淑弟子莱文森初生牛犊不怕虎，批评麦克卢汉的"技术决定论"，麦克卢汉当即予以驳斥。

1999 年，在撰写《数字麦克卢汉》时，莱文森修正自己对麦克卢汉的评价："如今，用事后诸葛亮的眼光来看问题……我可以清楚地看见，用'媒介决定论'来描写他未必是妥当的。"莱文森提出"人性化趋势论"和"补救性媒介论"，他张扬人在技术发展中的创造能力和理性选择，对媒介演进和人类前途抱积极乐观的态度。

2005 年，在编写《媒介环境学》时，林文刚将以上这三种偏重不同的理论概括成一个连续体，处于两极的是硬决定论和软决定论，处于中间的是共生论。他说："处在这个连续体中部的是我所谓的'文化／技术共生论'。这个视角认为，人类文化是人与技术或媒介不间断的、互相依存的因而互相影响的互动关系。"

2. 开拓麦克卢汉研究的新路子。我们再也不能只满足于"老三论"（延伸论、讯息论和冷热论）。早在 1999 年的《数字麦克卢汉》里，保罗·莱文森就用 14 条麦克卢汉语录作为题解，分 14 章阐述麦克卢汉的 14 条理论：①"我不解释，我只探索"；②"媒介即讯息'；③"声觉空间"；④"无形无象之人"；⑤"地球村"；⑥"处处皆中心，无处是边缘"；⑦"光透射媒介对光照射媒介"；⑧"冷媒介与热媒介"；⑨"人人都出书"；⑩"电子冲浪"；⑪"机器把自然变成艺术品"；⑫"我们没有艺术，我们把一切事情都干好"；⑬"后视镜"；⑭"媒介定律"。

罗伯特·洛根的《理解新媒介：延伸麦克卢汉》是对麦克卢汉理论的继承和发展。全书分三部：第一部是作者的立论；第二部逐一讲解新媒介对麦克卢汉所论媒介的影响；第三部用麦克卢汉的视角解读"新媒介"。

胡翼青的《再度发言》和范龙论"媒介现象学"的两本书《媒介的直观》和《媒介现象学》是可喜的成果，已如上述。

3. 以麦克卢汉百年诞辰为契机，继续引进因各种条件限制尚未译介的

媒介环境学派经典著作，再引进三五种 21 世纪的新锐著作。译林出版社和
复旦大学出版社已迈出了大胆的步子。

4. 鼓励胡翼青、李明伟、刘海龙、范龙、秦州、魏武挥等青年才俊继
续开拓，创造条件帮助他们出版新的论著。

5. 研究麦克卢汉"媒介环境学"之外的媒介理论，比如他以《机器新
娘》为代表的文化批判思想和文学批评思想。

6. 关注今年世界各地麦克卢汉百年诞辰的最新成果。最值得注意的是：
2011 年 6 月下旬在阿尔伯塔大学举办的媒介环境学学会年会、2011 年 10
月下旬在布鲁塞尔举办的"麦克卢汉的媒介哲学"研讨会以及在多伦多、
巴塞罗那、柏林、布达佩斯等地的研讨会。

七、为传播学的均衡发展和本土化而努力

三十多年来，我译介了人文社科经典和名著四十余种，多半集中在文
化史、传播学、人类学等领域。传播学的介绍集中在麦克卢汉及其学派，
经验学派的介绍仅限于施拉姆的《传播学概论》，批判学派介绍了两本：汉
诺·哈特（Hanno Hardt）的《传播学批判研究：美国的传播、历史和理
论》和吉姆·麦圭根（Jim McGuigan）的《重新思考文化政策》。

学界对传播学派的划分略有差异，但大体上可归为三类：经验学派、
批判学派和媒介环境学派。几十年来的历史证明：经验学派一派独大；批
判学派在欧洲有市场，在美国"水土不服"；媒介环境学派在美国长期受
经验学派排斥。我深感有必要矫正传播学圈子失衡的缺憾，我非常希望批
判学派和媒介环境学派能够问鼎北美传播学的主流圈子。

从哲学高度俯瞰这三个学派，其基本轮廓是：经验学派埋头实用问题
和短期效应，重器而不重道；批判学派固守意识形态批判，重道而不重器；
媒介环境学派着重媒介的长效影响，偏重宏观的分析、描绘和批评，缺少

微观的务实和个案研究。

在传播学发展史上，首先成气候的是经验学派。它在第二次世界大战期间正式诞生，由拉扎斯菲尔德（Paul Lazarsfeld）、勒温（Kurt Lewin）、拉斯韦尔（Harold Lasswell）与霍夫兰（Carl Hovland）等四位先驱开拓，战后由"祖师爷"威尔伯·施拉姆钦定，具有明显的热战背景和冷战背景，其首要关怀是宣传、说服、舆论、民意测验、媒介内容、受众分析和短期效果，其哲学基础是实用主义和行为主义，其方法论是实证研究和量化研究，其研究对象是宣传、广告和媒体效果，其服务对象是现存的政治体制和商业体制。该学派称霸美国传播学研究达数十年，其根源在于美国文化里根深蒂固的实用主义和"崇美主义"。它骨子里抗拒和恐惧马克思主义，鄙视兴起于北美的媒介环境学。

后起的批判学派包括马克思主义的和非马克思主义的批判理论。批判学派的代表有德国法兰克福学派、英国文化研究学派、传播政治经济学派和法国结构主义学派。法兰克福学派是西方马克思主义的突出代表，对美国传播学产生影响的代表人物有霍克海默（M. Max Horkheimer）、阿多诺（Theodor W. Adorno）、马尔库塞（Herbert Marcuse）、席勒（Herbert Schiller）、本雅明（Walter Benjamin）等。这些学派对既存的美国体制产生强大的冲击，它们高扬意识形态的旗帜，因不服水土，故只能够在高校和文人的圈子里产生影响。

真正摆脱服务现存体制、解放传播学的却是以麦克卢汉为代表的北美传播学的第三学派——媒介环境学派。该学派有强烈的人文关怀、道德关怀、社会关怀，具有明显的批判倾向。

哈罗德·伊尼斯批判英帝国和当代资本主义在空间上的极度扩张，警惕美国文化对加拿大文化的负面影响，唤醒政府和民众抵制美国的文化霸权。

1951 年，麦克卢汉用《机器新娘》对美国文化的种种弊端和广告的

"洗脑"本质进行辛辣的鞭笞。20世纪60年代，他又以堂吉诃德的勇武单挑美国的主流传播学，把传播学从体制和书斋里解放出来。

1970年，尼尔·波斯曼接受麦克卢汉的建议在纽约大学创建媒介环境学的博士点，高扬人文主义和道德关怀的旗帜，深刻反思当代美国社会的弊端，严厉批判技术垄断，揭示电视文化和通俗文化的负面影响，高扬美国传播学的批判意识。他的媒介批评三部曲《技术垄断》《娱乐至死》和《童年的消逝》都已引进国内，并掀起了不小的波澜，引起了持续的关注。

媒介环境学以人、技术和文化的三角关系为研究重点，以泛环境论著称，主要旨趣在传媒对人和社会心理的长效影响。这个学派的崛起有力地矫正了经验学派独霸、批判学派式微的局面，为传播学研究开辟了一方新的天地。

传播学引进之初，中国学者们就对其本土化进行了严肃的思考，提出"系统了解、分析研究、批判吸收、自主创造"的"16字方针"。

1988年，吴予敏博士撰写《无形的网络：从传播学角度看中国传统文化》，为传播学的本土化开了一个好头。

厦门大学郑学檬教授主编的"华夏传播研究丛书"得到大中华地区学者的赞扬。这套书2001年由文化艺术出版社推出，共出了三本：《传在史中：中国传统社会传播史料选辑》（郑学檬），《说服君主》（黄鸣奋），《汉字解析与信息传播》（李国正）。

探索本土化的重要论文有：《华夏传播研究刍议》（黄星民，《新闻与传播研究》，2002年第4期），《一个传播学本土研究规范的考量》（王怡红，《中国传媒报告》2008年第1期），吴赟《传播学理论研究的东方版本——关于华人本土传播研究若干基本问题的思考》（2009年）。

2009年8月20日，华夏传播者联盟成立，其宗旨是："联合一切传媒界、广告界、企业界、知识精英等有志于建立一个可执行、实用化、实效化、易传播的华夏'和谐'文明体系的所有传播者，一起构建并传播这个体系，立足国内，面向全球，让华夏文化在世界文化之林有立足之地，为重塑世界文化新体系而奉献终身。"

任何东渐的西学都有一个消化吸收发展的过程，传播学的本土化，路漫漫，学界和业界正艰苦跋涉，向这个崇高的目的地前进。

下一个世纪的朋友：再说麦克卢汉百年诞辰[①]

今天（2011 年 7 月 21 日）是著名传播学家马歇尔·麦克卢汉的百年诞辰，为纪念他，我撰写了两篇文章：《面向未来的麦克卢汉》（上海《文汇报》7 月 11 日）和《为什么要纪念麦克卢汉？》（深圳《晶报》7 月 14 日）。媒体和读者反响热烈，意犹未尽，有业界人士代表读者向我提出一连串问题。看来，有必要用这篇文章回答一些问题：麦克卢汉的学术历程、传播学学派的博弈、麦克卢汉批评、麦克卢汉研究的中国语境等。

麦克卢汉一生拿了五个学位，完成了四次学术转向，经历了三个高峰。

他从工科转向文科、从文学批评转向社会批评、从文学转向传播学、从单一学科研究转向跨学科研究。

1951 年问世的《机器新娘》率先研究大众文化，是世界上第一部研究广告的学术专著，也是一本有深度的文化批评专著。

1962 年出版的《谷登堡星汉》研究印刷术，重写文明史，是整个西方历史的重新表述。

---

① 原载北京《科学时报》（2011 年 7 月 28 日）。有删节。

1964 年的《理解媒介》率先研究电子人，提出七条媒介定律，后来麦克卢汉与儿子一道将其提炼为媒介"四定律"。

他以文学"新批评"学派的深厚学养为基础，用全系的视角研究媒介形式，提出"媒介即讯息"的著名论断。

他率先研究大众文化，《机器新娘》对美国文化的种种弊端和广告的本质进行辛辣的鞭笞。他说广告的目的是"洗脑"，本质是"催眠术"，广告人是钻进消费者潜意识的"蛙人"，广告把消费者当作羔羊赶上崎岖的小道……《机器新娘》里的几十篇文章就像今天的短篇博客。

《谷登堡星汉》把电报式、跳跃性、博客式的风格推向极致，这一文风得罪了固守八股的传统学者。

《理解媒介》的理论篇提出七条媒介定律，应用篇共 26 章，研究 26 种媒介，暗合字母表的 26 个字母，这一丝神秘色彩符合最他重要的主张：除一神教外，塑造西方文明最伟大的力量就是拼音字母表。这些章节均短小精干，"只探索，不阐述"，读者叫苦不迭，经院派学者嗤之以鼻。

20 世纪 60 年代的学界对他亦臧亦否，毁誉参半，但北美的宣传机器几乎完全被调动起来为他服务，一些媒体竟把他捧为杰出的"思想家"，无数的麦克卢汉迷将其视为"北方圣人"。1969 年 3 月号的《花花公子》破例刊载了几万字的《麦克卢汉访谈录》。1993 创办的数字时代宣言书《连线》杂志供奉他为"先师圣贤"。

20 世纪 60 年代目击了麦克卢汉热的第一次高潮。此间，他与大众传播媒介一道把传播学从课堂和书斋里解放出来，献给了千百万民众。

此后，麦克卢汉思想圈子的学者沉潜下来，发扬光大他的思想，并于 1998 年创建了媒介环境学派，该学派以历史悠久的多伦多学派和纽约学派为核心，组建了媒介环境学会。如今，这个学派已然成为与传播学经验学派、批判学派相争相搏的第三学派。

媒介环境学派的特殊意义和优势在于：它不像经验学派固守为体制服

务的立场，不像批判学派那样执着于形而上的意识形态批判，而是居高临下地俯瞰人类媒介演化的历史，大尺度地研究媒介对人类社会和心理的长效影响。

媒介环境学派正在扬长避短，避免麦克卢汉汪洋恣肆的"诗性"，弘扬他的批判倾向，全方位开拓媒介理论。出类拔萃者有波斯曼、莱文森、德克霍夫、斯特拉特、梅罗维茨、林文刚、埃里克·麦克卢汉。1971年波斯曼创建了媒介环境学博士点，培养了数以十计的博士生、数以百计的硕士生和本科生，推出了《娱乐至死》《童年的消失》和《技术垄断》等经典；莱文森以《数字麦克卢汉》等理论力作奠定了自己"数字时代麦克卢汉"的地位；林文刚编辑并撰写了媒介环境学派的"小百科全书"《媒介环境学：思想沿革与多维视野》。

在我看来，20世纪60年代一些学者对麦克卢汉批评有失公允。原因有三：（1）批评者谨守学院派正统和实证主义研究方法，不习惯麦克卢汉那美学、诗性、文学、"探索"的切入视角，更不习惯他那幽默、俏皮、精警的语言；（2）他自身有弱点：研究强、教学弱（他承担的教学工作量远不如其他教授），"墙内开花墙外香"；（3）他太抛头露面，通俗报刊又帮倒忙。严肃的学者不应成为"大众情人"似的"公共知识分子"。

现在看来，麦克卢汉是"先师"而不是"圣贤"，是"先知"而不是"上帝"，是"怪杰"而不是"万能"。他面向未来、憧憬"意识的延伸"、人类的"太和之境"。他是21世纪的朋友、未来的朋友，对人类的技术和未来充满信心。

就是这样一个技术乐观主义者，对技术却一窍不通。他不会用电器，不用打字机，不会开车，不喜欢看电视，而是喜欢辩论，喜欢凌晨叫醒朋友谈新的发现，喜欢在辩论中打遍天下。

在《理解媒介》（增订评注本）里，编者戈登将20世纪60年代（如今学界对麦克卢汉的批评已偃旗息鼓）以米勒和翁贝托·艾柯（Umberto

Echo）为代表的批评归纳为七点（媒介不是讯息、麦克卢汉所谓的"媒介"太宽泛、并非一切媒介都是积极的暗喻、"媒介即讯息"有三重意思、语言不是媒介、麦克卢汉使用暗喻太随意、言语是印刷品一样的线性结构），并一一予以驳斥。我想，凡是对几十年学术史有所了解的人，都会同意戈登的反批评。

埃里克·麦克卢汉子承父业，与父亲合作并完成了《媒介定律》完善了媒介"四定律"，这是麦克卢汉《理解媒介》里所提媒介"七定律"的精炼和发展。他们父子雄心勃勃，试图比肩维柯的《新科学》和培根的《新工具》。"四定律"充满辩证法，用四个问题来表述就是：（1）媒介使什么得到提升或强化？（2）它使什么增大或提升？（3）它使什么再现？（4）它使什么逆转？但埃里克的兴趣分散在传播学和文学，其成就不如许多麦克卢汉的嫡传弟子和私淑弟子。

今年7月21日是麦克卢汉百年诞辰，世界各地都在纪念他。这是麦克卢汉热的第三次高潮。网上可以检索到的纪念活动有四五十场，访谈五六十种，出版的书籍十余种。

国内学者也积极唱和。上海交通大学主办了"麦克卢汉与全球传播"学术研讨会，福建师范大学承办的第九届中国跨文化交际国际学术研讨会也加上了麦克卢汉的纪念环节，新闻传播界的著名学术网站"紫金网"推出了"纪念麦克卢汉百年诞辰'媒介环境学专辑'"，中国人民大学学报《国际新闻界》2011年第7期推出了纪念麦克卢汉百年诞辰专辑，一些年轻学者主办的网络版"数字时代阅读报告"推出了麦克卢汉百年诞辰的研究专辑……

译林出版社2011年7月推出了《理解媒介》的增订评注本，作为麦克卢汉百年诞辰的最佳献礼。

《中国社会科学报》、上海《文汇报》、深圳《晶报》、《三联生活周刊》等媒体也发表了纪念文章：《面向未来的麦克卢汉》和《为什么要纪念麦克卢汉？》。

　　麦克卢汉的私淑弟子波斯曼说："麦克卢汉不是本世纪的朋友，而是下一个世纪的朋友。他是一个主张改良的人、面向未来的人、预言希望的人。"据此，憧憬未来的人们自然要怀念他。

麦克卢汉研究的三次热潮和三次飞跃 ^①

　　全球麦克卢汉研究有三次热潮和三次飞跃。第一波麦克卢汉热紧随他 1964 年的代表作《理解媒介》而兴起，第二波的热潮受互联网的推动而波澜壮阔，第三波的热潮与 21 世纪互联网的第二代"新媒介"同步推进。麦克卢汉研究的三次飞跃以三本书为标志，它们是：保罗·莱文森的《数字麦克卢汉》、特伦斯·戈登编辑的《理解媒介》（增订评注本）和罗伯特·洛根的《理解新媒介：延伸麦克卢汉》。

一、即时的书

　　2011 年初夏以来，国内学界呼应世界各地"麦克卢汉百年诞辰"纪念活动，借以推动大步前进的传播学研究和日新月异的"新媒介"研究。我积极响应，参加研讨会、参与访谈、撰写文章、授权六家媒体发表纪念文章和访谈，出版麦克卢汉《理解媒介》（增订评注本），发表《麦克卢汉的昨天、今天和明天：纪念麦克卢汉百年诞辰》。在这些文字里，我反复重

---

　　① 本文原载《华中学术》2012 年第 4 期。有删改。

申：罗伯特·洛根的专著《理解新媒介：延伸麦克卢汉》值得关注，是"麦克卢汉思想的权威解读和最新发展"，应该尽快介绍给中国读者。

这一愿望得到复旦大学出版社的大力支持。值此译作问世之际，我整理思绪撰写小文，梳理麦克卢汉研究的重要成果。

二、权威解读

作者罗伯特·洛根是麦克卢汉的同事、麦克卢汉思想圈子的核心成员，故能以最权威的洞见分析、批判、更新和发展麦克卢汉的媒介理论和传播理论。麦克卢汉在世的最后六年里，他们两人亲密合作，成果之一是1977年发表的论文《字母表乃发明之母》。

自20世纪70年代起，洛根一直活跃在跨学科研究和媒介研究的前沿。和麦克卢汉一样，他的学科跨度很大。在多伦多大学四十余年的教学生涯中，他的第一身份是物理学教授，但他的授课范围横贯文理。他在传播学领域卓然成家，是传播学第三学派媒介环境学派第二代的代表人物。

《理解新媒介：延伸麦克卢汉》卷帙浩繁，共51章，外加画龙点睛的"前言"和篇幅很长的附录"麦克卢汉方法论"。全书分三部，第一部为作者洛根的方法论，含第2—7章。第二部研究数字化对"旧媒介"的冲击，含第8—33章，各章题名与麦克卢汉的《理解媒介》类似，旨在解读和更新《理解媒介》。第三部集中研究"新媒介"，含第34—51章，每一章讲一种"新媒介"。

本书的正副标题正好说明两个主题："延伸"麦克卢汉学说，研究新媒介。现在看来，这两个任务都超额完成了。本书不仅是对麦克卢汉的"延伸"，而且是麦克卢汉研究的第三次飞跃。第一部和第三部阐述了作者的"新媒介"理论。在这个简短的译者前言里，我们就专辟两节，分别论述他在这两方面的突出贡献。

本书闪亮的思想不胜枚举，要者有：麦克卢汉的方法论 38 条，新媒介的特征 14 种，5 个传播时代，赋能技术 12 种，语言演化链里的 6 种语言，原生口语、次生口语和数字口语的三分法，对麦克卢汉媒介定律不厌其烦的阐述和应用……

三、三次热潮

20 世纪 60 年代，麦克卢汉横空出世，名震全球。第一波麦克卢汉热旋即兴起，巅峰是 1964 年的代表作《理解媒介》的出版和 1969 年 3 月号《花花公子》破例刊登的超长篇《麦克卢汉访谈录》。麦克卢汉像一颗巨星，以其独特的媒介理论照亮传播学晦暗的一隅；他又像一颗短命的彗星，于 20 世纪 70 年代黯然褪色。

第二波麦克卢汉热兴起于 20 世纪 90 年代，因互联网而起。

第三波麦克卢汉热兴起于 2010 年前后，与互联网的第二代媒介即"新媒介"或"新新媒介"同步推进，又借其百年诞辰的东风而势头更猛。

第一波麦克卢汉热令人震撼，标志很多，但毁誉参半。歌颂者称他为"继牛顿、达尔文、弗洛伊德、爱因斯坦和巴甫洛夫之后最重要的思想家""高级祭司""北方圣人"。"麦克卢汉学"殖之而起。

20 世纪 90 年代，第二波麦克卢汉热兴起。全球化、信息化、网络化、数字化的加速使人赫然顿悟：原来麦克卢汉是对的！新媒体的喉舌《连线》1993 年的创刊号封他为"先师圣贤"。推动这次热潮的有研究麦克卢汉的专著、专刊、传记和专题研讨会。其中的大量成果已译介到国内，要者有：《数字麦克卢汉》《虚拟现实与麦克卢汉》《麦克卢汉传：媒介及信使》《麦克卢汉书简》《麦克卢汉如是说：理解我》。这一波的麦克卢汉热全盘肯定麦克卢汉，以 2000 年春季号的《澳大利亚国际媒介》专辑为典型，这一组八篇文章交口称赞，不再有任何的负面批评。麦克卢汉"复活"啦！

第三波麦克卢汉热兴起于 2010 年前后，以麦克卢汉百年诞辰纪念活动为高潮。国外的主要成果首推林文刚编辑并撰写的《媒介环境学：思想沿革与多维视野》。这本书是媒介环境学的小百科全书，以纪传体的方式介绍了该学派十余位代表人物，是该学派划时代的成就。媒介环境学派已经进入自觉反思、系统总结、清理遗产、推陈出新、问鼎主流的新阶段。

这个阶段特别值得注意的还有两本书：特伦斯·戈登编辑的《理解媒介》（增订评注本）和罗伯特·洛根的专著《理解新媒介：延伸麦克卢汉》。洛根是麦克卢汉思想圈子在世不多的权威人士之一，这本书是对麦克卢汉思想的权威解读和最新发展。

四、三次飞跃

世人的麦克卢汉研究完成了三次飞跃，三次飞跃的代表是三本书，已如上述。莱文森是麦克卢汉的私淑弟子，戈登是麦克卢汉的传记作者和批评家，洛根是克卢汉的同事及其思想圈子的核心成员。

中国读者非常熟悉莱文森，因为他的七部哲学和传播学著作已经由我悉数引进国内。他是"数字时代的麦克卢汉"，是横跨哲学、传播学、媒介理论、科幻文艺、音乐的奇才。

《数字麦克卢汉》是一本三合一的书，既是麦克卢汉评传，又是一部专著，而且是"信息化新纪元指南"。它痛快淋漓、论说清晰、内容丰赡，分 14 个专题研究麦克卢汉。每个专题用一条麦克卢汉语录破题，同时用作者的一句话解题。

《数字麦克卢汉》是麦克卢汉研究的第一次飞跃，有了它的解读，难以读懂的麦克卢汉就容易理解了。

《理解媒介》（增订评注本）完成了麦克卢汉研究的第二次飞跃。

该书 2003 年编订，2011 年由译林出版社推出中译本，以纪念麦克卢汉百年诞辰。这个增订评注本的最大贡献是：

1. "规范"了麦克卢汉。众所周知，麦克卢汉的著作从来就不遵守图书的一般规范，没有注释、附录或索引。戈登为这个增订评注本编制了人名索引、主题索引，加了注释。

2. "特伦斯·戈登序"提炼了麦克卢汉的十条理论：泛媒介论；媒介成双结对；言语和电光是不结对的两个例外；媒介影响；新媒介不替代旧媒介；媒介冷热的意义；媒介对神经系统的"关闭"和"截除"影响；媒介的"内爆"产生"地球村"；媒介引起感知比率的变化；理解媒介就是理解新旧媒介的关系。

3. 增补了两个非常重要的"附录"和"关键词"。"附录一"是麦克卢汉的"理解新媒介研究项目报告书"（1960 年 6 月 30 日），首次刊布，这是 1964 年版《理解媒介》的雏形。读者可以借此追溯麦克卢汉思想形成和发酵的过程，体会他创新思想坎坷的命运。

4. "附录二"梳理、批驳了"评论界对《理解媒介》的批评"。

5. 为每一章节撰写编者按，提供理解麦克卢汉思想的钥匙和指南。

麦克卢汉研究的第三次飞跃由洛根完成，集中体现就是我们正在介绍的这本书。

《理解新媒介：延伸麦克卢汉》对麦克卢汉的方法论（38 种）做了很全面的小结。这是继莱文森《数字麦克卢汉》和戈登《理解媒介》（增订评注本）的重大成就，是麦克卢汉媒介理论最详尽、最权威的解读。

兹将洛根归纳的麦克卢汉方法论抄录如次：

①媒介与技术是等价词；②技术是人体的延伸，媒介是心灵的延伸；③媒介是活生生的力的漩涡；④媒介创造新的社会模式并重构人的感知；⑤"媒介即讯息"；⑥任何新媒介的内容都是另一种旧媒介；⑦杂交系统；⑧媒介的阈下效应；⑨媒介的反直觉效应；⑩ 人成为技术的延伸；⑪ 社会仿效其技术；⑫ 地球村；⑬ 后视镜：历史是媒介研究的实验室；⑭ 三个

传播时代；⑮ 断裂边界；⑯ 声觉空间对视觉空间；⑰ 文字、拼音字母表和印刷机；⑱ 书面文化时代的分割化；⑲ 电速条件下出现的新信息模式；⑳ 集中化对非集中化；㉑ 整合与多学科研究对专门化；㉒ 硬件对软件和信息；㉓ 冷与热／光照射对光透射；㉔ 作为防止媒介余波效应的媒介研究；㉕ 理解新媒介的利弊；㉖ 不做道德判断；㉗ 客观性的迷思；㉘ 口语传统与探索；㉙ 作为雷达与早期预警系统的艺术；㉚ 过时的技术成为艺术形式；㉛ 多学科研究；㉜ "媒介分析"对"内容分析"；㉝ 界面和模式研究而不是"观点"研究；㉞ 外形—背景关系；㉟ 因果关系的逆转；㊱ 使用者是媒介的内容；㊲ 一种反学院式研究的偏向；㊳ 媒介定律。

　　罗伯特·洛根这本书是对麦克卢汉理论的继承和发展。全书分三部，第一部是作者的媒介理论；第二部逐一讲解新媒介对麦克卢汉所论媒介的影响，有所更新；第三部用麦克卢汉的视角解读"新媒介"，有所发明。

五、麦克卢汉媒介理论的继承和发展

　　麦克卢汉的媒介理论可以概括为"老三论""七原理"和"四定律"。

　　阐述麦克卢汉媒介理论的研究成果可以概括为"新十论"和"三十八论"。

　　洛根的媒介理论是一个包容而开放的体系。

　　麦克卢汉的"老三论"是：媒介是人的延伸，媒介即讯息，冷媒介和热媒介，读者已耳熟能详。

　　他的"七原理"反映在《理解媒介》第一部的 7 章标题里，我们在此予以概括和解读：①媒介即讯息；②热媒介和冷媒介；③媒介的逆转；④媒介的麻木性影响；⑤杂交媒介；⑥媒介是转换器；⑦分割化和专门化对西方文明的挑战。

　　他的"四定律"结晶于一篇论文和一部专著。论文和专著同名：《媒介定律》，论文发表在国际普通语义学杂志《等等》（第 34 卷第 2 期第 173—179 页）上，专著由麦克卢汉父子合作完成，1988 年问世。

专著的全名是《媒介定律：新科学》。书名揭示了麦克卢汉的冲天豪气，他企图构建最权威的媒介理论，使之堪比维柯的《新科学》和培根的《新工具》。

这四条定律媒介描绘媒介的四大功能：①提升；②过时；③再现；④逆转。展开表述为：①每一种媒介或技术都提升某种人的功能；②如此，它使以前的某种媒介或技术过时，那过时的媒介或技术曾被用来完成某种功能；③在完成其功能时，新的媒介或技术再现以前的某种旧的形式；④推进到足够的程度时，新的媒介或技术就逆转为一种补足的形式。

莱文森阐述麦克卢汉的"十四论"，戈登提炼麦克卢汉的"十论"，洛根提炼麦克卢汉的"三十八论"，已如上述。

在此基础上，洛根系统地构建了自己的媒介理论。其亮点集中反映在《理解新媒介：延伸麦克卢汉》的第一部和第三部里。

他站在伊尼斯和麦克卢汉两位巨人的肩头上，吸收了麦克唐纳·特沃尔《虚拟麦克卢汉》和保罗·莱文森《数字麦克卢汉》等精华，完成了自己的创新，要者有：

1. 新媒介的特征十四种；

2. 语言演化链里的语言六种；

3. 五个传播时代；

4. 口语文化三阶段：原生口语、次生口语和数字口语；

5. 媒介内容的四分法：物质域，心灵域，媒介域，符号域；

6. 赋能技术十二种；

7. 用麦克卢汉的媒介"四定律"解读"手用工具""机械技术""蒸汽动力""电力技术""电力媒介"和"数字新媒介"，并解读迄今为止的每一种"新媒介"。

现将洛根的理论创新概述如下。

1. 新媒介的十四种特征是：①双向传播，②"新媒介"使信息容易获取和传播，③"新媒介"有利于继续学习，④组合与整合，⑤社群的创建，⑥便携性，⑦媒介融合，⑧互操作性，⑨内容的聚合，⑩多样性、选择性与长尾现象，⑪消费者与生产者的再整合，⑫社会的集体行为与赛博空间里的合作，⑬再混合文化，⑭从产品到服务的转变。

2. 他断言，语言乃"心灵之延伸"，口语、文字、数学、科学、计算技术和互联网是人类语言演化链的六种语言。

他甚至猜想，谷歌和数据空间是语言演化链的第七种语言和第八种语言。他说："我开始相信，谷歌是第七种语言，将加入言语、文字、数学、科学、计算技术和互联网的大家庭，形成一根语言演化的革命链条。"他又说："我们业已确认的七种语言是互动式媒介。它们是言语、文字、数学、科学、计算语言、互联网和谷歌……和以上七种语言一样，数据空间也有独特的语义和……句法……因此我们建议把数据空间视为人类认知能力演化中的第八种语言。"

3. 麦克卢汉将传播史分为三个时代：口语传播时代、书面传播时代和电力传播时代。在此基础上，洛根将传播史分为五个时代：①非言语的模拟式传播时代，②口语传播时代，③书面传播时代，④大众电力传播时代，⑤互动式数字媒介或"新媒介"时代。

4. 沃尔特·翁将口语文化划分为两个阶段：原生口语文化和次生口语文化。他所谓的次生口语文化是电力媒介比如电话、广播、电视产生的口语文化。洛根区分三种口语。他说："我想指出，还有第三种口语即数字口语。第三种口语或曰数字口语，是电子邮件、短信的口语。"

5. 媒介内容的二分法：符号域和物质域。符号域再分为两个子域：心灵域与媒介域。媒介内容进一步一分为四：①物质域，②心灵域，③媒介域，④符号域。他说："我们这个新二元世界包括以下几个领域：①物质域，相当于笛卡尔的'广延实体'，②心灵域，包括人的心灵及其抽象思想、观念、语言、文化和模因，相当于笛卡尔的'思维实体'（*res cogitans*），③媒介域，包括一切符号思想的产物，④符号域，心灵和媒介域的总和。"

6. 所谓赋能技术是使"新媒介"得以生存的要素，赋能技术（enabling technologies）分四大类，共十二种。四大类是：①各种表现形式的电子技术，②各种表现形式的信息储存器，③通讯基础设备，④开放源方法论与技术。

主要的赋能技术有 12 种：①电子技术，②鼠标与图形用户界面，③触觉技术与嗅觉技术，④超链接，超文本与超媒介，⑤调制解调器与非对称式数字用户线路，⑥光纤，⑦通信卫星，⑧无线保真，蓝牙与火线，⑨开放源码技术与维基，⑩维基与维基百科，⑪普适计算，⑫简易信息聚合。

六、"新媒介"研究的开放系统

《理解新媒介：延伸麦克卢汉》的"新媒介"研究几乎详尽无遗。但洛根深知，即时这个"详尽无遗"研究系统也已经"过时"，他无论如何也赶不上日新月异的"新媒介"革命。所以他在"前言"里坦承：任何著作都是"过时"的成果，追赶不上迅速变化、已然变化的形势。"形塑本书的洞见之一是：一旦某物成形，它就已经过时。这一论断适用于本书。我向出版社交付手稿时，它全然是最新潮的著作，但此刻它已过时。在编辑、排印和发行的过程中，媒介又有了新的发展。"

麦克卢汉说得好："如其运转，则已过时。"《理解新媒介：延伸麦克卢汉》的撰写工作，2008 年业已杀青，从交稿到印行的 2010 年，书中涉及的新媒介几乎面目全非。为了弥补这一缺憾，他为本书创建了一个网站，意在不断更新，追赶新潮，接受反馈，听取批评。请读者检索这个网站：

http://understandingnewmedia.org。

　　《理解新媒介：延伸麦克卢汉》的意义不在于追赶新媒介的发展，而在于作者治学的媒介环境学理论、方法论和跨学科框架。这是一个开放的系统。

痛快淋漓说美国 ^①

> 题解：《机器新娘》享有若干"第一"：麦克卢汉的第一部专
> 著，大众文化研究的开山之作，世界广告研究的第一部专著，率
> 先启用图文并置的版式，乃文学与社科跨界的先锋之作。

麦克卢汉不但是电子时代的先知先觉，而且是大众文化的先知先觉。半个世纪之前，他研究大众文化的第一部专著《机器新娘》不仅受到冷遇，而且差一点胎死腹中，出版社举棋不定，整整给他拖了六年！他的研究仿佛是来得太早了。

他给世人留下十余种著作，其中代表作有三部：《机器新娘》，讲工业人和广告；《谷登堡星汉》，讲印刷人；《理解媒介》，讲电子人。他批判工业人、悲叹印刷人、欢呼电子人。诚然，他的世界声誉在1964年出版《理解媒介》之后才迅速崛起；但是早在20世纪50年代，他就已经在北美大陆广为人知了。

经过半个世纪的世事沧桑之后，这本书还有用吗？回答是肯定的。电

---

① 本文是《机器新娘》（中国人民大学出版社，2004年）的译者序。这次收进《问麦集》时添加了"题名"，有删改。

子时代虽已来临，但工业世界并未死亡，工业时代闪耀的广告明星还在每日每时轰炸我们，大众文化的滚滚洪流巨浪排空，有可能淹没我们。如果不想被摧毁、被淹没，不想成为可怜的猎物，我们还要研究它们、理解它们、利用它们。

关于广告和流行文化对人的负面影响，麦克卢汉1951年版《机器新娘》的自序，开篇就给读者一个当头棒喝："有史以来第一次，在我们这个时代里，成千上万训练有素的人耗尽自己的全部时间，以便打入集体的公共头脑。打进去的目的是为了操纵、利用和控制。旨在煽起狂热而不是给人启示，这就是他们的意图。在脑子里留下持久的烙印，使大家处于无助的状态，这就是许多广告造成的后果，也是许多娱乐造成的后果。"

他把媒介比喻为暴君，警谕世人被媒介奴役的危险处境："如今，暴君搞统治不是靠棍棒或拳头，而是把自己伪装成市场调研人。他像牧羊人一样用实用和舒适的方式，把羔羊赶上崎岖的小道。""今天我们无意之间面对的紧身衣是机器……技术是抽象的暴君，其破坏性深入我们的心理。""广告商总是竭力进入并控制公众的无意识头脑，目的不是理解或表现这些头脑，而是为了利用公众的头脑以榨取利润。"

广告的作用就是洗脑，就是猛攻消费者的无意识。20世纪50年代，消费者的确是像浑浑噩噩的羔羊，好莱坞罐装的美好生活使电影迷神魂颠倒，使没有财力的人也要仿效电影明星的生活方式。广告刮起的攀比之风使人掉入超前消费的陷阱而不能自救。麦克卢汉有一个经典的比方：大众文化兜售的梦幻就像滋味鲜美的诱饵，目的是要分散看门狗的注意力，以便盗贼偷袭成功。他说："效果良好的广告达到目的的手段，一是干扰读者的注意力，使之看不到广告的预设，二是悄悄地与其他层次的经验融合在一起。在这一方面，广告是玩世不恭、蛊惑人心、阿谀奉承的最高形式。"

但是，如果不加分析地一味反对广告，那就等于是给它喝彩。他说，广告只不过是一种意义双关的哄骗，目的是分散吹毛求疵的感官的注意力。

那些一辈子把精力花在抗议"虚假而骗人的广告"上的人，实在是广告客户的天赐恩主，正如绝对禁酒者是酿酒人的天赐恩主，道德检察官是书籍和电影的天赐恩主一样。

《机器新娘》给工业人敲响了警钟，它有点令人不解，但它的确是一场及时雨。诚如菲利普·B.梅格斯（Philip B. Meggs）所云："在这个时代，工业社会正在努力弄懂技术如何改变世界；传播媒介——尤其是电视——如何改变人的思维模式；政界人物和大企业如何控制媒介、开拓市场、把人们引向有利于信息提供人的道路。恰逢其时，麦克卢汉提出了一个可以理解的理论，他说明正在发生什么事情、为什么要发生这样的事情。"

这是一本超前的书，是最早研究广告的学术专著。那时的学界普遍认为，广告、漫画和小报寥无意义、鸡毛蒜皮，不能登大雅之堂。学者们对大众文化的态度常常是讥讽和蔑视。麦克卢汉脱离一般学者的窠臼，用严肃的态度研究大众文化，尽管他做了深刻的大众文化批评和社会批评，他还是受到学界的诟病。所以这个早产儿并非是人见人爱、呵护拥抱的。

这是一本创新的书，他的形态崭新：59篇文章配59幅图片，包括广告、漫画、海报、书刊封面；每一篇文章前配上几句俏皮话，作为探索的手段，以激发读者的思考。

这是一本意蕴深刻的书。讥讽和犀利的文字指向社会生活的许多方面：广告、娱乐、电影、教育、运动、机器、报纸、汽车、漫画、西部片和肥皂剧等。

麦克卢汉以调侃的语气揭示大众文化现象隐藏的信息。他以惊人的洞察力和犀利的手术刀，解剖了美国文化中的性泛滥、性虐待、性疲惫，揭露了性爱＋暴力＋死亡的骗人把戏。仅第38篇文章"机器新娘"就有好几段这样的论述，说明他独具只眼的洞察力。"男人很容易就成了温柔和诡计的俘虏。但是，处在展示台大腿的包围之中，他们并不是觉得被打败了，而是觉得被打痛了……性的确是被夸大了。人们把它与市场机制联系起来，使它与工业生产的非人格技术挂起钩来。""性疲惫和性迟钝既是广告战的原因，又日益成为广告战的产物。在排炮般的猛轰之下，任何反应都不可能是长期敏锐的。有幸残留下来的，仅仅是把人体当作性爱机器的观点，然性爱的机器却只能够展示某种具体的战栗。这就是性爱的极端的行为主义观，它把性体验简化为力学和卫生的问题。我们周围或明或暗的观点，正是这样一个极端的观点。这样做的结果必然是肉体欢乐与生殖的分离，必然是同性恋。""卓别林的艺术是大众梦幻的艺术，在背景中恍惚起作用的艺术。这个背景从来是无法把握的，也是看不见的。这种恍恍惚惚的作用，使泛滥的性事、技术和死亡的组合形象，似乎成为亘古不变的东西。这就是机器新娘的神秘面纱。"

第 31 篇 "吸引眼球" 也有类似的议论："抛开道德问题不谈，无处不在的女性裸体，对少年和男人培养理性的超脱力与鉴赏力是没有好处的。在这样的环境里，思想的繁荣或情感的成熟，实在是无从谈起。光顾滑稽表演的人，老是产生幻觉并看见其无所不包的千姿百态，这似乎是他们特有的幻觉。同理，少年在成长的过程中，看见蜂拥而至的塞壬妖女，闻到令人心醉的合成香水；他们在这种环境里长大，似乎也会产生某种特别的幻觉。"

第 33 篇讲香车美人是性的象征："汽车广告却把这个问题说得很明白：人们普遍把汽车当作子宫的象征，而且又奇怪地把它当作阴茎的象征。""把汽车当作子宫和阴茎的象征来展示，你就可以更好地开拓汽车市场，因为汽车广告推销的既是曲线美和舒适，又是威猛的力量。"

第 54 篇则讲机器是工业人的图腾："野兽引起的恐惧，使部落社会从心理上钻进了图腾动物的身子。今天，这样的恐惧仍然再现于一些人的身上。他们在机器世界里感到困惑或压抑，心理上像金属一样坚硬而光滑，但容易脆裂。美女和公司主管在大众想象中的烙印，已经进入机器图腾了。"

第 59 篇提到西部片和肥皂剧体现了美国两个分裂的传统：边疆与家乡，分裂是工业人的特征之一。西部片是男人永恒的边疆，肥皂剧是女人情感的家乡。他说："这两个传统是分裂的，而不是融合的。它们显示的极端的分离是商业与社会、行动与感情、公务与家庭、男人与女人的分离——这就是工业人的特征。这样的割裂是无法修补的，除非我们完全体会到了这样的割裂。"

在同一篇文章里，麦克卢汉把这个分裂的主题发挥得淋漓尽致。"边疆世界是我们思想感情的焦点之一，它正在逐年成为越来越庞大的工业民俗产业。历史上的边疆离我们越来越远，想象中的边疆却越来越近、越来越清晰。""为什么这一代人偏要迷恋过去的边疆呢？这是因为西部片的世界是一个永恒的、高度程式化的世界。这个世界里的男人、女人、骏马、佩枪、衣裙和农舍，都是新潮的时尚和西尔斯公司供货目录里找不到的东西。""这个幻想中的西部给我们提供了骑士的冲劲，提供了生机勃勃、没有顾忌的个人主义……对于被宏大的工业搞得晕头转向的人而言，幻想中的西部恢复了人性的尺度。商业社会在垄断官僚政治的道路上走得太远；对这个社会而言，西部托起了很久以前孤军奋战的企业家的形象。历史的现实越来越模糊，电影中的西部形象却越来越清楚——其原因就在这里……与此文化动态紧密相关的是工业社会深深的怀旧情绪，怀旧情绪是由于急速的变迁产生的。""对于千千万万的男人来说，西部片描绘了一个令人安心的、简单的、与家庭小圈子不同的世界，不存在经济问题的世界。在那个领域，两性的交欢同样是简单的事情，不必要烦琐而细腻的求爱，约会也不需要长期的准备……海明威受欢迎的原因之一，就在于他与美国男性的看法一致：两性的交合不应该经过复杂的程序。""稍一留意就可以看到，西部片中的硬汉与理想中的商人和运动员具有一些共同的品质：肉体的苦行和艰苦的生活……牛仔和那些加足马力向前冲的企业主管一样，是没有爱欲的偶像。他们情绪上不会有起伏，不为外界所动，只会对一个很小领域的经验做出反应。他们能够当机立断，但是他们不会动情。因此和商人一样，他们不能够扮演爱情的角色。""西部片和报纸上的体育版一样，是男人的世界，从家务中解放出来的世界。肥皂剧是女人的世界，负载着个人的问题；这是一个家乡的世界，而不是生活条件差的边疆世界。""肥皂剧中没有太阳，只有焦虑和哀怨，充斥着尽人皆知的常识。其主题是，'生活可以是美好的'——不过事实是生活永远不美好。但是这些没完没了的连续剧比西部片成熟得多，正如美国女人的典型特征是比男人成熟一样。肥皂剧比西部片更加符合现实生活，因为它们表现的情况常常是非常贴近普通的家居生活经验的。"

这59篇"杂文"，酣畅淋漓、嬉笑怒骂，麦克卢汉的文学休养和修辞手法出神入化、趋向完美。许多言论闻所未闻、非常另类，因此许多人对他心存疑虑，怕他是卫道士和伪君子。其实他既不卫道也不虚伪。他的目的并不是攻击广告，甚至不是批评广告，而是要了解广告暴政的运作机制，是为了深入公众的集体大脑，剖析机器和广告操纵、利用并控制人的严重后果，使人从浑然不知的状态中清醒过来。他说，只要保持一种超脱的距离，就不至于淹没在大众文化的漩涡中，就不但可以自救，而且可以欣赏工业民俗的无限美景。他又说，工业人就像乌龟，对自己背上美丽的花纹浑然不觉。他的目的之一，就是要向人们展示流行艺术身上美丽的花纹。

麦克卢汉的身上有许多悖论。人们说他搞技术决定论，可是他患有技术恐惧症。他不开车，不用打字机，不用电脑，基本不看电视。有人说他是卫道士，这有一定道理，因为他是非常保守的天主教徒，直到他去世的前几年，他还在坚决反对堕胎。可是对大众文化，他却从不宽容走向宽容。这个转变过程发生在1936年，那是他教学生涯的第一年。他发觉难以和学生交流，因为他不懂学生欣赏的流行艺术。他说："有许多年，直到我写《机器新娘》，我对一切新环境都抱着极端的道德判断的态度。我讨厌机器，厌恶城市，把工业革命与原罪画上等号，把大众传媒与堕落画上等号。简言之，我几乎拒斥现代生活的一切成分，赞成卢梭式的乌托邦。但是我逐渐感觉到这种态度是多么的无益无用。我开始意识到 20 世纪的艺术家——济慈、庞德、乔伊斯、艾略特等人——发现了一种迥然不同的方法。这个方法建立在认知过程和创造过程合而为一的基础上。我意识到，艺术创作是普通经验的回放（playback）——从垃圾到宝贝。我不再担任卫道士，而是成了小学生。"

另一方面，他批评大众文化正是为了捍卫文化传统。他说："因为我对文学和文化传统有道义上的责任，我就开始研究威胁文化价值的新环境。我很快就发现，这些新东西用道德义愤或虔诚义愤是挥之不去的。研究证明，我们需要一种全新的方法。既是为了拯救西方遗产中值得拯救的东西，也是为了帮助人们找到一种新的生存策略。我写《机器新娘》时，用这个新方法小试牛刀。我浸泡在媒介之中，努力弄清媒介对人的影响。即便如此，我的一些传统的文字文化的'观点'偏向，还是不知不觉地钻了进来。"

这是一本经典之作，透露出深刻的文化批评和社会批评，文字幽默，态度严肃，调侃而不古板，戏谑而不僵硬。不得其妙的人把它当作不入流的"低额头"或"中额头"，其实这是"高额头"才能欣赏的艺术杰作。他用了象征派诗歌的"并置"、报纸的"拼合"、"马赛克"的拼图、侦探小说的倒叙、电影的蒙太奇、电视的闪回、修辞的暗喻、讥诮的双关，把语言的表现力发挥到无以复加的地步。在"另类"的手法和灵动的文字背后，其实跳动着一颗悲天悯人的博爱之心。

大众文化研究的开山之作：
读麦克卢汉《机器新娘》^①

"卓别林的艺术是大众梦幻的艺术，在背景中恍惚起作用的艺术。这个背景从来是无法把握的，也是看不见的。这种恍恍惚惚的作用，使泛滥的性事、技术和死亡组合形象，似乎成为亘古不变的东西。这就是机器新娘的神秘面纱。"

"如今，暴君搞统治不是靠棍棒或拳头，而是把自己伪装成市场调研人。他像牧羊人一样用实用和舒适的方式，把羔羊赶上崎岖的小道。"

"广告商总是竭力进入并控制公众的无意识头脑，目的不是理解或表现这些头脑，而是为了利用公众的头脑以榨取利润。"

《机器新娘》初版于 1951 年，它揭穿了商界的赢利花招。这面镜子离我们不远，它使我们看到，媒介消费者仍然被人牵着鼻子走，而且是那样地轻易信人，那样地高高兴兴。

这是一本超前的书，它是最早研究广告的学术专著，是大众文化批评的力作。

---

① 本文原载上海《文汇报》"书缘"（2004 年 11 月 20 日）。有删改。

这是一本创新的书，它形式新颖，语言俏皮，图文并茂，59篇短小杂文，配59幅图。

这是一本隽永的书，它常读常新，回味无穷，五十年以后又出了新版。现在的中译本就是根据新版翻译的。

《机器新娘》是麦克卢汉给世人留下的三大经典之一，是大众文化批评的力作。

它走在时代的前列。那时的学界普遍认为，广告、漫画和小报寥无意义、鸡毛蒜皮、庸俗不堪，岂能登大雅之堂。学者对大众文化的态度常常是讥讽和蔑视。麦克卢汉脱离一般学者的窠臼，用严肃的态度研究大众文化。

说它深刻，因为它讥讽和犀利的文字指向社会生活的许多方面：广告、娱乐、电影、教育、运动、机器、报纸、汽车、漫画、西部片和肥皂剧等。

说它经典，因为它透露深刻的文化批评和社会批评，文字幽默，态度严肃，调侃而不古板，戏谑而不僵硬。他调动一切修辞手段，把语言的表现力发挥到无以复加的地步。在"另类"的手法和灵动的文字背后，其实跳动着一颗悲天悯人的博爱之心。

说它创新，因为每一篇文章前都配了几句俏皮话，用以探索，用以激发读者的思考。可是这59篇杂文的题目全都是暗喻，题目之下俏皮话也像"天书"，可能会难倒一些读者。为了帮助读者理解麦克卢汉式的笔法和幽默，我们对一些篇目的标题做如下一些题解。

"报纸头版"：工业人的"日记" / "新闻嗅觉"：政治风云的镜子，原始的吼叫 / "革命无恙"：性、技术和死亡的烙印 / "木偶麦卡锡"：机器是暴君，人是木偶 / "听节目的自由"：忍受或闭嘴的自由 / "时尚的书"：读书俱乐部大发横财 / "犯罪无益"：罪案文学使我们成为好人吗？ / "伟大的书"：哈佛大学的人才装配线 / "盖洛普民意测验"：它能够提高我们的认识能力吗？ / "市场研究"：认识工业人的梦境 / "男女合校"：让男生和女生适应中性的、无人格的生产和分配／"贫穷的富人"：成功的富人思想饥饿／"杰出男人"：广告的势利诉求／"讨人喜欢"：男人爱的是什么：女人还是肥皂？／"孤儿安妮：美国式的成功戏剧／"抚养"爸爸：第二代美国移民对母国文化的反叛／"金发"悍妇：美国男人遭遇"妻管严"／"全身光鲜"：时尚来也突然、去也突然／"吸引眼球"：美女是秀色可餐的代用品吗？／"镜中女"：美女与野兽／"丈夫的选择"：香车美人：性与技术的双重变奏／"爱神装配线"：广告商与好莱坞源源不断地生产"爱神"／"机器新娘"：性事、技术和死亡是亘古不变的主题／"超人"：征服和失败的故事／"作为静物照的尸体"：犯罪、暴力和死亡／"福尔摩斯"：中产阶级的英雄和超人／"自由"：富有就是自由？／"可乐与美女"：一尘不染，甜美、无性、端庄、纯真的肥皂泡／"鼓手美人"：不识爱情滋味的美女，大众崇拜的团队偶像／"教育"：市场不需求头脑发达、人格独立的学生／"博加特英雄"：大亨的风险是金钱，匪帮的冒险是性命／"漫画自有黄金屋"：赚钱的行当，艺术家的沃土／"瘦身曲线"：血肉之躯成了机器／"西部片与肥皂剧"：男人的边疆，女人的家乡。

他断言，广告的作用就是洗脑，就是猛攻消费者的无意识。他用了一个经典的比方：广告兜售的梦幻就像滋味鲜美的诱饵，目的是要分散看门狗的注意力，以便盗贼（广告商）偷袭成功，赚取利润。他宣示：广告的目的"一是干扰读者的注意力，使之看不到广告的预设，二是悄悄地与其他层次的经验融合在一起。在这一方面，广告是玩世不恭、蛊惑人心、阿谀奉承的最高形式。"

但是，他又不盲目反对广告。他认为，广告传播好消息，以便兜售新闻传播的坏消息。所谓的"坏消息"指的是批评性、揭露性报道。性丑闻、天灾、暴死、公共灾害，都是坏消息。他赋予广告崇高的历史地位，认为广告最能够反映时代的气息，是时代的镜子。

他认为，广告是受众的心理、欲望、观念和情感的外化、放大和扩展，是意识的延伸。即使在几十年后的今天，他的独辟蹊径的观点仍然具有振聋发聩的启示作用。

　　麦克卢汉是 20 世纪最富有原创性的媒介理论家之一。他那独特的人格魅力、非凡的感知能力把他推上了国际舞台，使他成为信息时代的先知。

《书简》窥人 ①

我介绍麦克卢汉，十年有余，写下的文字，有序文五篇、论文七篇，逾九万字。五篇序文见五本译著：《麦克卢汉传：媒介及信使》《数字麦克卢汉》《麦克卢汉精粹》《理解媒介》《人的延伸——媒介通论》。七篇论文是：

1.《麦克卢汉的遗产——超越现代思维定势的后现代思维》，《深圳大学学报》，1999 年第 4 期；

2.《媒介革命与学习革命——麦克卢汉媒介思想述评》，《深圳大学学报》，2000 年第 5 期；

3.《麦克卢汉在中国》，《深圳大学学报》，2000 年第 6 期；

4.《媒介即是文化——麦克卢汉媒介思想述评》，北京广播学院《现代传播》，2000 年第 6 期；

5.《硕果永存——麦克卢汉媒介理论述评》，载《企业与传播》，香港开益出版社，2001 年；

6.《多伦多传播学派的双星：伊尼斯与麦克卢汉》，《深圳大学学报》，

---

① 本文为《麦克卢汉书简》（中国人民大学出版社，2005 年）译者序。有删改。

2002 年第 5 期；

7.《天书能读：麦克卢汉的现代诠释》,《四川外语学院学报》, 2003 年第 1 期。

这七篇文章中，有三篇获中国人民大学复印报刊资料《新闻与传播》转载，应该有一定的影响。我想说的话已经说得够多了。如今给《麦克卢汉书简》作序，还有什么话要说吗？如果有，又说什么呢？

首先，我想修正过去表述不太准确的一句话。1988 年 2 月，我在《人的延伸——媒介通论》的序文里说：1964 年，"这位名不见经传的教书匠（他教英美文学）突然成了新思想新学科的巨人，成了跨学科的奇才。"其实，麦克卢汉在此之前已经有相当的名气。这是本序要补充说明的一个方面。

其次，我想深入挖掘麦克卢汉的学术转向。和千千万万普通的大学老师一样，麦克卢汉起初也是一个书斋型的学者，他怎么一步步走向文化批评和社会批评的呢？他是怎么完成从文学到传播的转向、从精英文化到大众文化的转向呢？上述的第七篇文章《天书能读：麦克卢汉的现代诠释》，就试图破解麦克卢汉之谜。文章以五个部分（毁誉参半、两次热潮、奇才怪杰、分裂人格、思想遗产）对他进行了比较详尽的现代诠释，并且说："麦克卢汉是开掘不完的金矿，只要愿挖，必有收获。"

我们将对《书简》的价值做出说明。

麦克卢汉书信共存 10 000 余封信。在编辑的过程中，三位编辑初选 1500 封，最后精选 450 余封，按年代编排，分为三个时期。

翻译完这本书后，笔者觉得选目精当，编者的宗旨完成得很好："选目的宗旨是要表现麦克卢汉的传略；要说明他的思想历程和兴趣；要包罗、澄清并解释他的思想；要提供相关的信息；为了记录他与名人的关系；要给其他书信提供桥梁（尤其是在早期）。总体的意图是，在有限的篇幅之内，让这个选集传达他的教育背景、品格和家庭生活，表现他的影响、思想和演变中的观点，显示他的友好交往和晚年生活，并尽量提供一些细节。"

这些书信的有两个突出的特点：①无论是家信、情书、友人书还是学术通信，他都津津乐道于谈读书、心得和洞见，甚至在 20 世纪 30 年代热恋的情书中也难得谈私情；② 1963 年以后的绝大多数信件由他口授、秘书打字完成。

如果将收录的书信按照数量来排列，前五位收信人大概是：母亲艾尔西、庞德、刘易斯、华生夫妇和特鲁多总理；比较多的收信人还有同事、合作者、赞助人、出版商。

虽然他更爱父亲的宽厚和虔诚，但是他与母亲有更多的心灵沟通。他从母亲那里继承了非凡的聪颖与口才。

他崇拜庞德，想给他立传。他想仿照庞德的《文化指南》写《20 世纪指南》，仿照其《阅读入门》写名人列传，包括给艾略特写小传。

他崇拜英国诗人、小说家、画家刘易斯。刘易斯的《时间与西方人》对他产生了持久的影响。刘易斯的书《美国和宇宙人》给他的"地球村"一说提供了灵感。刘易斯的书有这样一句话："地球成了一个大村落，电话线横跨东西南北，飞行又快又安全。"这不像"地球村"的初级版本吗？反过来，他又给刘易斯提供无微不至的关照。第二次世界大战期间，刘易斯躲避战祸、旅居美国和加拿大，陷入窘困。麦克卢汉在生活上关心他，在学术和艺术成就上宣传他，做出了大量无私的奉献。

华生夫妇是麦克卢汉研究所的访问学者、教授、合作者。麦克卢汉与威尔弗雷德·华生的合著有《文化是我们的产业》。

他和特鲁多总理惺惺相惜，来往信件相加约 100 封。他长期慷慨地给特鲁多总理提供咨询，不求索取。

特鲁多总理痛惜麦克卢汉去世，又为他的卓著成就感到自豪。在给麦克卢汉夫人的悼词中，他说："他是全球知名的社会理论家；也是创造性的学者和作家……长期以来，我珍惜他的友谊，回想起与他的谈话就令人兴奋、感到温暖。他的书信通常令人愉快，包括他建议我用于辩论的、耐人寻味的双关语……马歇尔的名字和成就使我作为加拿大人更加自豪。"（特鲁多总理 1981 年 1 月 7 日致科琳·麦克卢汉的悼念信）

名人书简使我们能够窥见主人公在非公于场合里的思想闪光。这也是本书的价值所在。

他是数字时代的麦克卢汉 [①]

第一版序

一、什么书

《数字麦克卢汉》是一本三合一的书。既是麦克卢汉评传，又是一部专著，还是让网民"扫盲"和提高的指南。

它有别于其他的麦克卢汉传记。作者不满足于阐释和解读麦克卢汉，他还要写一本自己的书。用他自己的话说："《数字麦克卢汉》实际上是两本书。一本写麦克卢汉的媒介思想及其对我们生活的影响。另一本写我自己的思想，说的是麦克卢汉思想如何帮助我们理解这个新的数字时代。"

但是，对于一般读者，这本书还有第三个功能：它是"信息化新千纪指南"。就是说，对于千千万万的网民尤其是对网络"发烧友"来说，这是一本大开眼界的书，一本认识自己、认识人生、认识历史、认识未来的书。它不是教人上网和做网站的技巧的书，而是张扬哲理、磨砺思想、别开洞

[①] 本节是《数字麦克卢汉》（社会科学文献出版社，2001 年；北京师范大学出版社，2014 年）一书的两版中译者序。有删节。

天的一本书，一道高蛋白、高浓度的靓汤。

《数字麦克卢汉》实际上有两个平行的主题和任务。一个是批评和张扬麦克卢汉。另一个是写作者自己的思想。它"不仅谋求提供进入数字时代的向导……而且谋求证明麦克卢汉思想隐而不显的准确性。为了完成这个双重任务，本书的每一章都试图阐明麦克卢汉的一种重要的洞见、原则或概念。与此同时，它试图揭示麦克卢汉告诉我们一些什么信息。"

作者对麦克卢汉的肯定，不做雕饰、非常平实，却字字千钧："《数字麦克卢汉》所取的视角是：麦克卢汉是对的。至少他提供的框架是对的。这个框架可以帮助我们理解人与技术的关系，与世界的关系，与宇宙的关系。这个框架是重要的。它和理解人的心理、生活和物质宇宙的框架一样重要。"

二、他们是谁

中国学人知道麦克卢汉已经二十来年，新闻传播界尤其对他含情脉脉。世纪之交，麦克卢汉热正在中国兴起。商务印书馆推出了他的成名经典《理解媒介》。南京大学出版社推出他的选集《麦克卢汉精粹》，将其作为精品书。《深圳大学学报》两年之内发表三篇麦克卢汉评论。北京广播学院的《现代传播》三年之内刊登有关麦克卢汉的文章十余篇。国内十余本传播学教材均辟专门的章节予以评说，使他早已在传播界家喻户晓。

麦克卢汉是20世纪最重要的媒介理论家之一。早在1964年，《纽约先驱论坛报》就把他誉为"继牛顿、达尔文、弗洛伊德、爱因斯坦和巴甫洛夫之后的最重要的思想家……"，说他是"电子时代的代言人，革命思想的先知"。90年代初，大名鼎鼎的《连线》杂志从创刊号起，就在报头上把麦克卢汉供奉为"先师圣人"。

历史证明，麦克卢汉是信息社会的"先驱"和"先知"，电子时代的代言人。网络时代的今天，他的预言已然成为现实，他的洞见更加富有启迪意义。全新的一代人正在转向他的著作，以便了解这个地球村。

就我所知，全球最大的网上书店"亚马逊"的供货目录中，麦克卢汉本人的著作和有关他的著作有近三十种，其中传记四种。本书即为其中之一。笔者选中它，有两个原因。一是它既是传记，又是专著，也是启蒙书，已如上述。二是作者保罗·莱文森的学术地位。

如果说，麦克卢汉是数字时代的"先驱""先知"和"圣人"，那么保罗·莱文森就是网络教育的先驱，"数字时代的麦克卢汉"。

1985年，他创办"联合教育公司"，当时从事网络教育的学者，寥寥无几。他是开启网络教育时代的先驱之一。二十余年来，他与英美的传统大学合作，授予传播学硕士学位，桃李满天下。

1985年，莱文森夫妇前程似锦。他在费尔莱·迪金森大学（Fairleigh Dickenson University）执教，任副教授，且享受终身教职待遇。他的妻子在纽约一家著名的保险公司任经理，收益丰厚。但是夫妻二人敢于吃螃蟹，毅然"下海"，闯出了一条网络教育的崭新路子。

如今，莱文森已经成为著名的媒介理论家，"数字时代的麦克卢汉"。奠定这个地位的，除本书外，还有他的三部力作：《软利器》（The Soft Edge）、《思想无羁》（Mind at Large）、《学习赛博空间》（Learning Syberspace）。这些著作，使麦克卢汉的理论万众瞩目，说明为什么《连线》一代要转向麦克卢汉。与此同时，他深刻揭示数字革命的经济、心理、社会和文化影响，批判并发展了麦克卢汉的媒介思想，自成一家。此外，他还尝试文学和音乐创作，他的科幻作品曾获雨果奖、星云奖和斯特津奖。现任纽约福德姆大学教授。

1999年，《数字麦克卢汉》甫一问世，即好评如潮。各界学者对之褒誉有加。"如果你想解读屏幕上的赛博生活，你就得读这本书。""《数字麦克卢汉》……完全兑现了本书小标题所做的承诺——信息化新千纪指南。"《数字麦克卢汉》是我们难得的必读书之一——痛快淋漓、论说清晰、内容丰赡、值得破费。""他手握麦克卢汉大师的画笔，得心应手地给我们勾勒出一幅引人入胜、明丽夺目的图画，他始终把握着麦克卢汉的神韵。"

三、本书题目、主题和结构

先从书名说起。《数字麦克卢汉：信息化新千纪指南》有四个关键词：麦克卢汉、数字、信息化、指南。第一个关键词说明这是一本麦克卢汉评传，第二个关键词肯定麦克卢汉是数字时代的先驱。第三个字"信息化"用得不好，倒不如代之以"数字化"，因为笔者认为，信息化这个字太旧太泛，不足以说明新千年的性质。"信息化"开始于微电子革命的 20 世纪 60 年代，"数字化"比"信息化"晚三十年，开始于信息高速公路的崛起，两个时代不容混淆。两个概念也迥然有别，不能相混。"信息化"不等于"数字化"，它可以低于"数字化"。因为信息古已有之，形态多样，既可以是数字的，也可以是前数字的各种形态。只有用电脑"二进制"表现的信息，才能叫数字信息。只有一切信息都用电脑"二进制"语言表现之后的时代，才能叫数字时代。第四个关键词是"指南"。这个字用得名副其实。

再说本书的三元性质：评传＋专著＋指南。作为评传，它肯定了麦克卢汉的先知地位，阐述了他的现实意义。作为专著，它展露了作者莱文森的锋芒和洞见，证明他是"数字时代的麦克卢汉"。作为指南，它鼓励千百万的网民去认识时代，超越自己。

本书实际上是两本书，已如前述。其二元结构，从各章的题目和题目之前的麦克卢汉引语就一望而知。以第二章为例，题目叫"不说其理"，题目之前的名言是："我不解释，我只探索"。以后各章，均循此例。二者略有分工。一般地说，麦克卢汉的名言暗喻其思想、追求和成就，而题目就点名作者的理解、发挥和主张。再以第二章为例。"我不解释，我只探索"，说的是麦克卢汉的非实证的哲学思想和研究方法。"不说其理"，说的是作者在方法论上对麦克卢汉的解释和超越。

本书各章破题时采用的这种双重结构，服务于本书的两个主题，使其一以贯之，成为全书的一条红线，鲜艳夺目。便于表现传主和作者的思想共鸣。

本书分十四个专题研究麦克卢汉。各章破题的引语，就是麦克卢汉的"神谕"和"天书"。这十四条语录，中国读者听说的大概还不到三分之一。许多神来之笔具有强大的冲击力，吊人胃口、发人深省，乍一看可能会不知所云。不妨来个先睹为快。"我不解释，我只探索" / "媒介即讯息" / "声觉空间" / "无形无象之人" / "地球村" / "处处皆中心，无处是边缘" / "光透射媒介对光照射媒介" / "冷媒介与热媒介" / "人人都出书" / "电子冲浪" / "机器把自然变成艺术形式" / "我们没有艺术，我们把一切事情都干好" / "后视镜" / "媒介定律"。

与这些语录对应的，是莱文森精心炼制的题目。这些题目，多半也是比方。它们和上述语录异曲同工，未必一目了然。如果不看他的解说，我们也会感到云里雾里。这些题目是：不说其理 / 网络内容 / 赛博空间的字母歌 / 网上天使 / 从窥视到参与 / 中心的命运 / 屏幕背后的思想 / 很"酷"的文本 / 生锈的守门人 / 从物役到役物 / 机器美人 / 巴厘人在网上工作 / 用镜子，看得清 / 媒介革命的螺旋展开。

四、各章提要

第一章是绪论，很长，用了两个比方：同心圆领域和全书布局。第一个比方说这本书由互相绞结的两本书组成。一本是麦克卢汉评传，一本是作者本人的专著，两本书好比是两个同心圆。第二个比方全书布局，说的是全书的布局安排，内容提要。

第二章题为"不说其理"，评麦克卢汉的研究方法，说明麦克卢汉为何受到非难，又为何应该受到肯定。首先概括麦克卢汉的研究方法是只探索、不解释。他喜爱的方法是类比或暗喻，而不是逻辑论证。如果要强迫他作解释，那也是非常勉强的。接着，作者借用唐纳德·坎贝尔的进化认识论，说明为何麦克卢汉与传统的研究方法相对立。坎贝尔认为，知识的演化分为三个阶段："生成""选择"和"传播"。传统的学者希望麦克卢汉参与前两个阶段，而麦克卢汉只对第一个阶段感兴趣。传统的学术规范不仅要探索，还要参与批评、检验和论辩。麦克卢汉用力探索，也就是着重知识的生成，他想把知识的"选择"和"传播"留给别人。打一个比方，传统的学者寻找的终极结果，是面包和美酒，而麦克卢汉只提供谷物和烤酒机。

作者为麦克卢汉的类比暗喻法，做了非常生动而有力的辩护。他首先举一个"光阴似箭"的暗喻。他说，常识告诉我们，人人能领会其神韵，没有人会去钻牛角尖。如果有人要钻牛角尖，那真是有神经病。诘难麦克卢汉的人就是这样的蠢人。按照这些人的逻辑，他们对麦克卢汉的挑战等于是追问：你说的这支箭像什么样子，带羽毛吗？箭头用什么材料？它用什么动力？为什么飞得快？你凭什么说它飞得快，你用了什么钟表？这个天空中的钟表像什么样子？

麦克卢汉谈笑自若，举重若轻。他的回答是马拉梅的名句："定义就是杀戮，暗示就是创造。"他的比喻方法和传统学术的期待视野相对。他表述洞见和类比的方式，肯定冒犯了著书立说的传统观念。

第三章说媒介形式和内容的关系。麦克卢汉断言，"媒介即讯息"。中国读者对此已有耳闻。许多人为此而给他扣上一顶帽子：媒介决定论。其实，为了矫枉过正，麦克卢汉不得不向人们大喝一声：不能只见媒介的内容，而不见其形式，即媒介本身。他有一个经典的比方：媒介的形式是窃贼，内容是肉，我们是看门狗，我们看媒介时，往往是只见肉不见贼。他说："媒介的'内容'好比是滋味鲜美的一块肉，破门而入的窃贼用它来涣散看门狗的注意力。"

在这一章里，作者对麦克卢汉的观点进行了修正和补充。他明确指出："互联网是一切媒介的媒介"。"不仅过去的一切媒介是互联网的内容，而且使用互联网的人也是其内容。因为上网的人和其他媒介消费者不一样，无论他们在网上做什么，他们都是在创造内容。""互联网摆出了这样一副姿态：它要把过去一切的媒介'解放'出来，当作自己的手段来使用，要把一切媒介变成内容，要把这一切变成自己的内容。"

接着他又提出了一个崭新的理论：人性化趋势（anthropotropic）理论。他说："人是积极驾驭媒介的主人。不是在媒介中被发送出去，而是发号施令，创造媒介的内容。对别人已经创造出的内容，人们拥有空前的自主选择能力。我的媒介演化理论可以叫作一种'人性化趋势'的理论"。

第四章的"声觉空间"比较费解，读者要花一点力气去理解。麦克卢汉认为，"声觉空间"和"视觉空间"形成一个否定之否定的循环。拼音文字出现之前的世界是"声觉空间"。拼音文字出现之后，"声觉空间"弱化，"视觉空间"强化。电视出现之后，"视觉空间"弱化，"声觉空间"强化。他认为，"声觉空间"是一个整合的、同步感知的世界，拼音文字却是分割的、序列展开、视觉的世界，而电视是一个重新整合的世界。所以，电视出现之后，声觉世界重新走向我们。

作者对麦克卢汉"声觉空间"进行了修正。他说："在这一章里，我们将把麦克卢汉头手倒立起来。我们主张，他所谓的声觉空间如今主要见诸赛博空间那种'在线'的、字母表似的环境之中。"换言之，莱文森认为，电视不是典型的"声觉空间"，赛博空间才是"声觉空间"。

他还对麦克卢汉的"视觉空间"进行了修正。电视不是典型的"视觉空间"，印刷术也不是典型的"视觉空间"。因此他说，有四种很不相同的"声觉空间"：无中介的听觉空间、广播、电视和赛博空间（也许印刷术也构成一种不完全的"声觉空间"，在这一点上，我与麦克卢汉的意见相左）。

他认为，未来的赛博空间可以是不要文字、只要言语传播的"声觉空间"。

第五章讲电子传播，尤其讲赛博空间中人身体的变化。这就是麦克卢汉所谓的"无形无象之人"（discarnate man）。你在电话上听到的人、电视上看到的人，已经失去血肉之躯。电子媒介所发送和传输的人，就是脱离了肉体的"无形无象之人"。脱离肉体的精神，可以刹那之间输送到任何地方。人的思想与大脑的关系相当于 DNA 和生物体的关系。麦克卢汉喜欢把生物学的比方用于技术。他在《理解媒介》中说："人仿佛成了机器世界的生殖器官，正如蜜蜂是植物界的生殖器官，使其生儿育女，不断衍化出新的形式一样。"在这一点上，作者和麦克卢汉的思想异曲同工、和谐合拍。不过，麦克卢汉说，人是给技术异化授粉的蜜蜂，莱文森则说，技术是人的思想的体现。

他探讨了赛博空间对人的行为和道德的影响。比如网上色情站点、聊天室等。

第六章讲地球村和数字革命对世人的影响。莱文森说："互联网完成了麦克卢汉的比喻，使地球村成为现实。网上地球村的村民，只要有一台个人电脑，一条电话线和一个浏览器，就可以居住在任何一个地方，就可以和别人聊天，可以搜寻新闻，而不是被动地坐在电视机前接收新闻。"

地球村似乎尽人皆知，其实不然。首先，他将地球村一分为二：经典的地球村和赛博空间的地球村。然后又把经典地球村一分为二：广播地球村和电视地球村。他用了三个比方来区别这三种不同的地球村：广播地球村是儿童的村落，电视地球村是窥视者的村落，赛博空间地球村是参与者的地球村。广播地球村是单向传播，传播者和受众是不平等的亲子关系，例子是罗斯福的逝世。他逝世的消息由广播传遍全国，全体美国人感到丧亲之痛。电视地球村是窥视者的村落，例子是肯尼迪的葬礼和克林顿的性丑闻。电视上看肯尼迪的葬礼时，人们已经非常超脱。网络上看克林顿的性丑闻时，人们觉得好玩。

除了区别以上三种地球村之外，莱文森还讨论了网上地球村的政治和商务。人们可以在网上直选，参与国家大事。他说："互联网上的地球村本身就是一种治国机制。"他认为，网上地球村的商务和政治一样，不存在技术问题，是否实行直接选举和电子商务，那是人们的态度问题。

第七章讲网络时代的非集中化，讲非集中化的教育、政治、商务和城市。"信息的散播正在创生一个新的权力结构：'处处是中心，无处是边缘'。"网络时代的非集中化非常强劲："信息权力已经分散到了数以百万计的电脑之中。其中很大一批电脑不仅接受信息，而且生产信息，比如网页、网址。总之，它们成了分散的中心，不仅是阅读、收听和收看的中心，而且是生产和广播的中心。"

网络时代对政府的权力集中构成强大的挑战。他说："政府控制信息的企图，一般来说是不成功的。"又说："政府越是极权，它越是不能控制信息。"所举的例子有希特勒的"千年帝国"对付不了油印的"白玫瑰"，苏联对付不了地下出版物。

他否定了商务垄断的可能性。关于美国政府诉微软公司的垄断，他叫政府不必担心。他说："事实上，面对信息革命强大的离心力，微软并不比政府具有更强的免疫力。微软在促成这些离心力中，尽了它的一臂之力。""公司影响经济活动的力量，就像政府影响经济活动的力量一样——从个人电脑及其赋予人的力量来看，正在瓦解消融……政府起诉微软，以便限制其力量，之所以大可不必，其原因就在这里。非集中化在很大程度上已经使权力受到限制。"

关于教育的非集中化，他说："网络教育处处皆中心，无处不中心。只要有电脑、调制解调器和电话线就行。因此，它使自古以来的高等教育趋势为之逆转。"

麦克卢汉曾经说过，电子时代的城市不复存在。莱文森和麦克卢汉的意见相左。他说："数字时代的城市，还是充满活力，一如既往。"

第八章的一个关键术语我们非常陌生："光透射对光照射"。麦克卢汉把它作为一个工具，去区别两种性质不同的媒介，解释媒介的产生和影响。简单地说，光照射媒介有照片、电影、传统的绘画等，光透射媒介有电视、电脑等。从银幕弹回或反射回来的电影是"热"的，它清晰度高，不要求人积极参与。相反，电视的光线是从屏幕背后射出来的，是"冷"的，它要求人积极参与。

"光照射"和"光透射"的区别有相当价值。作为一种工具，它可以解释人与媒介的关系，新媒介的兴起和影响。电影的图像反射回银幕上，电视的光脉冲来自屏幕后，它轰击人体，把图像打在收视者身上，人就是屏幕。

第九章的关键词"冷媒介"和"热媒介"，大多数读者略有所知。麦克卢汉当初的双关语 cool（冷、凉、酷）已经传遍全球，"酷"更成了市井小儿的口头禅。

麦克卢汉的冷热观念，派生于爵士乐的俚语。"大型喧嚣的铜管乐荡气回肠、使人陶醉，是热的。轻柔、悦耳的速写乐拨动心弦、勾引心灵，是冷的。"

这个观念是一种工具和尺度，是文化氛围的温度计。用它来衡量时代的"天气"，20 世纪 20 年代的爵士乐时代是"冷"的，30—50 年代的广播和电影时代是"热"的，电视时代又是"冷"的。因此可以说"依靠广播和电影运转的 30 年代，是热的时代。亮色、美发、连珠妙语、字正腔圆，时髦走红。到了 60 年代，电视使文化大大降温。""磨损的牛仔服，蓬松的发型，初露端倪的贴近自我感觉的潮流——所有这一切，按照时尚礼节，都成了领先的风格。"

必须指出，媒介并不具有什么永恒不变的形而上的冷热属性。相反，媒介总是处于演化之中。这就使之随时可能显示"温度"变化。"如上所述，自从 40 年代末问世以来，电视的温度已经上升。"

　　同样，冷热二分法并非僵化的、放之四海而皆准的尺度。一般地说，"用来分析同一类媒介时，效果最好。最好是把电影和电视、散文和诗歌、漫画和照片进行比较，而不是把跨类别的媒介进行比较，比如广播和电视跨了类别，就不适合比较。"

　　作者用"冷"电视分析了几十年来美国的政治人物，认为电视对形象"冷"的人有利，对"热"的人不利。如此看来，艾森豪威尔、肯尼迪、里根、布什（George Bush）、克林顿等人在竞选总统中都深受其惠，尼克松、汉弗莱（Hubert Humphrey）、卡特、蒙戴尔（Walter Mondale）、杜卡基斯（Michael Dukakis）、多尔（Bob Dole）却因为不会使用电视而败下阵来。

　　作者认为，由于"冷"电视的影响，20 世纪 50 年代以来的通俗文化经历了普遍的降温。

　　他又说，电脑和互联网上的文本是很"酷"的文本。"凭借个人电脑的网上课程，由电话通过'计算机会议系统'收发的文本，加上中心电脑和互联网——这就构成了理想的很'酷'的'优秀教学'论坛。"

　　第十章讲媒介的守门。古今中外，一切社会，一切媒介都需要守门人。互联网似乎不再需要守门人，不太可能守住门，它似乎还要砸烂把关的门。然而，奇怪的是，看到没有守门人的前景时，人们并不是欢呼雀跃，反而又回头渴望用守门人来把关。因此互联网上的守门人还是安然无恙地保留下来。只不过它变换了形式，变换了功能。

　　循着这条路子，本章回答了几个问题。第一，为什么网上文本、网上写作容易使人上瘾？因为人人都有发表和出版的冲动。互联网最能够满足这个需要。麦克卢汉说，复印术使人人都能够出书，那是有一点太超前，太夸大其词，太乐观了。然而，如今的互联网的的确确使每个人出书的梦想成为现实。第二，守门人的形态有何变化？从制度上来讲，守门人经过了国王、教会、政府、媒介的演变过程。

如今，"媒介里传统的守门人都被席卷而去，都被压倒了。"所以就自然产生了第三个问题：互联网守门人的功能有何变化呢？作者认为，互联网守门人成了红娘。以亚马逊网上书店为例。这个婚介人不再使用"拉"（"pull"）的技术，而是改用"推"（"push"）的技术。换句话说，"拉"的技术是读者到传统书店里去找书，"推"的技术是网上书店给读者送书。用作者的话来说，就是"网上书店的守门已经转变成了特别的送货。网上的'门'不再把文本关在门内不让读者看，而是把这些门幻化为诱人的蝴蝶。否则，即使精明的读者也可能注意不到有什么书籍，这些书就羞于见人、深居闺房、难找婆家了。"换言之，网上书庄的编辑和供货人担任了"红娘"的角色。

第十一章讲数字时代的各种变化。它用了几个比方"电子冲浪""从物役到役物""玩具、镜子和艺术"。在电子时代，工作和游戏的差别模糊起来。一开始，个人电脑就是工作和游戏的载体。实际上，DOS 是工作软件和 Macintosh 是游戏软件。视窗将这两个功能整合起来，是理所当然的。电话变家庭为办公室和生意场所。在家庭办公室，家长和公司老板的角色可以自由转换。

作者提出媒介演化的三阶段论：玩具、镜子和艺术。他认为，任何技术刚开始时都具有玩具的功能，其次才开发镜子即工具的功能，最后它就演变为艺术。读过麦克卢汉的人都知道，这样的例子不胜枚举。为了避免重复，作者举了几个特别令人感兴趣例子：中国发明的印刷术与火药，西方的收音机。印刷术与火药首先是用做玩具，印刷术先用来印佛像和节庆贺词，而不是用来印报纸和科技书，火药首先是用来做鞭炮和礼花，而不是用来开山放炮、争夺土地。收音机最初是用做欣赏音乐的玩具。

第十二章题为"机器美人"，讲技术成为艺术的过程。作者举的例子是食品加工、敞篷汽车和电视。腌制食品最初是一种技术，用以保存食品，后来就成为艺术，加工食品是为了获得美食，吃熟食品是为了品尝美食。

敞篷汽车在没有空调的时代是为了凉快，它在 20 世纪 80 年代的复活，是因为玩车一族要扮"酷"，要耍派头。

作者区分古典电视和数字时代的"艺术电视"，区分大众数字时代和个人数字时代。老电视节目重播时就成为艺术，在 VCR、VCD、DVD 上播放时，也成为艺术。亿万人观看查尔斯王子与黛安娜的婚礼和黛安娜的葬礼时，他们是古典电视的观众。电视是大众数字时代的标志，电脑是个人数字时代的标志。网上的"实时音频播放"（RealAudio）和"实时视频播放"（RealVideo），也使古典的广播电视成为艺术。在大众数字时代里，罗斯福使用广播，里根使用电视，是多么的得心应手。可是我们很难想象，他们进入网上聊天室和人们聊天、对话，那会是什么样子。恐怕他们根本就不能在网上进行严肃的谈话吧。

工业革命的机器践踏了艺术和艺术家。数字时代的电脑是整合艺术经验的机器。个人电脑和互联网革命把电视变成了艺术。电脑就是艺术，就是"机器美人"。

第十三章说的是数字时代的生活和工作。在数字时代，我们在"巴厘人"的艺术道路上似乎走得很好。这里所说的巴厘人，是在前工业时代里，工作和游戏与艺术不分家的人。他们工作时能精雕细琢。

为什么数字时代的人能够把事情办好呢？作者提供了两个原因。一是互联网的运行速度大大提高了工作效率，二是互联网时代是无数个爱迪生（信息库）共同工作的时代。

作者在本章继承并发挥了麦克卢汉的电子神话说。麦克卢汉说，电子时代是"神话"的时代。莱文森把神话分为两类：古典神话／"纵向神话"和现代的电子神话／"横向神话"。古典神话要经过千百年世世代代的积累。电子神话产生的速度却要快得多，因为它是由无数人用电子媒介的横向积累产生的，速度很快。

作者详细描述了一个电子版神话：泰坦尼克神话。"泰坦尼克"号沉没的新闻，经过几十年的积累，已经上升为大众文化现象，已经成为现代神话。这里有一些数据。到 20 世纪末，一共有 35 部电影和一百多部小说反反复复地述说了这个故事。这部神话近百年挥之不去。20 世纪 80 年代，泰坦尼克的残骸被发现了。90 年代，电影《泰坦尼克》重拍了。当然我们还可以加上一个黛安娜王妃的神话。

第十三章的另一个重头戏是电子琴的艺术价值和象征意义。数字技术使电子琴成为艺术品，使它产生许多象征意义。在电影《迷魂》中，它暗示精神病。在电影《地球停止转动》中，它用来陪伴外星人。在电影《失落的周末》中，它又暗示醉酒。在电影《脆弱的少年犯》中，它则暗示疯狂。"披头士"等疯狂的摇滚乐队用上了电子琴缥缈的声音。

如果说数字时代有什么美中不足的话，那就是："无论虚拟艺术多么适合我们的想象，在很大程度上，它和我们长期以来做事情的方式是格格不入的。"

第十四章讲一个价值连城的思想工具。这就是"后视镜"，它可以给未来导航。我们借以警惕错误和陷阱。

作者说，在麦克卢汉的思想中，他"最喜欢的就是这个后视镜"。我想有两个原因。一是用后视镜可以看得清过去和未来。二是他和麦克卢汉惺惺相惜。这个理论和他提出的"人性化趋势"理论有不少暗合之处。喜欢后视镜的恐怕不只莱文森一人，麦克卢汉的第一位博士生唐·特沃尔（Donald F. Theall）就用它写了一本书：《媒介是后视镜：理解麦克卢汉》。

先看看麦克卢汉的名言："我们透过后视镜看现在。我们倒退走步入未来。"他解释说："我们面对一种全新的情况，我们往往依恋……不久前的客体。"

再看看莱文森的解释"暗喻不是后视镜……又能是什么呢"。如此说来，后视镜就明白如画了。在这个后视镜里，汽车成为"无马牵引的马车"，收音机成为"无线电"，VCR、VCD、DVD 成为"小电影"，"实时音频播放"（RealAudio）叫作广播，"实时视频播放"（RealVidio）叫作电视，互联网叫作图书馆，网上聊天室叫作咖啡厅。

令人称奇的是，莱文森用后视镜看到麦克卢汉"媒介决定论"的不足，并提出了自己的媒介演化理论。这就是他的"补救性媒介"（remedial media）理论和"人性化趋势"的演化理论（anthropotropic evolution of media）。按照这个观点，一切媒介都是"补救性媒介"，补救过去媒介之不足，使媒介人性化，因而人有能动性，能够主动去进行选择和改进媒介。按照这个理论，我们对媒介的确是有控制能力的。他反对麦克卢汉的"硬媒介决定论"。

他这个理论有两层意思——在媒介演化中，人有两个目的或动机。一是满足渴求和幻想。用他的话来说，就是"我们借助发明媒介来拓展传播，使之超越耳闻目睹的生物极限，以此满足我们幻想中的渴求（因此，埃及的象形文字、希腊的拼音文字和电报，都按照自己的方式，使语词延伸了千万年、千万里）"二是弥补失去的东西，也用他的话来说明："整个的媒介演化进程都可以看成是补救措施。因此，互联网可以看成是补救性媒介的补救性媒介，因为它是对报纸、书籍、电台和电话等媒介的改进。"

与此同时，作者又从某种角度肯定了麦克卢汉的媒介演化理论。他说："如今……在后视镜里回顾他……我可以清楚地看见，用'媒介决定论'来描写他未必是妥当的……不过，我可以理解，为什么他要反对'媒介决定论'的帽子。他抵制这顶帽子，这和他置身事外、不愿意预告未来有关系。"

最后一章讲麦克卢汉的媒介定律。这个媒介定律是麦克卢汉的天鹅绝唱。麦克卢汉生前只发表了两篇媒介定律的文章，他企望早日出版专著，可是出版社不太看好他的手稿。所以作为专著的《媒介定律》在他逝世八年后的1988年才得以面世。这是他给世人预备的最后一个惊喜。

麦克卢汉雄心勃勃，他想建立一个最高层次的无所不包的媒介理论。

莱文森把这个理论叫作工具中的工具，涵盖一切的工具，是麦克卢汉工具袋里"一种独特的工具。我们用它来给媒介做保健工作，看媒介的健康状况、心跳和预后……这些定律还是开放的、多向度的。每一种媒介都有四种功能：提升、过时、再现和逆转，都可能转换成许多东西或效果"。

这一章的内容不但非常丰富，而且是作者最闪光的思想荟萃之地，非三言两语能够概括。我们还是让读者自己去探宝吧。我们能够做的，仅仅是提请读者注意一点：作者对麦克卢汉和各种大家的比较研究。在这个比较中，作者把自己作为大家放进去，那也是恰如其分、恰到好处、理所当然的。

这里有三元说的比较：黑格尔"正"（肯定）、"反"（否定）、"合"（否定之否定）的三段式；作者的"玩具、镜子（即工具）和艺术"的三个技术发展阶段；弗洛伊德性表现的三个阶段——口欲、肛欲和性器欲的三个阶段；皮亚杰的儿童思想发展的三个阶段——感知运动、具象和形式化的三个阶段；库斯勒关于人的创造性的三个阶段——弄臣、圣贤和艺术家；麦克卢汉关于人类传播的三个阶段——口头、文字和电子传播的阶段；罗马教廷的三位一体的教义——圣父、圣子和圣灵；还有童话里的三个愿望；等等。

也有四元说的比较：麦克卢汉的媒介四定律，《圣经》启示录里的四骑士，亚里士多德的四因说，还有中世纪大学传授的"四艺"，等等。

五、怎么读

先说怎么读麦克卢汉。几十年来，许多人说麦克卢汉是难解的斯芬克司，是一部天书。连他自己都承认，他那些东西难懂。之所以难，难在两个方面。一是他的思想超前。要读懂他，一定要等到数字时代。二是他的风格晦涩，用典艰深，征引庞杂。

读者最不习惯的，是他滥用警语、格言、典故、暗喻，还有莫名其妙的"麦克卢汉式"的语言。于是英语和法语里增加了一个词："麦克卢汉式"。这个戏说之词是法国人发明的，但是它很快不胫而走，在西方学界流行开来。

麦克卢汉执教英美文学，凡数十年，养成了非科学的研究方法、"文学思维"和华丽文风。

他反常的研究方法，可以概括为：探索而不做结论，并置而不做分析，铺陈而不做归纳，发现而不做判断，定性而不做定量，形而上而不做实证。

他的"文学思维"和华丽文风表现为大量的格言警句，他的比喻奇崛怪诞，晦涩难懂，偏爱格言警语，不求明白如话，语不惊人死不休。他的叙述方法一反常态，他的文字常常是短短几段话，是"小包装"，一般不展开长篇论述。"这种方法与人们网上交流的方式很相像。"在前数字时代里，这样的文风，使许多读者望而却步。

奇人怪杰，为人嫉恨、为人不解，古今中外皆然。麦克卢汉的学术思想、研究方法、叙述风格，都与传统相悖，难免使人不快。他宣告眼光狭隘的专门家已是明日黄花，冒犯了许多地位显赫的学者，使他们气愤难平。"麦克卢汉的比喻方法和传统学术的期待视野相对。他表述洞见和类比的方式，似乎冒犯了著书立说的传统组织模式。"

默顿（Robert K. Merton）、布里斯特（Michael Bliss）骂他是"冒牌预言家"，麦克唐纳（Dwight McDonald）说"他劫掠了一切文化……以支撑他那体系的废墟"，莫罗（James Morrow）宣称要"从麦克卢汉手中收复失地"，等等。1955年，听了他的一次讲演之后，美国著名学社会学家默顿迫不及待地站起来提问题，脸色铁青，几乎一句话也憋不出来，只好愤怒地说："我不知道该从何说起，你说的每一句话都要打问号！"

当然，他的研究方法和语言风格，和"先知"的"神谕"非常吻合。不仅相宜，而且是不得已而为之。因为前数字时代的社会实践和技术发展，不给他提供实证的客观条件。他的许多预言，还要等待一个时代，还要等待一代新人，才能得到证实。世纪之交的数字时代才是这样的时代，"在线"一代的网民就是这样的一代新人。

当然，有了《数字麦克卢汉》之后，麦克卢汉就容易读了。

莱文森的《数字麦克卢汉》又该怎么读呢？

我想，我们首先要问，为什么说他是"数字时代的麦克卢汉"？仅从本书看，他的成就已很显赫。他不但继承和发展了麦克卢汉的思想，把麦克卢汉的思想分十四个专题条分缕析，证明了麦克卢汉的先知先觉，而且创造性地提倡了自己的一套理论。现择其要，呈给读者，谨证明他是当之无愧的"数字时代的麦克卢汉"。

1. "人性化趋势"的媒介演化理论。突出人的主观能动性，用以批判他判断的麦克卢汉的"媒介决定论"。

2. "补救性媒介"的理论，用以说明人在媒介演化中进行的理性选择。

3. 媒介演化的三阶段（玩具、镜子和艺术）论，用以补充麦克卢汉的媒介四定律。

4. 数字时代的分期说：大众电子时代（mass electronic age）和个人数字时代（personal digital age）的创意。

5. 神话的二分说："现代电子神话"对"古典神话"也就是他喜欢说的"横向神话"对"纵向神话"。"泰坦尼克"神舌和"黛安娜王妃"神话，就是现代电子版的神话。

6. 挖掘并发挥麦克卢汉鲜为人知的一些重要思想，比如"无形无象之人"在赛博空间、虚拟世界里的运作，"处处皆中心，无处是边缘"对非集中化的解说，"网上冲浪"使工作和游戏的结合。

兹不赘述。请读者从自己最喜欢的章节开始读这本数字时代的"指南"。

第二版序

这篇小序回答一个问题：为什么要推出《数字麦克卢汉》的中译本第二版？分六个部分：①莱文森的节日，②十三年前为什么选中他？③麦克卢汉研究的第一次飞跃，④莱文森的学术年谱，⑤莱文森的学术地位，⑥让《数字麦克卢汉》传诸后世。

一、莱文森的节日

2014年春是莱文森的中国节日，三件事同时发生，既是巧合，也是必然，是为喜庆。它们是：央视的莱文森访谈播出，《数字麦克卢汉》中译本第二版发行，《新新媒介》第二版的中译本面世。

他的学术"明星"地位在2011年麦克卢汉诞辰纪念活动中已然彰显，世界各地的庆祝活动，或有他亲临讲演，亦有他或隐或现的身影，因为他是"数字时代的麦克卢汉"。

他进入《影响传播学发展的西方学人》一书。我评述他的文章收录其中，题为《莱文森：数字时代的麦克卢汉，立体型的多面手》，共三万字。我用"十三幅画像"评述他的学术成就：①立体型的知识分子，②数字时代的麦克卢汉，③"思想无羁"的哲学家，④"信息－技术－媒介－知识一体化"的媒介理论家，⑤真景、幻景与太空，⑥神奇手机的哲学观照，⑦当代媒介三分说，⑧媒介环境学第三代学术明星⑨独特的媒介理论，⑩科幻奇兵，⑪批判"基因"解谜，⑫中国情缘，⑬莱文森研究。

二、十三年前为什么选中他?

1997 年，教育部正式承认传播学的学科地位，将其与新闻学并列，新闻传播学一级学科得以确立。

受此鼓舞，我有意识完成人生重大的学术转向：从英语语言文学转向传播学，策划传播学译丛，加紧译介麦克卢汉及其"思想圈子"（当时还没有认识到以他为首的传播学"媒介环境学派"）的经典和名著。

1998，商务印书馆拟出麦克卢汉《理解媒介》中译本第二版，约请我修订该书的第一个译本《人的延伸：媒介通论》。2000 年，商务版的《理解媒介》问世，这个第二版的《理解媒介》进入"中国改革开放 30 年最具影响力的 300 本书"，但这是后话。

策划译丛时，我首先想要介绍的是哈罗德·伊尼斯和保罗·莱文森。伊尼斯和麦克卢汉是传播学多伦多学派的双星，莱文森是麦克卢汉的私淑弟子。伊尼斯的《帝国与传播》和《传播的偏向》纳入中国人民大学出版社的"大师经典译丛"，2003 年印行。

2001 年，莱文森的《数字麦克卢汉》由社科文献出版社推出。

为什么选中莱文森? 我在该书的"作者简介"给了他三个名衔："数字时代的麦克卢汉、网络教育的先驱、麦克卢汉思想的发扬光大者"。

为什么选中《数字麦克卢汉》? 我在第一版序中说："《数字麦克卢汉》是一本三合一的书。既是麦克卢汉评传，又是一部专著，而且是让网民'扫盲'和提高的指南。"

三、麦克卢汉研究的第一次飞跃

世人的麦克卢汉研究完成了三次飞跃。第一次飞跃的标志就是莱文森这本《数字麦克卢汉》。第二次飞跃的标志是特伦斯·戈登编辑的《理解媒介》（增订评注本）。第三次飞跃的标志是罗伯特·洛根著《理解新媒介：延伸麦克卢汉》。

英文版《数字麦克卢汉》1998年写就，次年问世。此前，麦克卢汉的名气和研究均大起大落。1964年，《理解媒介》横空出世，麦克卢汉热席卷北美、波及全球，可以毫不夸张地说，整个20世纪60年代，北美的宣传机器全部开动起来为他服务。然而由于历史条件的限制，由于北美主流传播学的顽固的偏见，麦克卢汉被排除在传播学学术殿堂之外。但他把传播学从主流意识形态和学者的书斋里解放出来，送到学术圈子之外，功莫大焉。麦克卢汉预测未来的洞见（地球村、后视镜、媒介定律等）和乐观主义不可能被长期遮蔽，必将以更强劲的势头影响后世。

果然，20世纪90年代互联网兴起以后，互联网一代的"圣经"《连线》杂志就在其1993年的创刊号上封麦克卢汉为"先知圣贤"。1980年去世以后被遮蔽的"圣贤"麦克卢汉复活了。研究他的研讨会接踵而至，研究他的论文势如井喷，研究他的传记和回忆录喷涌出七八种，解读他的著作也陆续问世，其中的佼佼者就是莱文森的《数字麦克卢汉》。

所以，莱文森在《数字麦克卢汉》里断言："进入新千年时，麦克卢汉的地位更加显赫。自从他1980年去世以来，媒介演化的历史使他的比方和传播的现实更加匹配、更加清楚了。"

四、莱文森的学术年谱

莱文森一直在纽约市生活、求学、教书和创作。

1968年，获纽约城市大学学士；

1976年，获文化研究新学院硕士学位，旋即转纽约大学读博，师从尼尔·波斯曼；

1977年，发表《玩具、镜子和艺术》，提出原创性的"媒介演化三阶段论"；

1977 年，为麦克卢汉的论文《媒介定律》作"序"，该文在国际普通语义学会刊物《等等》1977 年 6 月号上刊发；

1979 年，获纽约大学"媒介环境学"博士学位，博士论文题为《人类历程回放：媒介进化理论》，提出媒介演化的"人性化趋势"理论和"补救性媒介"理论，奠定了世界著名媒介理论家的地位；

1979—1985 年，在费尔利·迪金森大学任副教授，获终身教职，同时在几所大学执教；

1982 年，编辑《追求真理：波普尔哲学纪念文集》，走上了哲学研究的道路。

1985—1995 年，办"联合教育公司"，成为网络教育的先驱，与几所大学合作，授媒介研究硕士学位；

20 世纪 80—90 年代，同时在纽约市几所大学任教；

20 世纪 90 年代至今在福德姆大学执教，在哲学、媒介伦理、传播学、科幻文艺、社会批评、音乐创作、新新媒介研究多方面全面出击，成就惊人。

五、莱文森的学术地位

莱文森是世界级的媒介哲学家、科幻小说家、社会批评家、音乐人，教学科研双翼齐飞，曾任美国科幻小说研究会会长，现任媒介环境学会顾问，其文学和社科成就受人尊敬。

他发表了 100 余篇论文，视野广阔，涉及哲学、文化、传播、技术和历史。

他完成哲学和媒介理论著作七部：《思想无羁》《软利器》《数字麦克卢汉》《真实空间》《手机》《新新媒介》《学习赛博空间》。

他的科幻小说创作成就卓著，共有作品二十余种，其中长篇五部：《丝绸密码》《松鼠炸弹》《记忆的丧失》《出入银河系》和《拯救苏格拉底》。

他的作品已经翻译成了十五种文字，七种理论专著已有中译本，它们是：《思想无羁》《软利器》《数字麦克卢汉》《真实空间》《手机》《莱文森精粹》《新新媒介》。

六、让《数字麦克卢汉》传诸后世

《数字麦克卢汉》是麦克卢汉研究史上的第一座丰碑，率先全面肯定麦克卢汉思想和学说的历史地位，既是总结和继承，又有所超越。从十七个方面阐释麦克卢汉的思想，又在许多方面展开激烈的论辩。

《数字麦克卢汉》奠定了莱文森"数字时代麦克卢汉"的地位，被翻译成了多种文字。

十三年后修订《数字麦克卢汉》，有以下几个原因：（1）严肃的译者追求完美，却免不了有误解、遗憾甚至"背叛"，经典作品的译本需要不时更新；（2）时代的发展加深了译者对麦克卢汉和莱文森的认识，也加深了对《数字麦克卢汉》的认识，我们有了完善中译本的基础；（3）十三年是半代人的时间，语言有所发展，译作语言亦需更新；（4）我的追求没有止境，译作要做到"五个对得起"：对得起作者、读者、出版社、译者本人和后世，我的经典译品要传诸后世。

麦克卢汉，大文科的巨人 [①]

一、麦克卢汉研究，方兴未艾

麦克卢汉进入中国快要二十年了，但是我们对他的研究才刚刚开始。

1964 年，一本奇书横空出世，在西方世界引起一场大地震。书名叫《理解媒介》，它的作者只不过是小有名气的英美文学教书匠。可是，就是这样一位"小人物"，突然成了新思想新学科的巨人和跨学科的奇才。

二十年后，国内学者开始接触他的思想。可是他的著作迟迟未与读者见面，因为他太难了。他之所以难，难在两个方面。一是他的思想大约有 70% 是全新的东西。他是先知，要等待一代新人去理解。他不本分，不甘心仅守自己的文学地盘，公然声称自己是杂家，侵入他人领地。因此"专家们"非但不理解他，反而嫉恨他，也不愿意去理解他。等到网络世界、数字地球问世时，世人才能够真正了解他。二是他的风格晦涩。试问，用文学语言去"论述"科学题材，怎能不晦涩？他的思想浩荡不羁，文字汪洋恣肆，用典艰深，征引庞杂，怎不令人叫苦不迭？他似乎全然不顾一般

---

① 本文是《麦克卢汉精粹》第一版（南京大学出版社，2000 年）的译者序，文章名是 2021 年出第二版时追加的。有删节。

读者的语文水平。

他的许多奇特警语，我们已经耳熟能详："媒介是人的延伸""媒介即讯息""电子媒介是中枢神经系统的延伸""媒介使人自恋和麻木""我们正在回到重新部落化的世界""西方文明的整个观念是从拼音文字派生出来的"……

但是我们又觉得，这些观点似是而非，似非而是。既使人似懂非懂，半信半疑，又令人如痴如醉，心驰神往。既使人震惊迷惑，又令人耳目一新。

麦克卢汉既难懂又不难懂。他本人的研究方法，可以帮助我们解开谜团、打开宝藏："我没有固定不变的观点，不死守任何一种理论——既不死守我自己的，也不死守别人的……我的工作比较好的一个方面，有点像保险柜工匠的工作。我探索、倾听、试验、接受、抛弃。我尝试不同的序列，直到制动栓下落，保险柜的门弹开为止。"

麦克卢汉是信息社会、电子世界的先知，20世纪的思想巨人。网络时代的今天，他的预言已然成为现实，他的洞见更加富有启迪意义，更加能够立竿见影。全新的一代人正在转向他的著作，以便了解这个地球村。

可是，世人对他的研究才刚刚开始。

令人欣慰的是，中国人研究他的条件，终于瓜熟蒂落。这里需要两个条件：一是要进入信息时代、网络空间；二是要有他的书读。中国的亿万"网民"几乎挤爆了"赛博空间"，如饥似渴地等待读懂他。我们翘首企盼的书终于要出了。我们终于可以读到原汁原味的麦克卢汉，而不是别人一知半解的转述甚至歪曲。

二、石破天惊，一举成名

马歇尔·麦克卢汉1911年7月21日生于加拿大阿尔伯塔省埃德蒙顿

市。早年求学于曼尼托巴大学，1943 年负笈英伦，获剑桥大学英语文学博士学位。先后执教于威斯康星大学、圣路易斯大学、阿桑普星学院、圣米歇尔学院、多伦多大学，后期任多伦多大学文化与技术研究所所长。该所研究的是技术媒介对社会和心理的影响。这也是本书的主题。

在剑桥大学，麦克卢汉师从的老师群星璀璨，令人叹为观止：利维斯、奎勒 – 库奇、理查兹等学界名流。他从这些巨人身上学到了思想上的自信。几年之间，他与阵容强大得令人惊叹的学界名流建立了联系，与其中许多人心有灵犀。他们是文化人类学家卡彭特、霍尔，知名的逻辑学家沃尔特·翁，艺术批评家刘易斯，未来学家托夫勒，还有管理学家德鲁克，建筑学家富勒，加拿大总理特鲁多，卓越的钢琴家哥尔德，杰出的哲学家吉尔松，等等。

他与许多世界知名的人物保持通讯联系，比如：诗人庞德，幽默演员伍迪·艾伦，音乐家凯奇、埃林顿，剧作家卢斯，新闻记者汤姆·沃尔夫，哲学家马里丹，艺术家 W. 刘易斯，专栏作家安·兰德斯，电视节目主持人杰克·帕尔，人类学家蒙塔古，等等。

麦克卢汉的学术生涯始于 20 世纪 40 年代中叶，初露锋芒的成果发表在标准学术刊物上。他的第一部专著是 1951 年出版的《机器新娘》。这本书分析的是报纸、广播、电影和广告产生的社会冲击和心理影响。50 年代，他用福特基金会的赞助费创办《探索》丛刊。1959 年，他成为全美教育台和教育署"媒介工程"项目的主持人。这个项目的成果就是《理解媒介》的初稿。1962 年，他研究印刷文化的巨著《谷登堡星汉》问世。1963 年起，麦克卢汉执掌多伦多大学文化与技术研究所，使之成为一个颇具规模的传播学文化产业基地。

1964 年《理解媒介》的出版，使麦克卢汉成为名噪一时的风云人物。三十余年的历史证明，麦克卢汉不愧是西方传播学巨匠，电子时代的"圣人""先驱"和"先知"。他的遗产渗入了人类生活和学术的一切领域。他的预言一个个变成现实并不奇怪，奇怪的是，他的"梦话"变成现实竟然会这么快。三十年前，谁敢梦想数字化生存、信息高速公路、网络世界、虚拟世界、电脑空间？只有他！二十年前，谁会大声疾呼"地球村""重新部落化"？只有他！他预告电子时代的来临，他对了！

麦克卢汉的声誉沉浮颇具戏剧性。他在世时，毁誉之声，别若天壤。20世纪90年代，他的声誉重新崛起。今天，他的思想不仅顽强地保存下来，而且仍然雄踞传播理论的首要地位。对于"地球村""电子世界""网络世界"的论述，他的同时代人均不能望其项背。他思想的活力和隽永，至今罕有人能出其右。

世纪之交，人类正在飞快进入数字化时代、网络时代、光子时代、生命科学时代。按照麦克卢汉的媒介理论，任何一种电子技术都是人的中枢神经系统的延伸，任何一种非电子技术都是人的肢体的延伸。任何一种发明都将反过来影响人的生活、思维和历史进程。麦克卢汉的媒介理论仍然振聋发聩。他对几十种媒介的论述使专门家认识到自己的残缺不全，使千千万万人超越自身背景的局限从全新的角度去研究媒介对人类命运和进程的影响。

三、风雨沧桑，岿然屹立

1964年，《理解媒介》甫一问世，出版界、学术界、评论界即好评如潮。《旧金山记事报》称他为"最炙手可热的学术财富"。自此，他赢得了世界范围的追捧。《纽约先驱论坛报》宣告麦克卢汉是"继牛顿、达尔文、弗洛伊德、爱因斯坦和巴甫洛夫之后的最重要的思想家……"说他是"电子时代的代言人，革命思想的先知"。接下来的四五年中，麦克卢汉在各个电视台接受专题采访，在各大公司做巡回演讲，他的人格魅力给听众一次又一次的震撼，使他享有"罗马祭师"和"北方圣人"的崇高地位。他的名字进入法语，构成了一个词"麦克卢汉式"，这个词成为流行文化世界的同义词。

麦克卢汉至今仍然是一本"天书"。但是，历史给予他突出的地位，使他至今处于学术前沿。他是条理清晰地阐述电子世界、电子技术的第一人。他的许多预言都一个又一个地实现了。

奇人怪杰，为人嫉恨、为人不解，古今中外皆然。麦克卢汉思想超前，难免几分神秘色彩；因侵犯他人领地，难免惹人不快；思想汪洋恣肆，难免受到批评指责；语言晦涩难懂，难免使人丧气、困惑不安。他宣告眼光狭隘的专门家已是明日黄花，这使地位显赫的学者感到迷惑不解、气愤难平。所以他必然要引起许多人的对抗。

对许多人来说，麦克卢汉似乎是一个矛盾的人。他成了文化食人癖的受害者，他的思想被人断章取义，他的隐喻被人分割肢解。经院学者和老牌卫道士愤怒抗议，横加指责。有人宣告他的思想疯狂，有人斥之为危险害人。

许多批评家瞠目结舌，手足无措，似醒非醒，痴人说梦。自视清醒的白痴，争先恐后地轮番攻击他，说他是在攻击文明。其暴怒程度无以复加。每一位对手都怒气冲冲地搜寻麦克卢汉的"硬伤"，以发泄一肚子的火气。

保守派总是要千方百计否定新的思想。他们猛烈攻击，步步为营，且战且退，屡战屡败，却又不甘失败。

批评家给他取了许多诨名："波普文化的斯波克大夫""电视机上的教师爷""攻击理性的暴君""被疯狂的空间知觉搞得走火入魔的形而上巫师""波普思想的高级祭司，在历史决定论的祭坛前为半拉子艺术家做黑弥撒的教士"。说他"出尽风头，自我陶醉，赶时髦，追风潮，迎合新潮。可是他错了"。说他的行文"刻意反逻辑、巡回论证、同义反复、绝对、滥用格言、荒谬绝伦"。说他的风格是"凝滞的迷雾，朦朦胧胧的暗喻在大雾中跌跌撞撞"。

超前的人物受到攻击甚至迫害，超前的思想受到压制，科学史和学术史上，不乏其例。洪堡（Alexander von Humboldt）把保守派对新思想的压制归纳为一个"公式"：首先是攻击新思想"一派胡言"，接着又变换花样加以全盘否定，说新思想"有许多闪光的洞见，但是当然全都错了"，最后竟然耍赖说"我们早就知道的"。

用洪堡这个尺度来衡量，麦克卢汉竟然躲过了名重遭损的持久的屈辱，值得庆幸。因为批判他的"高论"，在扑面而来的信息时代中，很快就不攻自破了。

麦克卢汉受到攻击和曲解，是难以避免的。他的思想难以理解，首先是因为他的学说超前，把许多精英抛在后面。其次是他不甘死守英美文学这个小圈子，侵犯了传播学的领地。再次是他的思想汪洋恣肆，背离了传统的线性逻辑。此外，他的书风格费解，既精警深邃又玄妙如谜，隐喻警句枝蔓丛生，文学典故令人却步，历史典故难溯其源。他的语言偏离学术语言常规。他的格言警句色彩富丽、难以破解。他的句法曲里拐弯，比喻艳丽浮华，警句玩弄文字。比如："电光是单纯的信息""媒介即讯息""我们是电视屏幕……我们身披全人类，人类就是我们的肌肤""人们实际上不是阅读报纸——他们就像爬进浴缸泡热水一样地进入报纸""我们正在退出视觉的时代，进入听觉和触觉的时代"……至于自己的著作，他说："我不假装懂。毕竟我那些东西难懂。"

他的名声虽然没有大起大落，但是围绕他的争论却始终不断。

不过，所谓争论，仅仅是围绕他一两个次要观点的争论。他的主要论断，经过时间的检验，谁也不敢再提出挑战了。

一个争论，是他冷热媒介的二分观念。诘难他的，也不是全盘否定这个分类思想，而是说他的有些例子未必妥当。他给冷热媒介所下的定义能够为人普遍接受，但是他关于冷热媒介特性的描写，又使人云里雾里，不得要领——冷媒介清晰度低，需要人深度卷入、积极参与、填补信息，这好理解；可是，因此而说冷媒介是触觉的而不是视觉的，又颇费思量。说电影清晰度高，不需要深度卷入，是"热的"，视觉的；电视清晰度低，需要深度卷入，是"冷的"，触觉的，就不太好理解。同样，把电话说成"冷的"，广播说成"热的"，也不太好理解。也许，高清晰度的电视问世之后，我们有必要对他的界定做一些修订：老一代的电视是"冷的"，新一代高清晰度的电视是"热的"。

即使在电视和广播的冷热划分上，麦克卢汉也不无精彩绝伦之笔。以1960年尼克松对肯尼迪竞选总统的辩论为例，听收音机的听众以为尼克松赢定了，然而看电视的观众却认为他输定了。谜底何在？麦克卢汉的解释非常精彩：电视是冷媒介，适合低清晰度的形象，肯尼迪是新人，清晰度低，因而适合电视；收音机是热媒介，适合高清晰度的形象，尼克松是老人，清晰度高，因而适合广播。

麦克卢汉的大多数思想，早已深入人心、家喻户晓、不可动摇。三十年来电子技术和信息产业的飞跃发展，使他的思想不证自明。谁能够动摇他的以下思想？

1. 地球村。这个词语已成为几十亿人的口碑——虽然绝大多数人对其深刻内涵不甚了了。电子信息瞬息万里，使全球生活同步化；全球经济趋同、整合、游戏规则走向同一；网络生活同一，世界结为一体；时空差别不复存在，昔日遥不可及的海角天涯刹那可达。谁不说这就是弹丸之地？

2. 媒介。根据他隐而不显的媒介观念，我们可以推导出一个最为宽泛、无所不包的定义：媒介是人的一切外化、延伸、产出，一句话，媒介是人的一切文化。由于他研究的媒介涉及人类生活的一切领域和一切层面——衣食住行、机械电力、语言文字、娱乐游戏、科学技术、艺术世界，所以，本书对人文科学和社会科学各个领域各个层面的读者都不乏教益和启示价值。

3. 媒介即讯息。20世纪90年代之前，人们对此也许半信半疑。一般人认为媒介仅仅是形式，仅仅是信息、知识、内容的载体，它是空洞的、消极的、静态的。可是他认为媒介对信息、知识、内容有强烈的反作用，它是积极的、能动的、对讯息有重大的影响，它决定着信息的清晰度和结构方式。有人不以为然，认为媒介仅仅是承载内容的形式和外壳。习惯的思维定式堵塞了洞悉的目光、创新的思路，人们对媒介形式的革命力量视而不见、听而不闻。其实，四大发明作为媒介——所谓媒介的形式本身——就曾经改变了世界，改写了人类历史。这难道不是几百年的铁证吗？麦克卢汉之后兴起的新兴媒介VCD、DVD、互联网不是已经并正在继续改变世界，改变人的思维方式、生活习惯吗？新兴高科技不是正在以加速度改变世界和人类自身吗？

4.电子媒介是中枢神经系统的延伸。麦克卢汉奇异的思想之一，是从一个奇特的角度将人的延伸（即媒介）一分为二：电子媒介是中枢神经系统的延伸，其余一切媒介（尤其是机械媒介）是人体个别器官的延伸，比如印刷媒介就是视觉的延伸。中枢神经系统把人整合成一个统一的有机体，电子媒介亦然。其他的媒介则延伸人的一部分感官，使人的感官失去平衡，使人支离破碎、单向发展。电子时代的人再也不是分割肢解、残缺不全的人。人类大家庭再也不是分割肢解、残缺不全的大家庭。电子时代的人类再不能过小国寡民的生活，而必须密切交往。与此相反，机械媒介（尤其是线性结构的印刷品）使人专精一门、偏重视觉，使人用分析切割的方法去认识世界，所以在过去的机械时代里，人是被分割肢解、残缺不全的畸形人。

在我看来，麦克卢汉的"中枢神经系统"类似荣格的"集体无意识"，类似列维-斯特劳斯的"结构"。不过，荣格的"集体无意识"偏重进化和生物遗传，列维-斯特劳斯的"结构"强调神话的结构，而麦克卢汉的"中枢神经系统"却是人类中枢神经系统外化的电子媒介。

5."冷媒介和热媒介"。低清晰度的媒介（如手稿、电话、电视、口语）叫"冷"媒介。因为它们的清晰度低，所以它们要求人深刻参与、深度卷入。因为它们的清晰度低，所以它们为受众填补其中缺失的、模糊的信息提供了机会，留下了广阔的用武之地，调动了人们再创造的能动性。反之，高清晰度的媒介叫"热"媒介，拼音文字、印刷品、广播、电影等就是这样的热媒介。由于它们给受众提供了充分而清晰的信息，所以受众被剥夺了深刻参与的机会，被剥夺了再创造的用武之地。要言之，冷媒介邀请人深度参与，因此它"兼收并蓄"；热媒介剥夺人深度参与的机会，因此它"排斥异己"。

6. 西方文化的局限性。"理性的"西方文化是机械的、分割肢解的、线性的、分析的、偏重文字的、视觉的、左脑的、抽象的文化。麦克卢汉欢呼电子文化的来临，因为它是人的中枢神经系统的延伸，它使西方人能够从传统的西方文化中解放出来，重新整合成为完全的"部落人"。他认为，只偏重视觉的、机械的、专门化的谷登堡时代一去不复返，只注重逻辑思维、线性思维的人再也行不通，电子时代的人应该是感知整合的人、整体思维的人、整体把握世界的人。要言之，电子时代的人是"信息采集人"。

7. 部落化——非部落化——重新部落化。这是一个著名的公式，他从媒介演化历史的角度去概括人类的历史，为解读历史提供了一个崭新的视角。他认为，人类历史上一共有三种基本的技术革新。其一是拼音文字的发明，他打破了部落人眼耳口鼻舌身的平衡，突出了眼睛的视觉。其二是16世纪机械印刷的推广，这就进一步加快了感官失衡的进程。其三是1844年发明的电报，他预告了电子革命的来临。电子革命将要恢复人的感官平衡态，使人重新部落化。电子媒介使人整合，回归整体思维的前印刷时代。这就叫作重新部落化的过程。这是一个更高层次的全面发展的人。窃以为，这个公式可以写作以下几种变体：整合化——分割化——重新整合化；有机化——机械化——重新有机化；前印刷文化——印刷文化——无印刷文化；前现代化——现代化——后现代化。

四、细嚼慢咽，美味佳肴

本书分为四部。第一部题为"作为产业的文化"，说的是文化与商业的融合，把广告和娱乐当作是极为重要的文化现象来认真研究。媒介实业向文化生产和文化营销的方向迁移，麦克卢汉是系统研究这种迁移的第一人。第二部"印刷术与电力革命"论述谷登堡技术带来的文字革命。《谷登堡星汉》是麦克卢汉媒介思想的重要里程碑，也是他思想的核心。第三部"口传的麦克卢汉"最接近麦克卢汉思想的精髓。他的许多观点常常是在谈兴最浓的时候提出的。他总是在"充电最足"的聊天时取得"突破"。他知识渊博、感知敏锐。他那轻松自如、行云流水般的口才给人留下了深刻的印象。《花花公子》访谈录"尤其捕捉到了他对付深度采访时机敏流畅的思想脉搏。第四部"文化与艺术：背景与外观"充分表现了麦克卢汉博学多才、风流倜傥的风格。这是满纸隐喻、晦涩难懂的硬骨头。他借用荣格打比方，给原型观念注入新的思想。他把通俗文化研究引入艺术领地。这是他的独创之一。阅读这一部分时，读者要乐意放弃一些熟悉的观念：清楚的逻辑、叙述的序列。读者还要抱着开放的态度，乐意与作者一道探索。

但是，读者大可不必按照顺序阅读。本书既有生动活泼的访谈录，又有三言两语的语录体；既有意义隽永的格言警句，又有晦涩难懂的暗喻堆砌。

没有时间和耐心的读者可以信手翻一翻第三部第十四章的"麦克卢汉语录"，你一定能够做到开"句"有益。

有一个小时阅读时间的读者不妨浏览第三部第十三章的《花花公子》访谈录"，你一定会爱不释手。这篇三万字的对谈浓缩了麦克卢汉的一切思想精粹，是开启麦克卢汉殿堂的金钥匙。对谈的形式锁定范围，使他紧扣主题，抗衡他那放荡不羁的思维习惯，用多变和刺激的问题"蒸馏"出他的真知灼见，使他的连珠妙语、金玉良言、洞见之才发挥到极限，酣畅淋漓，无与伦比。他的思想火花灿烂夺目，他的智慧魔力使人心动神摇。

最难啃的硬骨头是第四部"文化与艺术"。他在这里旁征博引、密集用典，借他山之玉，反弹琵琶、推陈出新，提出了著名的媒介四定律。他散漫、晦涩的风格，常常使人云里雾里。他的用典癖好，常常使人不得要领。

然而，读者诸君请勿丧气。他先知的睿智、思想的魅力值得我们去啃一啃这一只螃蟹。敲开螃蟹的硬甲，鲜美的膏肉自在口中矣。

2000 年 5 月

他的思想在讲演中大放光芒 ①

第一版序

  本书是麦克卢汉的讲演稿和访谈录，由他的女儿斯蒂芬妮·麦克卢汉和学生戴维·斯坦斯对记录稿进行整理编辑而成，所有讲稿均为第一次发表。斯蒂芬妮是电视制片人，曾获国际奖，小有名气。戴维·斯坦斯是英语教授，先后在哈佛大学和渥太华大学执教，也有不少著作问世。

  序文的作者是大名鼎鼎的美国作家、新闻记者汤姆·沃尔夫。他是美国"新新闻主义"流派的代表人物之一，在阐述和传播麦克卢汉的思想方面曾起过至关重要的作用。

  1965 年 11 月，汤姆·沃尔夫为《纽约》杂志（当时是《纽约先驱论坛报》的周刊）撰稿写麦克卢汉，大声宣告麦克卢汉和达尔文、弗洛伊德一样齐名。他用戏剧手法刻画麦克卢汉的大言无形、滔滔不绝，以及他的演讲对各界听众产生的影响。他用生花妙笔，给麦克卢汉现象来了一个全景式的素描，然后问道："如果他说的话是对的呢？"这句话落地生根，成

---

① 本文是《麦克卢汉如是说：理解我》（中国人民大学出版社，2006 年；中国大百科全书出版社，2023 年）两篇译者序的集合，文字有节略。

为无数次被人引用的名言。

在本书序文里，他又重申麦克卢汉在 20 世纪学术思想中的地位："在 19 世纪末和 20 世纪初的几十年里，达尔文主导生物学，马克思主导政治学，爱因斯坦主导物理学，弗洛伊德主导心理学。此后，主导传播研究的唯有麦克卢汉一人。"

国内读者对麦克卢汉已经有了一定的了解。译者这篇序文只想突出两个重点：①麦克卢汉的口才；②从本书撷取一些警语，让他自己诠释自己的思想。

本书辑录的二十篇记录稿涵盖二十年（1959—1979）。这是麦克卢汉大器晚成、大起大落的二十年。他传世的三部经典中的第一部《机器新娘》刊布于 1951 年；这本书批评广告、流行文化和工业民俗。但是，在 20 世纪 50 年代，他的名气仅限于文学家和跨学科研究的狭小圈子。50 年代后期，他提出"地球村""媒介即讯息"的命题，名气超越学术圈子进入整个北美地区。1962 年，他的第二部经典《谷登堡星汉》批评印刷人，提出比较系统的媒介演化理论。1964 年，他震撼世人的大作《理解媒介》出版，使他成为世界知名的传播理论家。1994 年，《连线》杂志把他的头像置于刊头，直呼他为祖师爷和开山祖。

可是，《理解媒介》却令读者爱恨交织，而且被一些人讥为"胡说八道"的"天书"。里面的章节标题就玄之又玄："媒介即讯息""热媒介和冷媒介""过热媒介的逆转""小玩意爱好者——麻木性自恋""杂交能量：危险的关系""作为转换器的媒介""挑战与崩溃：创造力的报复"。除此之外，全书充满这些神乎其神、难以捉摸的麦克卢汉式的警语。然而，这位神秘的媒介"教师爷"和预言家，确实令无数追星的麦克卢汉迷神魂颠倒。

20 世纪 60 年代后期，尤其是在 1966 年和 1967 年，麦克卢汉的声誉达到顶峰。北美庞大的宣传机器开足马力为他服务，传播他的名字，使他红遍整个大陆。他的文章、访谈录和别人介绍他的文字进入了几十种报纸杂志，包括高雅的和通俗的。他频频在广播电视上亮相。请他演讲的邀请应接不暇，他俨然成为一位学术"明星"。英国人请他上BBC，法国人发明了"麦克卢汉似"这个词来形容难懂的语言和文风，日本人急急忙忙翻译他的每一本书。

"1966年这一年之内，报刊上介绍麦克卢汉的文章就达一百二十篇，差不多每一种重要的美国、加拿大和英国的报刊都参与了这场运动。人们以激动的心情思量，这可能是一位洞见堪与达尔文和弗洛伊德一比高低的重量级人物。"

学者与"明星"似乎是对立的两极，学者不要当"明星"，"明星"难以成为令人尊敬的学者。"明星"学者一定会付出惨重的代价。英美文学教书匠侵犯他人领地，出风头，挣大钱，引起许多学者不满；有的学者斥责他满口荒唐语，满纸荒唐言。

在麦克卢汉名气如日中天的1968年3月，《花花公子》破例刊载了几万字的《麦克卢汉访谈录》，用了一个极富魅力的副标题：流行崇拜中的高级祭司和媒介形而上学家袒露心扉（着重号系笔者所加）。这里的四个关键词真是神来之笔，勾勒出一幅绝妙的漫画。"崇拜"说明他的地位如日中天；"高级祭司"说明他的魅力近乎神奇；"形而上学"形容他的一贯风格晦涩难懂；"袒露心扉"锁定他的谈话风格：一反写作常态，他的谈话朴实无华、通俗易懂，正是他自己最好的诠释。

他最闪光的思想往往不在他的著作中，而是在他的访谈录和"闲聊"中。在这次访谈中，他的奇思妙想挥洒自如、登峰造极。

他一生都喜欢对话而不是写作。他常常凌晨打电话与朋友交谈他的"探索"和"发现"。他闪光的洞见诞生在茶余饭后的闲聊中，诞生在数十年如一日的每周一晚上的研讨会中，诞生在午餐桌上和同事的争论中，诞生在媒体的访谈录中。

他的口才无与伦比，辩才所向披靡。除了他那三部代表作之外，其余的绝大多数著作、书信、文章都是由他口授，让秘书或夫人打字完成，或者由合作者动笔完成的。

1967 年 3 月 18 日的《周末杂志》记录他的话说："……我的很多工作是在交谈中完成的。我在交谈中完善自己的思想。"在 1966 年 2 月 26 日《生活》杂志的访谈录中，他说："会话的活力超过了书本的活力，交谈更加富有乐趣，更加富有戏剧性。"

就他本人来说，探索任何课题的最佳办法就是谈话。他曾经对记者说：他在动笔之前必须进行无休止的对话，就一个题目反反复复地谈话。他谈话时总是最高兴的。对他而言，聊天比写作更有活力、更加好玩、更加富有戏剧性。他源源不绝的灵感在聊天中喷涌而出。他宣称，他的许多研究工作是在和别人的谈话中进行的。他在谈话中摸索探路，而不是宣示什么结论，大多数人把谈话作为思想的结果，他却把谈话作为思考的过程。

在《数字麦克卢汉》里，被誉为"数字时代的麦克卢汉"的作者保罗·莱文森，用非常感人的文字描绘了他 1977 年第一次专程携夫人北上"朝觐"麦克卢汉以后的激动心情："这一天的经历和发人深省的谈话使我们激动不已。所以我们手拉手走了一个多小时，穿过多伦多的大街小巷，一直走回旅店。那天晚上，那些大街小巷仿佛铺满了魔力。"

在他们相识的五年里（1976—1980 年），莱文森领教了麦克卢汉那无与伦比的口才："他是我人生际遇中最会聊天、最发人深省的人。我们一共见面十余次。我们在饭桌上谈话，在街上聊天，更不用说还有电话上的交谈。我们的切磋成为他公开出版的著作中最好的引文和解说。谈话涉及的范围与书中无异，常常是角度略有不同，层面不大一样罢了。但是都能够揭示云遮雾罩的路径，从而到达理解的彼岸。"

追溯麦克卢汉口才形成的主客观条件，也许能给读者培养口才带来启示。

首先，他非凡绝伦的口才是母亲的嫡传。他的母亲周游全国、巡回讲演、成为出类拔萃的演员和演说家。他从小身经百战，在厨房里、餐桌旁和母亲辩论而不分伯仲。

其次，他有一位终身辩论的对手互相切磋。多伦多大学政治经济学教授汤姆·伊斯特布鲁克，少年时代是他的同学，青年时代与他一道留学英国，后来又与他在多伦多大学共事二十五年。麦克卢汉回忆他们儿时在家乡辩论的情况：他们常常辩论到深夜，在街上边走边辩，有时一争就是通宵。他们有意识地培养自己的辩才。麦克卢汉说："我们有一个绝对一致的意见：在一切问题上都要抬杠。"

他很快就发现自己这个危险的才能：无论什么问题，他都可以从两个方面去构建自己的辩论——越是难题，他越是感到兴奋。进了大学以后，他的辩才进一步得到磨砺。

留学英国期间，他不但向剑桥大学口才好的老师学习，而且有意识地学习苏格拉底的辩证法、希腊的"诡辩派"、罗马的修辞学家西塞罗。

在教学生涯中，他总是喜欢与同事辩论。每到一地执教，他都要牵头组织辩论队。在多伦多大学圣迈克学院执教的二十五年里，他每天午饭时总是有意识地找哲学系的同事辩论，找口才出众的神父辩论（该学院的教员大多数是精于布道的神职人员）。

1979 年，他中风失语之后，他那咄咄逼人的辩才才随之而去。

几千年来，许多伟大的哲人都擅长口述，有的甚至拒绝使用文字。耶稣不遗一文，苏格拉底不留一字，孔子述而不作，老子无奈之下才被迫写下《老子》五千文。麦克卢汉也是这样的哲人。他传世的著作和书信有几百万字，大多数都不是他自己动笔写的，而是由他口授的，有些是他与合作者对谈之后由合作者动手写的，他的两本名著《媒介与文明：地球村里的战争与和平》《媒介即按摩》，是由麦克卢汉迷主动捉刀整理而成的"麦克卢汉语录"。他许多精彩的思想，就是在访谈、讲演中形成的，甚至是在日常的闲聊中奔腾而出的。

他的癖好之一是说俏皮话，其中之一似乎是他自嘲而编造的，我们窥探到他为玄妙语言而付出的代价。有一次，有人占了他在研究所的专用泊车位，于是他在这辆车上留下一张字条："敬启者，请勿在此停车。该车位由鄙人专用，麦克卢汉启。"下午下班时，他看见人家在他车上回敬的字条："亲爱的麦克卢汉：我有几本你的书。你的警示条是我唯一读过并理解的东西。"我们知道这是他编造的笑话，因为他终生不会开车。

迄今为止，诠释麦克卢汉的最高权威是莱文森。在《数字麦克卢汉》里，他对麦克卢汉的思想进行了细致的耙梳整理、阐述论证、尖锐批判，推出了超越麦克卢汉的"后麦克卢汉主义"。经他集纳批评的麦克卢汉警语有这么十四条："我不解释，我只探索""媒介即讯息""声觉空间""无形无象之人""地球村""处处皆中心，无处是边缘""光透射媒介对光照射媒介""冷媒介与热媒介""人人都出书""电子冲浪""机器把自然变成艺术品""我们没有艺术，我们把一切事情都干好""后视镜"和"媒介定律"。

这样的警语、俏皮话和术语在本书里俯拾即是、难以尽述。我们只能够将它们提出来，请读者阅读时留意：前文字人，文字人，部落人，非部落人，抄书人，印刷人（谷登堡人），工业人，电子人；拼音文字，印刷术，电气技术；声觉空间，听觉空间，视觉空间，欧几里得空间；艺术家，诗人；部落化，非部落化，重新部落化；集中化，非集中化；后视镜；东方的西方化，西方的东方化，第一世界，第二世界，第三世界，第四世界；外观，背景；环境，反环境，人造环境，边疆；心灵之旅，心灵探索；媒介定律，等等。

中国读者最熟悉的是他的"老三论"："媒介延伸论""媒介冷热论"和"媒介讯息论"，还有他对电视的批评。本书阐述这四个方面的语录，数以百计。

第二版序

一、第一版序的两个重点：口才和警语

在《麦克卢汉如是说》中译者第一版序里，笔者大篇幅突出了两个重点：麦克卢汉的口才和警语，内容宏富，值得读者关注。第一个重点不拟再饶舌，第二个重点则不忍完全割爱，这里摘录一段显示他的一些警语、概念和俏皮话：

"这样的警语、俏皮话和术语在本书里俯拾即是、难以尽述。我们只能够将它们提出来，请读者阅读时留意：前文字人，文字人，部落人，非部落人，抄书人，印刷人（谷登堡人），工业人，电子人；拼音文字，印刷术，电气技术；声觉空间，听觉空间，视觉空间，欧几里得空间；艺术家，诗人；部落化，非部落化，重新部落化；集中化，非集中化；后视镜；东方的西方化，西方的东方化，第一世界，第二世界，第三世界，第四世界；外观，背景；环境，反环境，人造环境，边疆；心灵之旅，心灵探索；媒介定律，等等。"

二、第二版序的一个重点：从"地球村"到"全球剧场"

也许，国内外学界都忽略了麦克卢汉在 20 世纪 60—70 年代完成的一个转向。

2020—2021 年岁末年初，中国社会科学院大学的朱豆豆博士对我做了马拉松似的专访："探寻'遗失的经典'：北美媒介环境学在中国的选择性

转译"（这个长篇专访作为其博士论文的附录，尚未公开发表或正式刊印）。她提醒我注意麦克卢汉在 20 世纪 60 年代以后的十来年间完成的一个重要转向：从"地球村"到"全球剧场"（global theater）观念的转变。

这是一个重要的转向，我迄今研究不深，谨在《麦克卢汉如是说：理解我》第二版序中提出这个问题，与读者分享，准备进一步探索。

先大段引用我们的对谈：

朱：麦克卢汉的某些作品，如《从陈词到原型》（*From Cliché to Archetype*, 1970）（《麦克卢汉精粹》已有大篇摘录）、《把握今天：退出游戏的行政主管》（*Take Today: The Executive as Dropout*, 1972）等，您目前尚未着手翻译，但这两本著作中，麦克卢汉提出了著名的"全球剧场"观点。也就是说，麦克卢汉的重心在 20 世纪 70 年代已经转向了"全球剧场"的概念，对于这一转变，国外很多学者研究了麦克卢汉这一转向背后的隐喻意义。但在我国二壤中，因涉及"全球剧场"概念的相关著作没有中译本，导致国内学子仅仅熟悉其关于"地球村"的论断，却很少发现麦克卢汉从"地球村"到"全球剧场"观念的转变，这便遮蔽了我们探索麦克卢汉"全球剧场"概念潜隐含义的研究视域，对其思想的全面性探索也在本土场域受到了一定的影响。对此，您认为应如何更好地呈现媒介环境学在中国的整体视野？

何：你提到的麦克卢汉观念的转变我尚未注意到。是的，麦克卢汉的作品几乎被我"一网打尽"。但他与人合作的著作因为存在"剥削"之嫌，我认为理应"回避"。每年都有很多新的媒介环境学著作诞生，尚未引进的学术作品在国内的传播肯定会受到影响，我所能做的就是加快翻译的脚步，尽可能呈现媒介环境学在中国的整体视野。对于麦克卢汉与他人的合著，我尚未进行翻译，因为我不同意麦克卢汉的一些做派。他"剥削"亲友和来访学者的作风很成问题。这方面他

"劣迹"不少，要者有：

　　1. 20 世纪 60 年代以后，他的书信全由他口授，夫人或秘书打字，他签名。

　　2. 1963 年，麦克卢汉研究所成立以后，先后驻所的几位访问学者与他"对话"、整理书稿，交由秘书打字，然后由他牵头发表，这些书有：《从陈词到原型》(与威尔弗雷德·华生合著)、《把握今天：退出游戏的行政主管》(与巴林顿·内维特合著)、《作为课堂的城市：理解语言和媒介》(与哈钦、埃里克·麦克卢汉合著)、《地球村》(与布鲁斯·鲍尔斯合著)。

　　3. 我最不能接受的是他出两本书的方式。机械工业出版社"先斩后奏"，抢得麦克卢汉四本书的版权。其中两本是他去世二十余年后由两位学者整理出版的麦克卢汉论文集，很正常，我乐意推荐；其余两本不正常，我非常被动地承接了这两本书的翻译任务。这两本书是：《媒介与文明：地球村里的战争与和平》和《媒介即按摩：麦克卢汉媒介效应一览》。这两本书的诞生过程很奇怪，两个超级"麦粉"集纳麦克卢汉语录出版，麦克卢汉没有动一根手指头。

再摘录《麦克卢汉如是说：理解我》论及"全球剧场"的几段话，作为我们考察的起点：

　　1. 卫星发射的那一刻就是造就地球这艘太空船的那一刻，也就是造就全球剧场的那一刻。莎士比亚在他的环球剧院里饱览了世界这个舞台；有了第一颗人造地球卫星之后，在全世界变成的环球剧院里，就不再有观众，而只有演员了。

　　2. 地球被这颗人工制造物包裹起来，大自然就逆转为一种艺术形式。卫星发射的那一刻就是造就地球这艘太空船的那一刻，也就是造就全球剧场的那一刻。莎士比亚在他的环球剧院里饱览了世界这个舞台；有了第一颗人造地球卫星之后，在全世界变成的全球剧场里，就不再有观众，而只有演员了。

3. 地球被这颗人工制造物包裹起来，大自然就逆转为一种艺术形式。卫星发射的那一刻就是造就地球这艘太空船的那一刻，也就是造就全球剧场的那一刻。莎士比亚在他的环球剧院里饱览了世界这个舞台；有了第一颗人造地球卫星之后，在全世界变成的全球剧场里，就不再有观众，而只有演员了。

4. 第一颗人造卫星却完全是另一回事，它使自然的地球本身过时，使之成为一种艺术形式。卫星升空的那一刻就是创造地球太空船和全球剧场的那一刻，剧场里的公众变成了演员。因此才出现今天这样的局面：人人要求积极参与世界进程。

5. 如果第一颗人造卫星真的把地球变成了一种艺术形式，那么从那一刻起，我们人现在就是活生生的艺术而不是自然。我们不再采写新闻，不再给报纸编程；我们不得不改造世界，不得不给地球编程。自那颗卫星升空以来，我们就处在一个全球剧场里，这个全球剧场里没有观众，只有演员。

麦克卢汉的知识考古・媒介即按摩 [①]

一、两个姐妹篇

麦克卢汉的四本书《媒介即按摩》、《媒介与文明：地球村里的战争与和平》（以下简称《媒介与文明》）、《余韵无穷的麦克卢汉》（以下简称《余韵无穷》）和《指向未来的麦克卢汉：理解媒介论集》（以下简称《指向未来》）可视为两个姐妹篇：《媒介即按摩》与《媒介与文明》风格相近，构成一个姐妹篇；《余韵无穷》和《指向未来》亦可视为一个姐妹篇。

前者是语录体，图文并茂，雅俗共赏。后者是比较"规范"的论文集，斋味十足。《余韵无穷》展现麦克卢汉的媒介理论，兼及文艺批评和社会批评，《指向未来》只有一个焦点：媒介理论。

《媒介即按摩》和《媒介与文明》由超级"麦粉"编辑，语录体，图文并茂，诉诸直觉，普及马歇尔・麦克卢汉的媒介理论，便于读者理解媒介对人的心理、人类文化和社会的深刻影响。

[①] 2016 年，机械工业出版社下属华章图文出版社委托我主译麦克卢汉的四本书，这四本书都由他人操刀编辑。现将这四本书的译者序改编成《麦克卢汉的知识考古》四篇，收录于《问麦集》，均有修订。

《余韵无穷》和《指向未来》由学院派名家编辑，贝海拾珠，集纳麦克卢汉三十余年间有关媒介理论和文化批评的论文，有利于麦克卢汉研究的深入开展。

二、《媒介即按摩》题解

《媒介即按摩：效应一览》（ *The Medium Is the Massage: An Inventory of Effects* ），给人的第一印象是怪异：何谓按摩？为何按摩？

麦克卢汉玩弄"媒介即讯息"（The medium is the message）里的关键词message，将其变成 massage（按摩）、mass age（大众时代）、mess age（混乱时代）。于是就弄出了"媒介即按摩""媒介即大众时代"和"媒介即混乱世代"这样的文字游戏。

戏仿他的文字游戏，我们还可以将"message"拆解为"me sage"（吾即圣贤），由此而引申出"媒介即我为圣贤的时代"。博客、播客、微博等自媒体把人变成"圣贤"，其功能是多么强大啊！

"媒介即按摩"是戏言。麦克卢汉用诗性的、艺术的语言去描绘媒介对人的强大影响，用夸张的语言刺激读者，使人注意他那超前的思想。

这种反常的文风适合他反常的研究方法：探索而不做结论，并置而不做分析，铺陈而不做归纳，发现而不做判断，定性而不做定量，形而上而不做实证；偏重马赛克图像，不搞量化描摹。

"媒介即按摩"又是真言。媒介改变人，其影响使人麻木，是阈下的、无意识的、不知不觉的。他说："一切媒介对我们的影响都是完全彻底的。媒介影响的穿透力极强，无所不在，在个人、政治、经济、审美、心理、道德、伦理和社会各方面都产生影响，我们的一切方面无不被触及、被影响、被改变。媒介即按摩。不了解作为环境的媒介，对任何社会文化变革的了解都是不可能的。"

"媒介即按摩"亦是警钟。任何媒介既是人的延伸，也是人的"自我截除"。自我截除不容许自我认识；媒介报复人，使人麻木无知。

三、奇在哪里

《媒介即按摩》奇在哪里呢？

1. 三人合作，一主二从。作者麦克卢汉是超级明星，合作者昆田·费奥拉（Quentin Fiore）和杰罗姆·阿吉尔（Jerome Agel）小有名气。费奥拉是杰出的平面设计师，阿吉尔是著名的书籍出版人和作家。他们是麦克卢汉的超级粉丝。他们主动承担重任，精选麦克卢汉语录，配图并编辑《媒介即按摩》，不让麦克卢汉动一根手指头，只请麦克卢汉署名。《媒介即按摩》的成书过程令人称奇。

2. "三无"。没有目录、文献和索引。

3. "另类"。不分章节，缺乏学术书的基本规范。不过，隐性嵌入的章节有：你个人、你的家人、你的邻里、你的教育、你的工作、你的政府、你和"他人"的关系等（《媒介即按摩》第 8 页）。

4. 图文并举。既有学术性，又像动漫书和"小人书"。严肃的学者可能会不屑一顾，但《媒介即按摩》普及麦克卢汉的媒介理论，使难以理解的麦克卢汉容易理解。

5. 奇迹。本书问世于 1967 年，正是麦克卢汉如日中天时。两位小有名气的粉丝甘心为麦克卢汉做嫁衣，包办代替了配图和编辑工作。迄今为止，这本"另类"书畅销全球，已售出 100 余万册。

"媒介即按摩"既夸张又真实。不认识媒介对人的"按摩"，就可能受媒介危害。媒介能使人昏昏然，那是千真万确的。飞跃发展的互联网、大数据、云计算对人与社会的发展都是双刃剑，利弊同在；兴利除弊，势在必然、必须。

2015 年 10 月 20 日

麦克卢汉的知识考古·战争与和平

一、如何定题

麦克卢汉"地球村"的理念，妇孺皆知；"战争与和平"是人类社会的两大主题，亦众所周知，不必解释。但超常的英文书名 *War and Peace in the Global Village: An Inventory of Some of the Current Spastic Situations that Could be Eliminated by More Feedforward*，直译为《地球村里的战争与和平：急变的时局，如何应对》却需要解释，也需要琢磨。英文的时局用了两个形容词 current（当前的）和 spastic（痉挛的）。但这本书的时局并不限于"当前"，而是通览媒介史和文明史；"痉挛"一词强调时局的急变，不由人控制。麦克卢汉应对急变的"药方"是前馈（feedforward），换言之，用当前的信息去控制社会文化的未来走向。几个月来，我们担心书名太长，经反复磋商，最后决定究其实而不究其名，将中译本书异名定为《媒介与文明：地球村里的战争与和平》，把正标题用作副标题了。

二、奇书

和《媒介即按摩》一样，《媒介与文明：地球村里的战争与和平》亦为奇书，表现为：

1. 三人合作，一主二从。作者麦克卢汉是超级明星，合作者昆田·费奥拉（Quentin Fiore）和杰罗姆·阿吉尔（Jerome Agel）小有名气。费奥拉是杰出的平面设计师，阿吉尔是著名的书籍出版人和作家。他们是麦克卢汉的超级粉丝。他们主动承担重任，精选麦克卢汉语录，配图并编辑《媒介与文明》，不让麦克卢汉动一根手指头，只请麦克卢汉署名。《媒介与文明》的成书过程令人称奇。

2. "三无"。没有目录、文献和索引。

3. "另类"。不分章节，缺乏学术书的基本规范。不过，作者借用《芬尼根的守灵夜》里的十个惊雷，以暗喻人类文明的十大技术变革（石器时代、衣服、专门化、市场和园艺、印刷术、炸药和工业革命、部落人的回归、电影、汽车和飞机、电视和计算机等），渐次展开技术媒介对人类文明的影响。这就是《媒介与文明》的主干。

4. 隐性的章节。旁征博引的各界翘楚构成不言自明的章节。涉及的人物有：史学家林·怀特、斯宾格勒、米什莱和汤因比，哲学家卢梭、杜威、维科、加塞特、爱默生和雅克·艾吕尔，生理学家巴甫洛夫，生物学家达尔文、洛温斯坦和贝塔朗菲，心理学家斯金纳、奥尔波特、马斯洛、罗杰斯，人类学家蒙塔古和莫利斯，建筑史家吉迪恩，传播学家伊尼斯、经济学家马克思、加尔布雷斯、马尔萨斯和斯密，报人赖斯顿，军事家亚历山大大帝、克伦威尔和拿破仑，政治家埃德蒙·伯克、罗伯斯庇尔、罗斯福总统和约翰逊总统，社会学家索罗金，史学家托马斯·麦考利、米尔恰·埃利亚代和约翰·特贝尔，美学家贡布里希，文学家卡莱尔、布莱克、马克·吐温、艾略特、德·昆西、爱伦·坡、波德莱尔、叶芝、刘易斯、庞德、劳伦斯、萧伯纳和赫塞。赫伊津哈等人对演戏和运动的论述也成为精彩的章节。余下的重要论题有：教育、时装、反环境、生存和自然。

5. 图文并举的奇书。既有学术性，又像动漫书和"小人书"。图文的关系未必一望而知，甚至有一丝神秘色彩。严肃的学者可能会不屑一顾，但《媒介与文明》普及麦克卢汉的媒介理论，使难以理解的麦克卢汉容易理解。

6. 和《媒介即按摩》不同的是，《媒介与文明》更奇特，表现为：《媒介与文明》采用了近百条"旁注"，而这些"旁注"是乔伊斯语录，选自其《芬尼根的守灵夜》。麦克卢汉天马行空的奇文配上比天书还天书的乔伊斯语录，大大加重了《媒介与文明》的神秘色彩。

7.《媒介与文明》不讲战争的因果关系、战略战术，而是把战争装具（马蹬、盔甲、弓箭、枪炮）当作技术媒介，讲解技术对文明的影响，偏重战争的"教育"功能。

三、读图时代？

2005 年 1 月，我应邀为《中国图书商报》十周年特刊撰写了一万余字的特约稿《从纸媒阅读到超文本阅读——我们为什么离不开纸媒书和深度阅读？》。

这篇文章谈及图片阅读和文字阅读的关系，容我摘抄一小段：

图文阅读和动漫阅读能普及百科知识和经典，其作用难以替代。然而，它们只能给文本阅读起辅助的作用，无限拔高图像和动漫是骗人的伎俩和赚钱的花招。我们不能够在培养网络人和动漫人的同时又造就一代文字阅读的文盲。

十年过去了，我的观点和文字需要做一点修正。那篇文章对图片阅读和动漫阅读的批判过于严厉了。

有人说，现在是"读图时代"，似有道理。十年来，图文书在图书市场上所占的份额越来越大。在这个快餐文化发达的时代，图文书更吸引人，使阅读更加生动，功不可没。

四、什么时代？

这是最好的时代。互联网、大数据、云计算，资讯信手拈来，现在做学问真的"幸福死了"。

在上述特约稿里，我写了这样一段话：'每当新生进校，我就告诉他们，现在做学问真是太幸福了。90％以上的文献检索、资料加工都有人代劳，海量的信息就在你的指尖上。只轻轻敲敲键盘，你需要的资源就源源不断向你涌来。我告诉学生，即使节衣缩食、借贷典当，也要配好电脑，也要每天用电脑。网络阅读多幸福啊！"

在此后几年的访谈录和几本书的后记里，我反复重申"幸福死了"的观点。

这个观点得到学人的呼应。中国社科院文学研究所的陈定家先生就写过一篇博客《从季羡林"想自杀"到何道宽"幸福死了"》。

容我摘抄其中两句话："新一代读书人有福了……季老'极以为苦'的怨言，让我想起了翻译家何道宽先生的感叹：'今天做学问的人真是幸福死了！'理由很简单——因为我们生活在一个互联网时代。"

然而，今天这个时代也是最坏的时代。浅阅读致思想苍白虚弱，"低头族"挤掉了阅读时间，游戏迷几乎放弃阅读、难以自拔了。

如何防备浅阅读、不阅读的伤害呢？我们要牢记，手机和互联网是双刃剑，任何技术都是双刃剑，能害人。人要学会驾驭手机和互联网、驾驭技术，我们不能做技术的奴隶，不能向技术投降。人要学会"役物而不役于物"。驾驭技术就"幸福死了"，受技术奴役就会"惨死"。

2015 年 11 月 15 日

麦克卢汉的知识考古·说不尽的麦克卢汉

一、题解

书名 *McLuhan Unbound* 是何意？如何译？颇费踟蹰。

unbound 直解有三种意思：（1）未装订的（活页／散页）；（2）无束缚的；（3）无边无际的。

书名 *McLuhan Unbound* 想要传达两层意思：

（1）本书采用函装的形式，一函 20 卷；

（2）暗示麦克卢汉的博大精深、余音绕梁。

基于此，我们将中译本定名为《余韵无穷的麦克卢汉》。

McLuhan Unbound 的书名显示，编者深知麦克卢汉暧昧而隽永的价值：说不尽的麦克卢汉。

中国读者熟知编者特伦斯·戈登教授。他是加拿大著名语言学家、传播学家，他名下论麦克卢汉的专著和编著将近十种。他是中文版《理解媒介》第三版和第四版的编辑。

二、两个姐妹篇

华章图文出版社委托我操刀主译麦克卢汉的四本书：《媒介即按摩》《媒介与文明：地球村里的战争与和平》《余韵无穷的麦克卢汉》和《指向未来的麦克卢汉：理解媒介论集》。前两种是语录体、姐妹篇，图文并茂。后两种是比较"规范"的论文集，构成另一个姐妹篇。《余韵无穷》展现麦克卢汉的媒介理论，兼及文艺批评和社会批评，《指向未来》只有一个焦点：媒介理论。

《余韵无穷》和《指向未来》由学院派名家编辑，贝海拾珠，集纳麦克卢汉三十余年间有关媒介理论的论文，有利于麦克卢汉研究的深入开展。

《余韵无穷》的二十篇论文基本上按年代顺序排列，又有所调整，以便让内在关系比较紧密的文章靠近。二十篇文章分两类：文艺批评和媒介理论；但五篇文艺批评的文章并不囿于纯文艺批评，同时涉及跨学科研究和媒介研究。

每篇文章之首都有编者特伦斯·戈登精心打造的"编者导读"。

三、特殊贡献

本书编者特伦斯·戈登研究麦克卢汉，功莫大焉。

他是加拿大语言学家、传播学家、麦克卢汉和乔伊斯专家，著有《麦克卢汉入门》《人人必读麦克卢汉》《轻松理解麦克卢汉》《麦克卢汉入门解谜》《麦克卢汉传》等，编有麦克卢汉《理解媒介》的增订评注本、《托马斯·纳什在他那个时代学术中的地位》（麦克卢汉博士论文）、《韵味无穷的麦克卢汉》等。

他编辑《理解媒介》（增订评注本），出了两版，即《理解媒介》第三版和第四版。这个增订评注本的最大贡献是：

1."规范"了麦克卢汉。众所周知，麦克卢汉的著作从来就不遵守图书的一般规范，没有注释、附录或索引。戈登为这个增订评注本编制了人名索引、主题索引，加了注释。

2.提炼了麦克卢汉的十条理论。

3.增补了两个非常重要的"附录"和"关键词"："附录一"麦克卢汉的"理解新媒介研究项目报告书"（1960年6月30日），首次刊布；"附录二"梳理、批驳了"评论界对《理解媒介》的批评"，捍卫麦克卢汉。

4.为每一章节撰写编者按，提供理解麦克卢汉思想的钥匙和指南。

2016年1月10日

麦克卢汉的知识考古·指向未来的麦克卢汉

一、题解

书名 *McLuhan Bound* 是何意？如何译？颇费踟蹰。

bound 直解有三种意思：（1）装订了的；（2）受束缚的；（3）准备前往……。

书名 *McLuhan Bound* 语意双关：本书装订成一卷发行，与函装、散卷的 *McLuhan Unbound*（《余韵无穷的麦克卢汉》）相对；麦克卢汉锲而不舍，不断向前，他展望人类社会的太和之境。

中文版定名《指向未来的麦克卢汉：媒介论集》取第二层意思，借以彰显麦克卢汉学术的永恒价值。

本书集纳的十四篇论文跨越二十六年（1952—1978）就是他媒介理论的精华。

编者理查德·卡维尔（Richard Cavell）执教于加拿大不列颠哥伦比亚大学，像麦克卢汉一样，他横跨英语文学和传播学，其传播学著有《空间麦克卢汉：文化地理》（*McLuhan in Space: A Cultural Geography*），编有《指向未来的麦克卢汉：媒介论集》。

二、两个姐妹篇

华章图文出版社委托我操刀主译麦克卢汉的四本书可视为两个姐妹篇。

《媒介即按摩》和《媒介与文明》构成一个姐妹篇，它们是语录体，图文并茂；有利于普及马歇尔·麦克卢汉的媒介理论，便于读者理解媒介对人的心理、人类文化和社会的深刻影响。

《余韵无穷》和《指向未来》由学院派名家编辑，贝海拾珠，集纳麦克卢汉三十余年间有关媒介理论的论文，有利于麦克卢汉研究的深入开展。

《余韵无穷》有特伦斯·戈登编辑。二十篇论文基本上按年代顺序排列，又有所调整，以便让内在关系比较紧密的文章靠近。二十篇文章分两类：文艺批评和媒介理论；但五篇文艺批评的文章并不囿于纯文艺批评，同时涉及跨学科研究和媒介研究。

《指向未来》的十四篇论文跨越二十六年（1952—1978），完全按照历史时序排列，全都是麦克卢汉从文艺批评转向媒介研究以后的力作，突出麦克卢汉媒介理论宗师的地位，编辑宗旨有别于《余韵无穷》。论伊尼斯的三篇文章构成本文集的支柱，它们是：《后期的伊尼斯》《〈传播的偏向〉序》《〈帝国与传播〉序》。突出指向未来的文章有《环境：被侵蚀的未来》《性的未来》《书籍是否重要？》和《大脑与媒介》。

三、编者的贡献

编者卡维尔教授用心良苦：为每篇文章打造"编者导读"，提供大量的注释，特意撰写中文版序。其中文版序指向麦克卢汉的未来取向，特抄录如次。

本书集纳的文章横跨麦克卢汉二十余年媒介理论之弧，其特点是令人惊叹、一以贯之的聚焦：媒介的社会、政治和文化效应。在此前的十年间，他已蜚声学界，成为著名的文化评论家和异常敏锐的人文学者。这里收录的是他学术生涯重大转向之后发表的文章。这个转向的标志是《机器新娘》的出版。该书分析印刷机开启的机械文化，研究 20 世纪 40 年代经济大发展时机械文化的最后一次勃兴。根据麦克卢汉的理解，机械文化终结的后果是性与技术的融合，汽车是这一融合的象征。随着机械文化的终结，新的电子文化开始逆转印刷机开启的分割和抽象过程，并用电子媒介的深刻效应取而代之。

这些新媒介宛若一种炼丹术。借此，声觉空间的隐性世界日益取代视觉空间。这是一种"时空"环境，越来越像古典形貌的口语文化环境。不过，这是隔代的口语文化，既被这些新媒介取代，又因这些新媒介而再现。麦克卢汉认为，充分调动的感知系统使我们摒弃令机械文化满意的社会政治文化方式；在即时性的新语境下，机械文化的社会政治文化方式严重不足了。

也许，走向人类世（anthropocene era）的最伟大的渐成转变之一是大脑的经验。一方面，印刷机有利于左脑，以及左脑处理信息的线性、序列方式；另一方面，新媒介及其伴生的信息爆炸又要求大脑描绘信息的能力，这又是右脑的特征。在这个转变过程中，麦克卢汉既窥见了对媒介效力的重大回应，又瞥见了一种令人不安的回归，那就是有利于部落忠诚的情景。我们今天看见这个转折是对本书论文的礼赞；我们能理解今天的转折，这样的理解既给人信息，又给人教益。

四、期盼

麦克卢汉是媒介理论的开山祖，他的"地球村""延伸论""讯息论""冷热媒介"等思想影响了两个世纪的学者和普通老百姓。媒介环境学大师尼尔·波斯曼说，麦克卢汉是 21 世纪的朋友。他的技术乐观主义使他永远指向未来!

2016 年，华章图文推出的麦克卢汉的四部著作，以普及麦克卢汉的媒介理论为宗旨，对推进麦克卢汉研究功莫大焉。这是麦克卢汉媒介理论平民化的预兆。麦克卢汉研究的新局面扑面而来，我们翘首以盼、由衷喜悦。

希望华章图文推出的四本书给中国的麦克卢汉研究添一点薪火。

2016 年 2 月 22 日

捍卫麦克卢汉：矫正误读 [①]

一、两个里程碑

麦克卢汉百年诞辰前夜，罗伯特·洛根教授完成了研究麦克卢汉的两座丰碑：《理解新媒介：延伸麦克卢汉》和《被误读的麦克卢汉：如何矫正》，两本书的中译本分别于 2011 年和 2018 年在复旦大学出版社出版。它们完成了麦克卢汉研究的第三次飞跃。

《理解新媒介》完成了麦克卢汉研究和新媒介研究的双重任务。

《被误读的麦克卢汉：如何矫正》捍卫麦克卢汉，洛根满怀深情写道："借此纪念麦克卢汉 2011 年 2 月 21 日的百年冥诞。这是我献给他的生日礼物。"

二、好评如潮

该书甫一问世，即获得世界各地学者专家的高度评价，兹摘引几家褒

[①] 本文为《被误读的麦克卢汉：如何矫正》（复旦大学出版社，2018 年）译者序，有修订。

扬之词例证如次：

1.《被误读的麦克卢汉》是富有胆略、思想闪光的向导，指引读者去探索加拿大著名学者马歇尔·麦克卢汉复杂的著作。（巴西天主教大学艾德里安娜·布拉加）

2.《被误读的麦克卢汉》揭示了一个科学家熟悉的秘密：任何闪光的洞见都源自佯缪和误解而导向新知。洛根逆转麦克卢汉的神秘风格，回放麦克卢汉的思想，解释麦克卢汉的探索……使我们理解麦克卢汉的思想，借以重塑我们崭新的人文生态。（意大利博洛尼亚大学保罗·格拉纳塔）

3. 罗伯特·洛根这本书矫正误读，精彩纷呈。他为我们提供了正确理解麦克卢汉的语境。（丹麦哥本哈根大学摩根·奥利森）

4. 经典作家往往有一圈不朽的光环。他们的著作常常难以理解，同时又跨越时空被人获取，对人有吸引力。麦克卢汉就是这样的经典作家……罗伯特·洛根教授驱散了20世纪70年代和80年代期间人们对麦克卢汉技术决定论的责备，贡献良多。而且，对于数字时代麦克卢汉思想的更新，他这本新书居功至伟……洛根教授令人信服地证明，麦克卢汉许多有关电视的论述适用于今天的媒介环境。（墨西哥大学罗利亚诺·拉隆）

5. 多谢罗伯特·洛根，我们如今更接近充分理解麦克卢汉了，麦克卢汉当代文化的视野复杂宏阔，令人惊叹。（西班牙庞培法布拉大学卡洛斯·斯科拉里）

6. 罗伯特·洛根使马歇尔·麦克卢汉永葆活力，无人能出其右……洛根教授在此陪伴我们厘清并读懂麦克卢汉的著作。他惊人明快的文风、学者的精准、令人莞尔的幽默使21世纪的读者能理解麦克卢汉的思想。《被误读的麦克卢汉》生动传神、驾轻就熟地证明，麦克卢汉的许多思想在今天仍有现实意义。（布鲁塞尔自由大学约尼·伊德）

7. 20世纪70年代，罗伯特·洛根与麦克卢汉共事；他对麦克卢汉的理解不仅来自于麦克卢汉的著作和讲演，而且来自于他和麦克卢汉意义隽永的会话——声觉领域顶级的会话。这一特别的悟性贯穿全书，使之成为必读书。对欲求更好理解 21 世纪媒介的人，这是一本难得的好书。（美国福德姆大学教授保罗·莱文森）

三、旷世奇才，一代宗师

麦克卢汉是加拿大文学批评家、传播学家、传播学媒介环境学派一代宗师，被誉为 20 世纪的"思想家""先知""圣人"，以"地球村"和"媒介即讯息"等论断名震全球。

1965 年 11 月，著名作家、记者汤姆·沃尔夫在《纽约先驱论坛报》上用设问的方式宣传麦克卢汉，他写道，"倘若他就像听上去那样是继牛顿、达尔文、弗洛伊德、爱因斯坦和巴甫洛夫之后的最重要的思想家——倘若他是对的呢？"

二十三年后的 1988 年，在《麦克卢汉如是说》的序文里，汤姆·沃尔夫对自己的上述问题做了肯定的回答："人们以超然的目光回眸过去时，他的声望将要回归。他的洞见、格言、警语迫使人们重新诠释他们所处的世界。"

四十八年后的 2013 年，罗伯特·洛根斩钉截铁地断言，"只需列出麦克卢汉的预言和预示就可以确认，他是对的。这个清单包括：地球村、互联网；维基百科；众包；智能电话；短信即时通信和推特；数字原住民；录像带；万维网（至少图文结合的理念）；从产品到服务的转折；DIY 文化与运动；生产者和消费者鸿沟的弥合；再混合文化。除了这些预言和预示外，还有下列他率先确认的、在数字时代得以强化的趋势：生活在剧增的毗邻状态，信息超载，非集中化，知识经济，知识管理，学习组织（learning organization）。"

麦克卢汉是真正的思想大师，一代又一代人不得不用他指出的方式去感知世界。我们发现，他的许多"预言"，比如"地球村""意识延伸"等，已然成为事实。他的确是 20 世纪"鬼聪明"的怪杰之一。

传播学纽约学派的精神领袖和旗手尼尔·波斯曼谦称自己是麦克卢汉的孩子。在《麦克卢汉传：媒介及信使》的序文里，他说："到 1996 年，我们有一百多位学生拿到了博士学位，四百多人拿到了硕士学位。我担保，他们都知道，自己是麦克卢汉的孩子。"

在同一篇序文里，他又说："当然我也认为自己是他的后代，不是很听话的一个孩子，可是这个孩子明白自己从何而来，也明白他的父亲要他做什么。"

描绘 1955 年首次邂逅麦克卢汉的体会时，波斯曼说，"他广博的知识、他表现出来的思想胆略给我留下了极其深刻的印象。"他又接着说，"在我所有的著作中，我想不出哪一本不是多亏麦克卢汉的思想写出来的。"

描绘 1977 年携新婚妻子北上"朝觐"麦克卢汉时，莱文森用梦幻之笔在《数字麦克卢汉》里留下了一段感人肺腑的文字："这一天的经历和发人深省的谈话使我们激动不已。所以我们手拉手走了一个多小时，穿过多伦多的大街小巷，一直走回旅店。那天晚上，那些大街小巷仿佛充满了魔力。"

20 世纪 60 年代，在第一波的麦克卢汉热中，"麦克卢汉学"随之而起。

20 世纪 90 年代，第二波的麦克卢汉热因互联网而起，"麦克卢汉学"成果丰硕。莱文森的《数字麦克卢汉》和特伦斯·戈登编辑的《理解媒介》增订评注本分别完成了"麦克卢汉学"的第一次飞跃和第二次飞跃。

2010 年代，在麦克卢汉百年诞辰前后，第三波的麦克卢汉热席卷全球，"麦克卢汉学"完成了第三次飞跃。最重要的里程碑是洛根教授的《理解新媒介》和《被误读的麦克卢汉》。

四、惺惺相惜，合作写书

洛根与麦克卢汉是多伦多大学同事，一理一文，他们合作写过两篇文章：《字母表乃发明之母》（*Alphabet, Mother of Invention*）和《传播与世界问题的两难困境》（*The Double Bind of Communication and the World Problematique*），还写过一本书《图书馆的未来》（*The Future of the Library: From Electric Media to Digital Media*）。

1974 年的一天，麦克卢汉邀请洛根共进午餐。两人合作的第一篇文章《字母表乃发明之母》就是这次会话的产物。他们认为，字母表促成抽象、编码、分类、分析等基本技能，这是抽象科学和演绎逻辑之必需。"我们两人意识到，我们独自对抽象科学兴起的解释互相补充和强化，于是就把我们两人的思想结合起来，提出这样一个假设：拼音字母表、成文法、一神教、抽象科学和演绎逻辑起初是西方特有的现象，它们促进并强化了彼此的发展势头。"

他们决定把这些想法写成文章发表。在交谈的整个过程中，洛根不停地记录。饭毕，他把交谈的结果记下来。经过几天切磋，两人意见一致，由洛根执笔完稿，投向波斯曼任主编的国际语义学杂志《等等》。《字母表乃发明之母》于 1977 年刊出，波斯曼对此文的评价是：那是麦克卢汉用左脑观点书写的最好的文章。

麦克卢汉与洛根合写的第二篇文章《传播与世界问题的两难困境》，刊登在《人的未来》（*Human Futures*）。

他们两人 1978 年合著的《图书馆的未来》终于在 2016 年问世。

五、延伸麦克卢汉

麦克卢汉百年诞辰前夕，洛根把麦克卢汉研究置入新媒介语境，撰写

《理解新媒介：延伸麦克卢汉》。借此，他继承和发展麦克卢汉的媒介理论，完成了诸多重要的创新，要者有：

1. 提出"语言演化链"的概念，断言语言乃"心灵之延伸"，指明"语言演化链"里的六种语言：口语、文字、数学、科学、计算技术和互联网。

2. 在麦克卢汉三个传播时代概念的基础上将传播史划分为的五个时代：①非言语的模拟式传播时代，②口语传播时代，③书面传播时代，④大众电力传播时代，⑤互动式数字媒介或"新媒介"时代。

3. 在沃尔特·翁口语文化两个分期的基础上提出口语文化的三阶段论：原生口语文化、次生口语文化和数字口语文化。

4. 提出新媒介的十四种特征：双向传播，使信息容易获取和传播，有利于继续学习，组合与整合，社群的创建，便携性，媒介融合，互操作性，内容的聚合，多样性、选择性与长尾现象，消费者与生产者的再整合，社会的集体行为与赛博空间里的合作，再混合文化，从产品到服务的转变。这也许是新媒介特征最全面的描绘。

六、捍卫麦克卢汉

麦克卢汉百年诞辰前后，洛根举空前之力，重新通读麦克卢汉的全部著作，完成了《被误读的麦克卢汉：如何矫正》。借此，他全盘肯定麦克卢汉的超卓思想，廓清迷雾，矫正误解，开疆拓土，竖起麦克卢汉研究的又一个路标。《被误读的麦克卢汉》是《理解新媒介：延伸麦克卢汉》的续篇，两本书合成麦克卢汉研究的第三次飞跃。

为纪念麦克卢汉百年诞辰，洛根做了以下工作：

1. 撰写《理解新媒介：延伸麦克卢汉》，借以更新他的《理解媒介》。

2. 和亚历克斯·库斯基斯（Alex Kuskis）合著一本书，论作为教育家的麦克卢汉（待出）。

3.借麦克卢汉百年诞辰之机，重温麦克卢汉的全部著作，出席欧美各地的研讨会，发表讲演，推动麦克卢汉研究。

4.完成《被误读的麦克卢汉》，驳斥对麦克卢汉的一切不实指责，澄清对麦克卢汉的误解和误读，肯定并发扬麦克卢汉的媒介理论和方法论。

在《被误读的麦克卢汉》的"作者前言"里，洛根指明麦克卢汉学问的三大特色：

1.麦克卢汉对文学艺术的热爱；

2.哈罗德·伊尼斯的影响；

3.他对科学及其方法的强烈兴趣，尤其对电场、量子力学、爱因斯坦相对论和生态学兴趣。

又宣示《被误读的麦克卢汉》的四大目标：

1.澄清对麦克卢汉著作的误读和误解。"不尝试为他的学问或思想辩护，因为他贡献巨大，无须为他辩护……在促使我们认识这些洞见方面，无人能出其右。他的思想今天特别富有现实意义；我将证明，他对电力大众媒介冲击力的言论同样适用于今天的数字媒介，其力道不减，在有些情况下其力度甚至更大。"

2.确认麦克卢汉的重要概念和思想渊源。"本书是麦克卢汉语录和他人评论的混成品。我的贡献是辨识麦克卢汉著作的模式，把搜集的材料并置在一起，显示麦克卢汉的贡献，厘清误解。"

"本书借用麦克卢汉的剑桥大学恩师 I. A. 理查兹所谓的修辞来进行论述。理查兹写道：'我主张，修辞应当是对误解及其补救的研究。'"

3.为读者提供指南，普及他的思想，使之更容易通达公众和学界。

4.指明麦克卢汉的思想溯源，即麦克卢汉所受的影响。

七、麦克卢汉成就溯源：三大影响，五大视角，四大突破

洛根写道，"在本书正文和尾声里，我们将邂逅这三大影响、五大工具和四大突破。我们将尝试证明，它们相互关联，构成解释麦克卢汉成就的一条路径。"

洛根认为，麦克卢汉学问的特色可以归结为三大原因：

1. 麦克卢汉对文学艺术的热爱，他受新批评文学研究和社会批评的影响；

2. 哈罗德·伊尼斯对他的影响，促使他从文学研究转向媒介理论；

3. 他对科学及其方法很感兴趣，尤其对电场、量子力学、相对论和生态学感兴趣，他大量借用科学概念和知识去探索媒介理论。

在此基础上，麦克卢汉开发出研究媒介的五大工具或视角：

1. 观察和探索而不是提出理论；

2. 聚焦于感知而不是观念；

3. 颠倒因果关系；

4. 集中观察背景而不是外形，换言之，集中考察媒介而不是其内容；

5. 运用物理学"场"的概念。

并实现相互联系的四大突破：

1. 断言"媒介即讯息"；

2. 提出"地球村"概念；

3. 区分声觉空间和视觉空间；

4. 划分三个传播时代：口语时代，文字／机械时代和电力时代。

八、各章精要

作者前言和第九章"尾声"是全书重点，提纲挈领，亮明宗旨、追求

和目标，勾勒麦克卢汉思想源头的三大影响、方法论的五大视角、成就的四大突破，已如上述。

1. 第一章解释麦克卢汉的神秘文风与横溢口才。

洛根的小结是："麦克卢汉短于细节，长于洞见。嫉妒他的人死盯着他出错的细部。受他鼓舞的人则聚焦于引领人进入新境界的洞察力。麦克卢汉承认，写作不是他喜欢的表达形式。他很偏爱口语表达渠道。"

"他是口语人，在学界的视觉环境里工作，却生活在电力媒介的声觉空间里。"

2. 第二章澄清对麦克卢汉基本概念的误解。

对被误读的麦克卢汉盖源于他异常的探索、方法和路径。

洛根写道，"麦克卢汉理解媒介的路径具有以下一些特征：他使用外形／背景分析；他把焦点或重点放在背景上，而不是外形上；把重点放在结果上，而不是原因上；把重点放在弊端上，而不是益处上。他注意的焦点是反环境，而不是环境；是媒介，而不是讯息；是使用者，而不是内容。他在这些对子上注意的重点正好和其他研究者相反。他自己坦承，他用夸张的言辞传达思想，因为他与传播研究的主流逆向而行。"

他又写道："鉴于对多重视角的需要，观点的方法、单一视角的方法再也站不住脚了……麦克卢汉的终身学问都是在革命的样态里运行，没有具体的观点或范式……这可以解释许多麦克卢汉的批评者的恶意和尖刻。"

洛根把麦克卢汉的警语和如今的推特联系起来思考："由于他倡导警语，他为推特的创意做了铺垫，预示这样一种想法：我们只有时间应对简明扼要的表达形式。"

3. 第三章探索麦克卢汉的科学兴趣，显示其独特的类似科学的方法论。

他不接受线性序列的因果关系，而是用因果互动的手法去进行研究，预示了复杂理论的到来。如他所言，"我从结果着手，追溯原因。"

"麦克卢汉使用场、空间和共鸣之类的科学术语来生成暗喻，略加变通，以满足自己的需要，去描绘他观察的媒介现象……媒介改变环境，唤起我们独特的感知比率……环境不是消极的包装，而是积极的过程，只不过看不见而已。"

"麦克卢汉的研究方法是科学的，在某种意义上，他可以被视为科学家，至少可以说，他坚持了科学探索的原理。"

4. 第四章探索麦克卢汉对因果关系的逆转，批驳所谓"技术决定论"，显示麦克卢汉独特的媒介研究路径。

洛根用物理学家的眼光断言，麦克卢汉的研究路径类似于科学家突现论和复杂理论的路径。

出乎常人所料，洛根指出"决定论"的两面性："决定论本身并不坏，牛顿、法拉第、麦克斯韦和达尔文都是决定论者。凡是提出科学定律的人都是决定论者。"

洛根肯定麦克卢汉的"探索"法，描绘其洞见是"对复杂过程的顿悟"，借以证明：麦克卢汉不主张"技术决定论"，因为麦克卢汉说，"如果你抱定一个观点，你就固定不变了。"

5. 第五章肯定麦克卢汉严肃的治学态度，证明他是数字时代发展趋势的预言师。

洛根解释麦克卢汉和批评者的不和谐关系：①马歇尔·麦克卢汉并不自认为是学界的一部分，心里鄙视埋头做学问的人。②他抨击"专家"是僵化的人。③他肯定假设的正误兼半，对他而言，一半的正确就是很正确。他看到的是半满的玻璃杯，也是半空的玻璃杯。④他研究的大众文化和广告难以被传统的学者接受。⑤他的跨学科研究很难被同事理解。⑥麦克卢汉的许多宣示太超前，带有预言的性质，他似乎意识到个人电脑、互联网、万维网和其他数字媒介的来临。

麦克卢汉和批评者的不和谐关系盖源于他思想的超前，比如：

1962 年，他就预示了互联网的到来："用作研究和通讯工具的计算机能加强检索、使大型图书馆组织过时，能恢复个人的百科全书功能，并逆转为个人使用的一条路径，处理快速裁剪得当的、可出售的数据。"

1968 年，他和 IBM 的十来位地区主管共进午餐，侃侃而谈，憧憬未来：每个家庭一台电脑，不必去杂货店。由此可见，关于计算机的遐想，他比顶级的技术人员都先进十来年。

1971 年，他就谈及众包的概念，将其称为"有组织的无知"（organized ignorance）："困扰一个专家或一打专家的问题，没有一个不是立马能解决的，只要上百万颗脑袋同时被赋予机会去解决就行。个人威望的满足必须让位于对话和群体发现的更大满足。任务的重要性不如任务团队的重要性了。"

1964 年，《理解媒介》出版不久，他就在纽约市的一次讲话中说，总有一天，人人都可能有一台便携式电脑，像助听器那么大，使我们个人的经验与外部世界这个联网的巨型"大脑"连接在一起。

特鲁多总理写道：我和麦克卢汉的"通信引向思想的探索……我认为，他的一些直觉是天才的直觉。"

6. 第六章驳斥"技术决定论"的责难，证明麦克卢汉既不爱好技术，也不仇视技术，而是社会批评家。麦克卢汉尖锐地批判电视，比如他说，"电视吮吸大脑，把头颅吸空了"。

7. 第七章探索麦克卢汉如何捍卫艺术家，并证明麦克卢汉本人就是广义的艺术家。

麦克卢汉说，"艺术家往往能充分意识到环境的意义，所以他们被称为人类的'触须'"。

什么人是艺术家？《理解媒介》的一段话提供了答案："无论是科学领域还是人文领域，凡是能把握自己行为的含义，凡是能把握当代新知识含义的人，都是艺术家。艺术家是具有整体意识的人。"

根据这个定义，麦克卢汉就是艺术家，因为他无疑是"具有整体意识"

的人，他"把握自己行为的含义和当代新知识的含义"，胜过其他任何同时代人。

8.第八章批驳一个莫须有的责难，证明麦克卢汉的学问并没有受到他宗教信仰的影响。

麦克卢汉的信仰没有使他的学问产生偏向，这不足为奇。他常说，他探索媒介效应，不带特别的观点，不做道德评判。他认为，"道德和情感义愤，只不过是不能行动、不能理解的人在那里自作多情。"

2017 年 9 月 10 日

媒介哲学：麦克卢汉研究的新路子 ①

一、鬼使神差，领受"任务"

2010 年 9 月 17 日，一位陌生"朋友"来电，先表歉意，继作自我介绍，接着表明用意：希望我为其新著作序。

这位"朋友"是华中科技大学新闻学院的范龙博士。他的博士后研究工作报告即将由中国大百科全书出版社出版，题名《媒介现象学：麦克卢汉传播思想研究》（以下简称《媒介现象学》）。

从时间和精力考虑，我实在难以接受这位不速之客的"索求"，但我鬼使神差，居然毫不犹豫地答应了。

当时，我正在翻译三本书，第四五六本书也找上门来，都是非常有意义的工作。如何是好？

前两本书齐头并进，第三本书就要提上日程，真正是夜以继日，自顾不暇：保罗·莱文森的新作《新新媒介》尚未完稿，麦克卢汉《理解媒介》的增订评注本也要尽快完成，莱文森的《软利器》要出新译本。

---

① 本文为《媒介现象学：麦克卢汉传播思想研究》（中国大百科全书出版社，2012 年）序文。有删改。

第四本是中国学者的社会学专著，第五本是中国学者的中国艺术专著，作者希望由我翻译成英文。这两本书都符合我长期向外传播中国文化的追求，但精力不济，不能四面出击，必须收缩战线，我无可奈何，只好婉拒了。

然而，另一个更大的"诱惑"不请自来：《信息时代三部曲》的作者曼纽尔·卡斯特（Manuel Castells）教授委托香港中文大学的邱林川博士邀请我翻译他的新作《传播的权力》（*Communication Power*）。我当即肯定这本书的意义，有价值，值得译，也想译，但实在是分身乏术，只能表示歉意了。

我答应为范龙博士的新作写序，其实是很理性的选择。原因是：

1. 他研究麦克卢汉，虽不曾相识，却自然惺惺相惜。

2. 《媒介现象学》开辟麦克卢汉研究的新路子，值得我学习。

3. 我正在翻译的《理解媒介》中译本第三版，拟献给 2011 年 7 月 21 日的麦克卢汉百年诞辰，范龙博士的《媒介现象学》不也是献给麦克卢汉的厚礼吗！

4. 自 2005 年起，我和国内外的朋友林文刚、陈世敏、李明伟、丁未等人一道力求突破麦克卢汉研究的非学理倾向，张扬媒介环境学，宣传批判学派，希望借此矫正传播学经验学派一家独大的局面。

5. 我的同事李明伟博士的《知媒者生存——媒介环境学纵论》打通了哲学、社会学、媒介理论，构筑了自己的立论框架。我欣然为其作序"媒介环境学研究的新气象"。

6. 范龙博士多年来嫁接现象学和麦克卢汉的媒介理论，硕果累累。在《媒介的直观：论麦克卢汉传播学研究的现象学方法》（以下简称《媒介的直观》）的基础上，他又锲而不舍、锐意开拓，推出新作《媒介现象学》，其志可嘉，贡献良多，令人感佩。

二、学科嫁接，独辟蹊径

从《媒介的直观》到《媒介现象学》，范龙博士完成了麦克卢汉研究的两级跳：先从方法论切入，对麦克卢汉的媒介思想进行现象学的解剖，然后用现象学的学科体系来观照麦克卢汉的媒介思想，认为两种有诸多契合，在构建媒介现象学中做了可贵的尝试。

他试图超越麦克卢汉研究里的随意性批评，从学理上推动麦克卢汉研究的深入发展，以便消除实证学派所习用的经验方法的"经验一般化"困境，并补足批判学派所习用的思辨方法的"总体性"缺陷。

他认为，麦克卢汉的泛媒介论是"广义现象学"，麦克卢汉是"广义现象学家"。

他抽取胡塞尔现象学的三大思想：本质直观方法、主体间性学说和生活世界理论，用以审视麦克卢汉的论述，解释两者的高度契合。

"媒介即是讯息"体现了"先验直观"的媒介本质论。

"媒介是人的延伸"和"冷热媒介"的警语体现了"主体间性"的人媒关系论。

"重新部落化"和"地球村"的隽语体现了"生活世界"的媒介演化论。

三、媒介环境学与媒介哲学

2005 年前后，我与国内外的朋友探讨如何给 media ecology 的汉译定名时，考虑过多种选择，其中之一就是"媒介哲学"。我们最后选择"媒介环境学"，突出该学派的泛媒介论、泛环境论。但如果从形而上的视角去观照，这一派学说是一种地地道道的"媒介哲学"。

范龙博士试图超越经验学派囿于实证、批判学派囿于思辨的极端，肯定现象学介乎两者的优势：用思辨的框架去观察和分析媒介现象。

他肯定经验学派、批判学派和媒介环境学派这三种方法论的互补关系。

他想"在传统的科学主义和西方马克思主义的媒介观之外，开辟一条'人学'的媒介认识道路"。

《媒介现象学》嫁接媒介环境学与现象学，开拓了麦克卢汉研究、媒介环境学研究和传播学研究的新路子，可喜可贺。

范龙博士认为，《理解媒介》有一段经典的现象学描述值得特别注意："电影的诞生使我们超越了机械论，转入了发展和有机联系的世界。仅仅靠加快机械的速度，电影把我们带入了创新的外形和结构的世界。电影媒介的讯息，是从线形连接过渡到外形轮廓。……当电的速度进一步取代机械的电影序列时，结构和媒介的力的线条变得鲜明和清晰。我们又回到无所不包的整体形象。……在电影出现的时刻，立体派艺术出现了。……立体派用物体的各个侧面同时取代所谓的'视点'，或者说取代透视幻象的一个侧面。立体派不表现画布上的第三维这一专门的幻象，而是表现各种平面的相互作用，表现各种模式、光线、质感的矛盾或剧烈冲突。它使观画者身临其境，从而充分把握作品传达的讯息。……换言之，立体派在两维平面上画出客体的里、外、上、下、前、后等各个侧面。它放弃了透视的幻觉，偏好对整体的迅疾的感性知觉。它抓住迅疾的整体知觉，猛然宣告：媒介即讯息。一旦序列让位于同步，人就进入了外形和结构的世界，这一点还不清楚吗？这一现象在物理学中发生过，正如在绘画、诗歌和信息传播中发生过一样，这一点难道不是显而易见吗？对专门片断的注意转移到了对整体场的注意。现在可以非常自然地说：媒介即讯息。"

范龙博士把麦克卢汉比作一座桥，沟通文学界的"新批评"、伊尼斯政治经济学的文化批评和美国本土的媒介批评。我认为，他本人也是一座桥，沟通媒介环境学与现象学，在媒介哲学的道路上迈出了坚实的步伐，令人感佩。

　　我不揣浅陋，对范龙博士的媒介哲学研究发表一些感慨，既是出于惺惺相惜的同情，也是借以表达一点热望：哲学界、传播学界的朋友们共同努力，拓宽并深化媒介哲学研究，并把麦克卢汉研究引向深入。

　　从 20 世纪 80 年代起，我涉猎哲学，中哲史和西哲史读了几种；在中国哲学和西方哲学的同事们的影响下，有一些濡染；1980 年留美时还选修了欧洲哲学史。但我对哲学兴趣有余，体会不深，仅知皮毛。以上议论定有不妥之处，请范龙博士和读者朋友指正。

2010 年 11 月 3 日

深圳学者把传媒大师介绍到中国 ^①

——访翻译家、深圳大学教授何道宽

甘险峰

从此以后，国内的读者终于可以欣赏到原汁原味的麦克卢汉了。这是他的著作第一次大批量地与内地的读者见面。呼唤、期盼、等待二十年之后，他终于要给我们弹响琵琶。这自然要感谢何道宽先生。

何道宽教授小档案

何道宽，男，1942 年生，四川洪雅人，深圳大学教授，长期从事文化研究和美国学、传播学研究，曾任深圳大学外语系主任、文学院副院长等职。论文《论美国文化的显著特征》，获深圳市社科优秀论文一等奖，被《新华文摘》全文转载；译著《理解媒介》2001 年获深圳市社科著作三等奖。

有关麦克卢汉的主要译著有：

《人的延伸：媒介通论》，马歇尔·麦克卢汉著，四川人民出版社，

---

① 本文原载于《深圳商报》"文化广场·前沿"，2005 年 4 月 3 日。有删改。

1992 年；

《理解媒介》马歇尔·麦克卢汉著，商务印书馆，2000 年；

《麦克卢汉精粹》马歇尔·麦克卢汉著，埃里克·麦克卢汉和弗兰克·秦格龙编，南京大学出版社，2000 年；

《麦克卢汉传：媒介及信使》，菲力普·马尔尚著，中国人民大学出版社，2003 年。

说到传播学大师麦克卢汉，就不能不提到何道宽，因为麦克卢汉的著作大都是通过何道宽先生翻译介绍到中国来的。何道宽先生是深圳大学教授，同时也是一位翻译家。他的著译已经接近 500 万字，可谓著作等身。2005 年 3 月 31 日下午，在深圳大学文学院的办公室里何先生接受了本报记者的专访，跟记者谈了他的麦克卢汉情结、他的翻译之路和他的学术研究。

麦克卢汉的中文发言人

世界范围的麦克卢汉热，一共有两次。第一次是 20 世纪 60 年代，时间不长。目前的麦克卢汉热，开始于 90 年代中后期。这一次的热，范围广、势头猛、评著多。信息高速公路崛起，知识经济到来，虚拟现实出现，让人们恍然大悟：麦克卢汉的许多预言一个又一个地实现了。他所谓的意识延伸就是赛博空间，他所谓的地球村已然到来！他的确是电子时代的先驱和预言家。

何老师介绍，他第一次接触麦克卢汉是 20 世纪 80 年代初。1980—1981 年在美国戈申学院做访问学者时，他偶然读到《理解媒介》，深受震撼。麦克卢汉的思想汪洋恣肆、浩荡不羁，风格优美精警、奇崛晦涩。当时的何道宽很想读，但又读不懂。请教美国老师，也不得要领。他期待着翻译与研究麦克卢汉的机会早日到来。

20 世纪 80 年代中期，国内学者著文演说，开始述及麦克卢汉。这促使何道宽下决心研究麦克卢汉。1986 年，何道宽参加了中国文化书院组织的两个研究班：一月份的第一届研究班"中外文化比较研究"和 11 月份的第四届研究班"文化与未来"。在第一届研究班的十余位授课导师中，有北京大学的乐黛云教授。她在讲话中提到麦克卢汉的媒介传播史，再一次引起何道宽先生先生的共鸣。讲演结束后，何道宽上台与她交谈，表示想要翻译出版麦克卢汉的《理解媒介》，乐黛云认为很有意义，受到鼓励的何道宽开始着手进行翻译的准备工作。紧接着的第四届研究班上，何先生应邀为五位国外学者担任现场口译，其中包括加拿大未来研究会秘书长、加拿大环球经营管理局主席、中国国务院高技术引进顾问弗兰克·费瑟。费瑟的演讲题目叫 Electronic Hi-teck Culture，听上去很宽泛，实际上却专讲麦克卢汉。这一次的口译工作在北大的讲演厅进行，效果很好，受到很高评价，并且促使何先生下决心尽快翻译麦克卢汉的《理解媒介》。翻译《理解媒介》的计划，很快就得到四川人民出版社的支持。经过一年准备，半年夙兴夜寐，终于在 1988 年 2 月完成了这个极其艰难的工程。不幸的是，何先生的劳动并没有得到及时的报偿。这个译本几乎胎死腹中。当时的情况是学术市场萎缩，学术译著凋零，出版社不得不将出版时间一拖再拖。有趣的是，虽然该书的版权页上标明的出版日期是 1992 年，但是实际上的出版时间却是 1993 年 6 月。而且，为了吸引一般的读者，这本书不得不采用了一个变通的译名《人的延伸：媒介通论》。《理解媒介》后来又在商务印书馆出了第二版，并成为商务印书馆的常备书，已经重印了五次。在深圳大学图书馆检索《理解媒介》被引用的情况，竟然发现引用这本书中译本的竟然有 184 种文献！

此后，何先生还应邀翻译了《麦克卢汉精粹》《机器新娘》等著作，关于麦克卢汉的著译接近一百万字。《理解媒介》是麦克卢汉最重要的、震撼世界的代表作，《麦克卢汉精粹》将他的思想精粹尽揽其中。从此以后，国内的读者终于可以欣赏到原汁原味的麦克卢汉了。这是他的著作第一次大批量地与内地的学者见面。呼唤、期盼、等待二十年之后，他终于要给我们弹响琵琶。这自然要感谢何道宽先生。

勤勉的读书人和翻译家

"吃苦是福、读书是乐"，这一直是何道宽先生的信条。从学生时期一直到现在，何先生一直是勤勉有加，以苦为乐的。

回顾人生历程，何先生认为自己抓住了三次机会。第一次是国家经济困难时期，他有幸攻读自己热爱的专业，欣喜不已。四年时间，贫病饥寒交迫。不少经济和身体情况好的同学都消沉了，何先生却以超人的勤奋取得优异成绩。虽然健康受到损害而至今不悔。第二次是 1978 年报考研究生。当时何先生已经 36 岁，经国家放宽年龄才得到考试资格，尽管备考仓促，仍然顺利考取。第三次是 1980 年报考四川省首批赴美的访问学者。每一次挑战都为何先生提供了"强化"读书的契机。大学四年，他几乎读完了学校图书馆的英文藏书。1978 年应考研究生的两个月中，除去读几十本备考的政治语文英语书之外，他还做了大量的英汉翻译练习。

何先生是一位勤勉的读书人。1978—1981 年，他读研究生，出国留学，大过书瘾。1982—1987 年，他购书近千册，或精读，或浏览，或翻检。这批藏书涵盖了人文社科的多数领域，大多是各学科的基础书，对拓宽视野、厚积薄发大有裨益。1987—1989 年，他开始涉猎人类学、文化学、传播学的经典名著，饱览了到手的泰勒、博厄斯、林顿、克拉克洪、本尼迪克特等人的著作。他对未来学也发生了浓厚的兴趣，卡恩、托夫勒、奈斯比特、罗马俱乐部的代表作都进入视野。1989—1991 年回到中国经典，读四书老庄，翻检《史记》，补中哲史、思想史、美学史、史学史，旁及政治史、经济史。1990—1993 年组建美国学研究中心，获美国领事馆赠送的图书数十种，从纵轴上理清美国社会史、文化史的演变，横轴上把握其主要特征。

数十年来的另一个读书重点是跨文化交际。尽量搜求霍尔、康顿、古迪昆斯特、兰迪斯名家著作，并尽力引进国内。数十年积累的《新华文摘》《读书》《文史知识》等刊物和3000余册各类书籍使何先生受益匪浅。

何先生也是一位勤勉的翻译家。何先生说，搞外语的人有一种天然冲动，就是把好的外语作品翻译成中文，介绍给中国读者。早在20世纪80年代，何道宽先生就翻译了儿童文学作品《希腊小奴隶》，由重庆出版社出版。此后就一发不可收。除了上文提及的麦克卢汉作品以外，何先生在20世纪80年代和90年代初，翻译了一些文化学和传播学的经典和名著，比如林顿的《文化树》、霍尔的《超越文化》等。

每天至少翻译 3000 字

2002年何先生退休之后，由于不再承担行政工作，何先生得以把更多的时间投入到翻译中去。在退休以后的三年内，何先生共翻译出版了八本传播学经典著作，累计达235万字，译著分别纳入"麦克卢汉研究"书系、"当代学术名著·新闻传播学"译丛·大师经典系列、"传播·文化社会"译丛三套丛书，在学术界，尤其是传播学界激起了很大反响，被许多高校传播学博士点、硕士点选为必读教学参考书。何先生因此也焕发了第二个学术青春，在学术界创造了一个高产、多产的奇迹。其中"莱文森研究书系"三种，全部由何先生主持和承担。记者问何先生："您是怎么能这么高产的？"何先生说："我一般晚上十点左右睡觉，早上四点多钟起床工作，持之以恒，日积月累，工作成效就比较可观。我每天至少要翻译3000字东西，有了3000字打底，我才能心安理得地去做别的事情。"这种对翻译事业的执着与勤勉，正是何先生成为一位高产的翻译家的原因。

附录二

学术翻译与中国媒介环境学的发展

——何道宽教授访谈录 ^①

宋晓舟　林大津

对谈人：宋晓舟、林大津与何道宽

统　稿：宋晓舟

2013 年 10 月深圳大学举办"何道宽教授从事教学科研与翻译工作 50 周年座谈会"。外语界跨文化交际学发展史研究者对何道宽引介美国跨文化交际学的首创之作了如指掌，对何道宽与外语界同仁创立中国跨文化交际学会并当选为副会长也不陌生，但随着时间推移，何道宽以其巨量译著在中国新闻传播学领域影响更广。两年多来，林大津与其指导的博士生宋晓舟通过电子邮件不断采访何道宽教授，将"何道宽现象"首先置于中国新闻传播学发展领域思考，继而从中挖掘外语界学人的治学之道。

---

① 原载《国际新闻界》2016 年第 9 期"名家聚焦"。有删改。

外语界学人的跨学科情缘

林：何老师好。外语界学人对翻译研究与翻译实践都有所思考。翻译的历史作用无须赘述，人文社科领域的发展离不开外文论著汉译。然而，由于我国译界对应用文体翻译（史）长期缺乏研究，加上其中有些翻译家在各自专业领域独树一帜，其专业声誉盖过其翻译事业上的辉煌，以至在过往翻译史中难寻踪影或着墨不多。因此，我们想就您的新闻传播学译著对于中国新闻传播学发展的独特贡献，进行一番梳理。

宋：是的，与其像国内翻译界有些人抱怨翻译地位低不受重视，还不如实实在在地挖掘当代翻译家与人文社科发展的相关性。于是两年多来，您作为资深翻译家与中国新闻传播学发展的关系成为我撰写博士论文的课题。

何：我们知道，1949 年之前，大陆高等学府中"新闻传播"类专业不能说一无所有，只是此后这些新闻传播类系科移往台湾高校。改革开放后，大陆的新闻传播学研究蓬勃发展，传播学院系纷纷建立。此间，我做了一点引进工作，容我罗列一些数字：数十年来我出版译著七十余部，其中新闻传播学译著居多，已发表相关论文四十多篇，两者相加逾 1800 万字。

林：台湾政治大学新闻研究所时任所长李瞻回顾说："我国的新闻（传播）学研究，自 1918 年北京大学开设新闻学，1920 年上海圣约翰大学首创报学系，迄今已有六十多年的历史，但其效果，仍未达到成熟丰收的阶段。"这一回溯与何老师的回顾不谋而合，也说明 20 世纪初虽然大陆已经涉猎新闻传播，但研究效果不彰。其实，海峡两岸的新闻传播学发展，如同众多人文社会学科一样，都带有"舶来品"性质，都离不开外文汉译的贡献。

宋：是的，历史存在、发展轨迹与当代状况的时空联结的确需要一番梳理。何老师您的新闻传播学译著，尤其是媒介环境学的众多译著，对中国当代传播学研究起到了无可替代的助推作用。您在退休后，每年都推出约 100 万字的译著，国内外众多学者对您在传播学领域的贡献给予很高评价，比如复旦大学黄旦教授就说过："何道宽教授的译著已对中国传播学研究产生了广泛影响，并且将具有长期的效用，他为培育我国新兴的传播学科做出了重大的贡献。"我想，探究您的相关系列译著与中国新闻传播学发展的关系，特别是聚焦媒介环境学，可以让译者"现身"，可为译者与学科发展的关系提供一个鲜活的例证，对于新闻传播学界和外语界学人都有启发和裨益。

何：你们两位首先在文献搜索方面下了苦工。林老师刚才提及台湾李瞻教授的回顾是在 1982 年。这一时间节点与传播学在大陆的发展相当吻合。20 世纪 80 年代以来，传播学正式开始其"西学东渐"之旅，西方传播学著作从这个时期开始为中国读者所熟悉，其中译著为中国大陆传播学研究提供了重要的思想和资料来源，在过去的三十年来中，中国大陆出版的传播学著作中，译著占出版总量的 18%。然而需要明确的是：我的翻译虽然与中国新闻传播学的新时期发展有一定的关联，但却是几经周折，不敢说"后来者居上"，但绝对不是先行者，因为我的学科背景毕竟是英语专业。

从跨文化交际到跨文化传播：开启传播学翻译的艰难之旅

林：记得 1995 年北京外国语大学的胡文仲教授和哈尔滨工业大学的贾玉新教授等与我们一起创立了中国跨文化交际学会，深圳大学 1999 年承办了中国第三届跨文化交际年会。此后，我发现您比较少出席外语界的这一年会，源源而来的消息却是您一部又一部新闻传播学译著的出版。您是如何与新闻传播学结下不解之缘，如此多产的学科根底应是我们外语界学人特别值得深究的课题。

宋：译者的个人特点、个人经历与社会背景是影响其翻译选题的重要原因。能否就此谈谈您是如何走上新闻传播学翻译之路的。

何：回顾个人经历，"读书"是个关键词。少年时代，我先接受传统国学教育，熟读四书五经，而后进入新制中学。1959年进入四川外国语学院英文系，就读期间几乎读完了图书馆里所有的英文书。1978年进入南京大学英语系，师从陈嘉教授攻读硕士学位，受益终身。1980年赴美访学，"葬身"图书馆，一年之后海运四百余册书籍回国。在美期间，发现自己对中国传统文化了解甚少，居然无法用英文为美国师生介绍老子哲学，这对我震撼极大。20世纪80年代是我疯狂读书和购书的十年，我阅读了大量人文社科各类书籍和中国经典古籍，并呼吁外语界师生不能忽视传统文化学习。

宋：外语界学人记得您于1983年率先在《外国语文教学》发表了《介绍一门新兴学科——跨文化的交际》，同年在《读书》发表了"比较文化之我见"，将这一学科称为《跨越文化的交际》。梳理中国跨文化交际学或跨文化传播学发展史，我们发现这两篇文章具有开拓之功。随后您翻译了爱德华·霍尔的《无声的语言》和《超越文化》，此后还翻译了《文化对话》和《菊与刀》，成为中国大陆跨文化传播学名副其实的奠基人之一。您在《文化对话：跨文化传播导论》的译者序中说过："跨文化传播和跨文化交际学科本是同根生，只不过有社会科学和人文科学的分野，而我是两者之间的'边际人'。"是否可以说 intercultural communication（跨文化交流）成为您进入传播学界的桥梁？后来您的翻译选题如何锁定媒介环境学这一新方向呢？

何：intercultural communication 确实是我从外语界跨越到传播界的一座桥梁，不过还与我1993年转调深圳大学任教有一定关系。深圳大学尤其重视传播学研究，重视跨学科交叉研究，比如1997年深圳大学实行学院制，中国文化与传播系和外语系合并为文学院。1999年，第三届中国跨文化交际学会国际研讨会在深圳大学召开，这次会议有来自新闻传播界、外语界和文化界的各位同仁，我开始关注传播学界的发展。2001 年我第一次参加传播学年会，结识了中国人民大学出版社的司马兰译审和现在传播学界译介领军人物展江博士。2000 年，国内学术译著市场开始复苏，在这一环境下我正式加入新闻传播学队伍。从 2000 年开始，我有计划、大规模地引进传播学经典，有意识地抢占学术译著的制高点，计划攻克的"墙头堡"就是以麦克卢汉为代表的"媒介环境学派"（media ecology）的著作。2005 年，深圳大学传媒与文化发展研究中心成立，我兼任研究员。从那时起我们就准备将以麦克卢汉为代表的媒介环境学派作为一个整体引入国内。

宋： 我在撰写博士论文过程中，发现您所说的"媒介环境学"的英文术语是 media ecology，外语界近年流行"生态翻译学"，其中"生态"来自英语 ecology，它的常见义是"生态学"，不知为何您将 media ecology 翻译成"媒介环境学"？

何： media ecology 这个术语是由马歇尔·麦克卢汉首创的，但首次公开使用这一术语的则是尼尔·波斯曼。1970 年，在麦克卢汉建议下，他在纽约大学创建了 media ecology 专业及博士点。国内的确曾将 media ecology 翻译成"媒介生态学"，但国内学者所研究的"媒介生态学"与西方的 media ecology 的研究重点并不相同，属于误译，所以 2006 年我和另两位学者达成共识，将之译为"媒介环境学"，它与西方新闻传播学"经验学派"和"批判学派"鼎足而三。

林： 这说明您是"不打无准备之战"的，翻译与研究并重，译文质量如何留给读者去评判，作为译者，您首先尽到了理解在先、下笔在后的学术之责，这大概就是翻译界所探究的翻译伦理。

宋： 何老师，您的人文社科译作近 80 种，您是如何做到高产优质的？

何： 看见学术翻译中"劣币"冲击"良币"，毒害读者，非常痛心，我决心用"良币"冲击"劣币"、淘汰"劣币"。抢占引进版学术著作制高点是上策，用新版译作抵充、驱逐劣质旧版译作也是着力点。

宋：记得您曾提出译者的五个"对得起"，这肯定是有感而发，我们该如何解读呢？

何：2006 年，我为花城出版社翻译赫伊津哈《游戏的人》，看见旧译本非常失望，有节制地写下这样一段话："（1）学术著作的翻译，决不能搞大兵团的流水线生产，最好由一个人完成；（2）如果译者没有学术背景的准备，唯一可取的态度是'以勤补拙'。（3）译者的态度应该是'三负责'：为作者、读者和译者本人负责，否则译作经不起时间的考验。"2016 年，花城出版社决定再版这本书，并将其放进"赫伊津哈经典文丛"，我又在后记里进一步发挥，写下这样一段话："在许多译作的后记里、在媒体的访谈中，我反复重申这一庄重的承诺，并进一步提出五个'对得起'：译者要对得起作者、对得起读者、对得起出版社、对得起自己、对得起后世，以期把经典的人文社科学术著作传诸后世。"

林：除了新闻传播学和其他几个人文社科译丛外，能否先简要介绍下您学术翻译的若干精彩时刻？

何：三个巅峰记忆深刻：（1）1986 年 10 月底，我应邀为中国文化书院（Academy of Chinese Culture）举办的"文化与未来"研究班担任口译，地点在北大讲演厅。外国讲演人之一是加拿大未来研究会的秘书长弗兰克·费瑟，其讲题是"Electronic Hi-teck Culture"但重点放在麦克卢汉媒介理论上。由于热爱并熟悉麦克卢汉，那场翻译酣畅淋漓，台下来自全国各地的数百位学者反响热烈，不少人上台恭喜我，称赞"棒极了"；（2）2011 底，中国翻译协会授予我"资深翻译家"称号；（3）深圳大学校庆 30 周年时为我举办"何道宽教授从事教学科研与翻译工作 50 周年座谈会"，亮点之一是会上展示我转调深大后出版的 53 本著作和译作。这批书在校庆展览馆展出将近两年，2015 年 9 月转存中国社会科学院新闻与传播学研究所。

媒介环境学视角之一 ——麦克卢汉系列译著

宋：深圳大学郁龙余教授曾明确指出何老师您是国内译介麦克卢汉第一人，国内传播学界许多学者都是通过您的译著才认识了麦克卢汉，并了解其学术思想。据我调研，迄今您已翻译出版了十本麦克卢汉相关作品，还有四部即将面世，已翻译出版的第一部就是《理解媒介：论人的延伸》，其中缘由是什么？

何：《理解媒介》的问世标志着媒介环境学的正式诞生。撇开麦克卢汉作为北美媒介环境学派旗手地位，另有一个原因是："其他的书能看懂，唯独这本书看不懂。"1986 年 10 月底在北大讲演厅所做的那几场口译也成为催化剂。其录音带成为中国文化书院的函授教材，我自己也用这个素材给研究生上口译课。1987 年，我着手翻译《理解媒介》，潜心研究麦克卢汉，发现他一生涉足多个学术领域，完成了四次学术转向。他不仅是一位媒介理论家，更是诗人和文学批评家。他的著作旁征博引，用典艰深，其中包括莎士比亚、艾略特、爱伦·坡、乔伊斯等大文豪经典。

宋：是的，即使我们英语科班出身的读者阅读麦克卢汉原著也是颇为吃力的，读了您的译著才深切感受到您是知难而上的，"麦克卢汉式"语言是用诗学艺术语言来描绘社会科学的，其中包含大量双关语和自创新词。通过分析 1998—2015 年 CSSCI（中文社会科学引文索引）中所有传播学刊物的引用文献后，我发现：《理解媒介》汉译本（三个版本）排名第三，被引 810 次，是被引率最高的传播学译著。虽然现在中国学者的英语水平有所提高，然而《理解媒介》的英语原著被引率却只有 82 次，只有译著被引率的十分之一，由此可见您的译著对麦克卢汉思想在中国的推广至关重要。除了翻译麦克卢汉成名作《理解媒介》三个版本，您围绕麦克卢汉研究的译著还很多。麦克卢汉著作和关于他的著作近三十种，其中传记和准传记就有四种。您的翻译如何选题？您如何看待目前国内的麦克卢汉研究？

何：麦克卢汉研究经历了三次热潮和三次飞跃。先说三次研究热潮。由于历史原因，国内学界对第一次热潮浑然不知，此后麦克卢汉热一度衰减。1992年《理解媒介》译著出版时，恰逢国外第二次热潮随着互联网出现而兴起，但当时国内学界仍然没有察觉。通过麦克卢汉研究的译介，2000年左右国内相关研究才形成规模。2010年左右兴起的第三次热潮以麦克卢汉百年诞辰为标志，与互联网第二代媒介同步推进。我翻译的《理解媒介》（增订评注本）2011年由译林出版社出版。我翻译的其他几本麦克卢汉著作是《机器新娘》《麦克卢汉书简》《麦克卢汉如是说》和《麦克卢汉精粹》。翻译选题主要考虑原著的特点和全面性：完成于1951年的《机器新娘》既属于媒介环境学代表作，也是国外研究广告的最早专著，该书标志着麦克卢汉转向通俗文化研究，是传播学的经典之作；《麦克卢汉书简》精选了450余封麦克卢汉信笺；《麦克卢汉如是说》收录了麦克卢汉的演讲稿和访谈录；《麦克卢汉精粹》则精选了麦克卢汉文化经典著作片段和"口传"的众多思想。再说三次研究飞跃。我从全球多个麦克卢汉传记版本中挑选出《麦克卢汉传：媒介及信使》和《数字麦克卢汉》来翻译。前者是菲利普·马尔尚的作品，是一本有血有肉的大传；后者出版于1999年，不单纯是传记，而重在梳理麦克卢汉的理论成果，标志着麦克卢汉研究的第一次飞跃。麦克卢汉研究的第二次飞跃是以《理解媒介》（增订评注本）为标志的。第三次飞跃是以罗伯特·洛根《理解新媒介：延伸麦克卢汉》的出版为标志，该书是"麦克卢汉思想的权威解读和最新发展"，作者挖掘出麦克卢汉的三十八种研究方法。我力图选取不同角度的论著来翻译，为中国读者全面展示麦克卢汉。尽管如此，目前国内麦克卢汉研究还是相对滞后，目前市面上除了我翻译的几个译本，只零星存在两三个其他译本，而日本人几乎翻译了他的所有著作。

林：我补充一下：在翻译麦克卢汉经典和麦克卢汉研究经典的同时，何老师还发表了八篇相关研究论文，可以说，通过译介和研究麦克卢汉，何老师已超越了译者角色，成为国内研究麦克卢汉和媒介环境学的专家。如果说麦克卢研究译作还无法充分展现何老师媒介环境学译著的立体画面，那么辅以其他西方媒介环境学巨匠的译著当足以呈现何老师译著之巨及其学术影响之大。

何：2014年，我有幸应邀参与"新闻学与传播学名词"撰写工作，负责媒介环境学这一块。在此基础上，我总结提炼十余年来研究媒介环境学的心得，完成《媒介环境学：从边缘到殿堂》。这一工作使我能"得陇望蜀"。进入新闻传播学领域后，我不是欲罢不能，而是流连忘返了。

媒介环境学视角之二——莱文森系列译著及其他

林：何老师，恕我打个不太恰切的比方，您似乎不想只待在高山之巅，而是环顾四周，毫不逊色的译笔也将我们带入美国跨学科奇才保罗·莱文森的媒体世界。

何：是的，北美媒介环境学有三个世代的代表，分别是麦克卢汉、波斯曼和莱文森。波斯曼和莱文森并非麦克卢汉的嫡系学生，但他们都自认为是麦克卢汉的"私淑"弟子，他们不仅传承麦克卢汉的思想，而且有偏离、反叛和超越。媒介环境学的第二代精神领袖波斯曼戏称自己是麦克卢汉的孩子，但不是那么乖的一位，因为他的思想相对麦克卢汉有所偏离。被称为"后麦克卢汉第一人"的莱文森是波斯曼的博士生，经他介绍与麦克卢汉相识，两人关系极为亲密。然而，作为第三代代表人物的莱文森扬弃并超越了麦克卢汉和波斯曼的理论，提出了媒介进化的"人性化趋势"理论。

宋：莱文森系列是您系列译著的第二大亮点，他的译著在中国您是独家译者，且汉译本的数量超过了任何其他语言译本。除了上文提到的《数字麦克卢汉》外，还包括《思想无羁》《手机》《软利器》《真实空间》和

《新新媒介》和《莱文森精粹》等。

　　何：上面提到的作品加起来一共是九部（含两本再版），因此中国读者也非常熟悉莱文森。《新新媒介》使得莱文森进入最先锋的媒介理论家行列。这里我想强调几点：（1）莱文森把《真实空间》作为"神六"献礼；（2）《手机》是在中美同步出版的；（3）《莱文森精粹》是经我提议并与莱文森合作编辑直接在中国出版的，要知道在世的外国作者能在中国出选集的是凤毛麟角。

　　宋：这充分说明了这位"新新媒介家"对中国读者的重视，也是莱文森对您译著质量的认可。我们注意到：您的莱文森系列译著，每一本他都写了序言，这可谓莱文森的"中国情结"。除了麦克卢汉和莱文森两位大师外，您的其他媒介环境学系列译著近年来也不断问世，媒介环境学三代学人的作品均有涉及。其中另一位标志性人物是多伦多传播学派双星中的另一位，即哈罗德·伊尼斯。您引进了他的三部著作：《帝国与传播》《传播的偏向》和《变化中的时间观念》。这三部也是媒介环境学奠基之作，在传播、历史与媒介理论的重构方面扮演了重要角色。您为何给予伊尼斯著作浓墨重彩呢？

　　何：伊尼斯与麦克卢汉同为媒介环境学第一代的杰出代表，两人共事五年，友谊很深。他的两部传播学经典著作都是麦克卢汉作序，但两位同仁的研究方法和写作文风极不相同。世人对伊尼斯的怠慢令人扼腕。所幸的是，十年前我引进他的《传播的偏向》和《帝国与传播》后，国内已经涌现出一批研究和弘扬伊尼斯思想的专著、博士论文和硕士论文，最突出的代表是北京师范大学毛峰教授的《文明传播的智慧》（何道宽，2015b：9）。我完成了这三部曲的中英双语对照版，为志趣相投者提供了双语对照的便利。

　　宋：您还为北京大学出版社"媒介环境学"系列丛书完成了四本译著：《作为变革动因的印刷机》《技术垄断》《口语文化与书面文化》和《媒介环

境学》。作者分别为伊丽莎白·爱森斯坦、尼尔·波斯曼、沃尔特·翁和林文刚，其中第一位是媒介环境学第一代代表人物之一，中间两位是第二代代表人物，而最后一位则属于第三代代表人物。其他相关的传播学译著还包括《互联网的误读》《媒介、社会与世界》和《字母表效应：拼音文字与西方文明》等。《互联网的误读》从多学科的角度探讨了互联网及其对社会的影响；《媒介、社会与世界》聚焦媒介研究和媒介社会学，构建了媒介伦理和媒介正义框架；《字母表效应》则是一本传播史专著，研究了拼音字母在西方文明发展中的地位。

何： 小宋以上概括要言不烦。

林： 不可忽略的是，何老师为北京大学出版社"媒介环境学"系列丛书完成的四部译著中，《媒介环境学》和《技术垄断》两部还以繁体字在台湾出版，影响力波及海峡两岸乃至整个大中华区。

宋： 难怪邱林川博士要专访您和冯建三教授，难怪北京外国语大学的展江教授认为您是"中国传播学高水平专著翻译第一人，为引进整个传播学环境学派居功至高"。

何译的特点

宋： 我们发现，您的译著绝大多数在汉语市场都是独家，但有些译本是在已有他人译本之后的重译。原因何在？

何： 那是因为从学术角度看，早期译本出版社和我本人均不甚满意。例如重译《无声的语言》和《超越文化》是因为需要对关键的概念进行修订。《传播学概论》的余也鲁译本经施拉姆同意，采用"译述"，因此过于"活"（free），失去了原著风格；陈亮等三人合译的《传播学概论》，虽然"译者态度严谨，译文应属高水准，但也有不少可以商榷之处"。面对前期这两种译本，出版社和我才决定重译。不过，翻译是一种遗憾的艺术，所以我也利用译著再版机会不断改进，希望奉献力所能及的最佳译本，为学术繁荣尽绵薄之力。同时，我希望用所谓"良币"淘汰"劣币"，已如上述。

宋：我还发现您很多译著的书名和其中术语翻译都有自己的标准，比如 *Speaking into the Air：History of the Idea of Communication* 中副标题意为"传播观念的历史"，很好理解，但是主标题如果直译成"向空中说话"，前后主副标题看起来似乎毫无关联。

何：的确如此。少有人知道"Speaking into the Air"取自《圣经》，意为"毫无意义的徒劳之举"。通过对该词语在《圣经》中的原意考察，我觉得原著作者想表达"我们永远不可能像天使一样交流"，因此我觉得有必要告诉读者：世界上不存在完美的交流。最后决定将书名译为："交流的无奈——传播思想史"。术语翻译也存在类似问题。例如 communication 一词，大家都不假思索地译成"传播"，而这在很多语境下不是很妥帖的。我在不同译著中根据原著语境采取不同的处理方式。在翻译《交流的无奈》时，考虑到 communication 在英语中是在 20 世纪 20 年代才获得"传播"这个义项，因此将 1920 年之前出现的 communication 翻译为"交流"，其他情况都是根据不同语境做不同处理。

林：这的确是一个负责任译者的缜密思索。刘海龙也专门就 communication 汉译做过考证索隐，指出 20 世纪初，communication 曾被译为"交通"，是指"交流"与"沟通"的意思。如果我们的目光往前往后考证，翻译过程时代语境的确不可忽略。彼时"交通"与当代"交通"不可同日而语，再往前追溯到 1904 年严复出版《英文汉诂》，其中"交通"指今日的"里通外国"。不过 speaking into the air 还有可能是一种文字游戏。我这里不妨先引用《圣经》原文："Now, brothren, if I come to you speaking in tongues, how will I benefit you unless I speak to you in some revelation or knowledge or prophecy or teaching? It is the same way with lifeless instruments that produce sound, such as the flue or the hap. If they do not give distinct notes, how will anyone know what is being played?" And if the bugle gives an indistinct sound, who will get ready for battle? So with yourselves; if in a tongue you utter speech that is not intelligible, how will anyone know what is being said? For you will be speaking into the air."（弟兄们，我到你们那里去，若只说方言，不用启示或知识，预言或教训，给你们讲解，我与你们有什么益处呢？就是那有声无气的物，或箫或琴，若发出来的声音没有分别，怎能知道所吹、所弹的是什么呢？若吹无定的号声，谁能预备打仗呢？你们也是如此，舌头若不说容易明白的话，怎能知道所说的是什么呢？这就是向空中说话了。）从《圣经》原文看，的确如同何老师所分析的，"对空说话"无人领会，但 speaking into the air 的字面"形象"恰如广播形式和电视形式，广播冲击听觉，电视既冲击听觉更冲击视觉，均与"空中传播"有关。如果书名翻译一定要将这"一语三指"的游戏进行到底，可否翻译成"对空呼唤——传播思想史"？"呼唤"带有祈求理解的意味，留点空间，留点想象，留点余味。

何：谢谢。重复我刚才说的，翻译是一种遗憾的艺术，所以利用译著再版机会不断改进是必须的，林老师的建议很有参考价值。

宋：我在阅读您的译著时，发现其中除了您翻译的大量注释外，还有大量出自您手笔的译者注。在《变化中的时间观念》中，第四章的原注特别多，共十八页，译者注也多达四十九条。麦克卢汉原著一个注释都没有，译著中的注释全部是您的译者注。

何：麦克卢汉用语是个迷宫，所以翻译的局限只能靠译者注来弥补。例如，为了扫清读者阅读障碍，我为《机器新娘》做注释三百余条。这是译者的翻译伦理和职业道德，也是对读者负责吧。

"何道宽现象"的跨学科解读

宋：《夙兴集》吴予敏序二"我看'何道宽现象'"，主要指 2002 年您退休后约十年时间，为学术界、出版界、教育界推出大量经典著作译本，外加研究论文、讲稿、序跋等，共有 1600 万余字成果。我觉得非常有启发，因为"何道宽现象"给传播学和外语界师生和学者都提供了一个范例。您出身英语专业，但从一位普通译者转化为一名具有多维身份的译者，我想您一定有着自己独到的心得和感悟。

何：其实麦克卢汉和霍尔的经历都很有启发意义。尤其是麦克卢汉。他虽然在剑桥大学取得的是文学博士学位，但在读期间，他的阅读视野远远超越了文学和哲学，达到了有书就读的地步。除了英语语言文学和传播学外，我这二十余年翻译生涯还涉猎了人类学、社会学、文化史、政治学、心理学学科，读了大量的书。而且从读书中，我发现学习各学科的历史是了解人文社科的"捷径"。这么多年下来，我发现人文社会科学是互通的，各民族、各种文化也是相通的。因此我认为，不能做"平面人"，不能做"半个人"，只有这样我才能完成现在的学术兴趣转向。

林：退休之前，您是教研和行政双肩挑；退休之后，您是科研晚霞红满天。何老师您的"盗火"与"播火"是双向的。由于此次访谈宗旨所在，何老师用英语撰写的对外传播中国文化之作只好略而不赘。根据我们可靠"情报"，2016 年，读者将迎来何老师您新译多部，因此"何道宽现象"延续进行中。

何：我的学术翻译得到你们二人的肯定，也得到大中华地区学界和许多外国学者的肯定。香港中文大学邱林川博士为此而专访了台湾政治大学的冯建三教授和我，莱文森等外国学者在其著作的中译版序中留下大量的溢美之词。但我清醒地认识到，译事艰辛、难以登堂入室。我的短板甚多，难以达到完美境界。我的译著对中国新闻传播学的发展作用微乎其微，但作为外语界学人，你们对于如何重构外语学科的思考是富有建设性的。多谢你们师徒二人的采访。

四喜临门

2023 年是我从教 60 周年、深圳大学建校 40 周年，亦是我效力深圳大学 30 周年，且是我退休后蜡炬成灰、灰里掘金的 20 周年。承蒙深圳大学传播学院和中国大百科全书出版社领导厚爱，鼎力支持我出三本文集：《问麦集：理解麦克卢汉》《焚膏集：理解文化与传播》和《融媒集：理解媒介环境学》，三喜临门也！故三言两语，借以为教师节致庆。

2013 年深圳大学建校 30 周年和鄙人从教 50 周年之际，深圳大学社科部用出版基金资助我出版《夙兴集》（复旦大学出版社），其中一些篇目未能纳入今年编订的"何道宽三集"，有兴趣的读者不妨参阅。

感谢赐序的两位朋友。序一作者巢乃鹏是深圳大学传播学院院长、教授；序二作者宋晓舟是福建理工大学人文学院副教授。

感谢两篇附录的作者。附录一的作者是暨南大学新闻与传播学院教授甘险峰，附录二的作者是福建理工大学人文学院副教授宋晓舟与福建师范大学外国语学院教授林大津。

何道宽 2022 年 12 月 30 日

补记：2023 年 4 月 3 日，中国翻译协会授予我"翻译文化终身成就奖"，至上荣光，乃今年第四喜。四喜临门，不亦快哉！

何道宽 2023 年 4 月 10 日